王敏远 陶加培 等著

"醉驾"行为的司法治理研究

Judicial Governance Research
on
Drunk Driving Behavior

当代中国出版社
Contemporary China Publishing House

图书在版编目（CIP）数据

"醉驾"行为的司法治理研究 / 王敏远等著. -- 北京：当代中国出版社，2024.1
ISBN 978-7-5154-1287-0

Ⅰ.①醉… Ⅱ.①王… Ⅲ.①酒后开车—刑事犯罪—审判—研究—中国 Ⅳ.①D924.324

中国国家版本馆 CIP 数据核字（2023）第 169331 号

出 版 人	王 茵
责任编辑	靳振国 李 昭
责任校对	贾云华
印刷监制	刘艳平
封面设计	郝志燕
出版发行	当代中国出版社
地　　址	北京市地安门西大街旌勇里8号
网　　址	http://www.ddzg.net
邮政编码	100009
编 辑 部	（010）66572156
市 场 部	（010）66572281　66572157
印　　刷	中国电影出版社印刷厂
开　　本	710 毫米×1000 毫米　1/16
印　　张	19 印张　3 插页　244 千字
版　　次	2024 年 1 月第 1 版
印　　次	2024 年 1 月第 1 次印刷
定　　价	78.00 元

版权所有,翻版必究；如有印装质量问题,请拨打（010）66572159 联系出版部调换。

目 录

绪 论   1
  一、研究背景   3
  二、研究现状   5
  三、研究思路   16

第一篇 原理篇

第一章 "醉驾"行为治理的基本理念   25
  第一节 轻罪治理现代化背景下"醉驾"行为治理   26
    一、轻罪治理现代化的时代背景   26
    二、"醉驾"行为纳入轻罪治理体系   29
    三、慎刑理念与出罪思维   33
  第二节 一体化理念与"醉驾"行为治理   37
    一、刑事一体化理念与"醉驾"行为治理   38
    二、行刑衔接一体化理念与"醉驾"行为治理   42

第二章 "醉驾"行为治理的基本原理   46
  第一节 宽严相济与"醉驾"行为治理   47
    一、宽严相济的刑事政策   47
    二、"醉驾"行为治理与"宽严相济"   52

第二节 少捕慎诉慎押与"醉驾"行为治理   56
   一、少捕慎诉慎押刑事司法政策   56
   二、"醉驾"行为治理与"少捕慎诉慎押"   61

第三节 能动司法与"醉驾"行为治理   66
   一、能动司法理念的背景与内涵   66
   二、能动司法理念下的"醉驾"行为治理   69

第三章 "醉驾"行为治理的基本原则   74

第一节 "醉驾"治理与罪刑法定和罪责刑相适应原则   75
   一、罪刑法定原则与"醉驾"治理   75
   二、罪责刑相适应原则与"醉驾"治理   83

第二节 "醉驾"治理与无罪推定和程序法定原则   87
   一、"醉驾"治理与无罪推定原则   87
   二、"醉驾"治理与程序法定原则   92

第三节 起诉便宜主义与"醉驾"行为治理   96
   一、起诉便宜主义的内涵   97
   二、"醉驾"案件不起诉制度的司法实践   99

第二篇 问题篇

第四章 "醉驾"行为治理的实践情况   107
第一节 实践案例来源及评析   108
第二节 "醉驾"入罪问题的案例研析   114
   一、罪名适用的相关问题   114
   二、道路认定的相关问题   117
   三、电动车认定的相关问题   119

四、醉酒标准及证据体系的相关问题　　121
　第三节　"醉驾"量刑问题的案例研析　　124
　　一、危险驾驶罪共犯认定的相关问题　　125
　　二、危险驾驶罪中自首认定的相关问题　　127
　　三、危险驾驶罪中缓刑及免予刑事处罚的适用问题　　128

第五章　"醉驾"行为治理的实体问题之考量　　132
　第一节　实质入罪标准：从形式普遍到实质个别　　133
　第二节　"醉驾"案件"但书"条款的适用证成　　136
　　一、反对"但书"适用的观点　　136
　　二、反对论的问题及对肯定论的证立　　139
　第三节　"醉驾"案件中缓刑与免刑的适用　　144
　第四节　"醉驾"行为治理实体问题之表现　　147
　第五节　"醉驾"治理中刑行治理衔接问题　　149

第六章　"醉驾"行为治理的程序问题之研判　　154
　第一节　"醉驾"案件的强制措施适用问题　　155
　　一、违法适用逮捕强制措施的情况时有发生　　155
　　二、滥用刑事拘留强制措施的现象普遍存在　　156
　第二节　"醉驾"案件的司法证明问题　　160
　　一、"醉驾"案件证据体系相对简化　　160
　　二、"醉驾"案件取证程序过于粗糙　　164
　　三、检测妨碍行为的应对措施略显乏力　　167
　第三节　"醉驾"案件办理中程序简化问题　　170
　　一、"醉驾"案件现有程序简化措施之评述　　170
　　二、"醉驾"案件程序简化的边界　　171

三、"醉驾"案件中的律师辩护问题　　173

　第四节　"醉驾"案件行政与刑事处理的程序衔接问题　　175

第七章　"醉驾"行为治理的评估与综合分析　　178

　第一节　"醉驾"入刑治理成效评估　　179

　　一、从"醉驾"行为控制的角度反思"醉驾"入刑的治理效果　　179

　　二、从"醉驾"危害后果控制的角度衡量"醉驾"入刑的效果　　182

　　三、从风险刑法理论角度审视"醉驾"入刑治理模式的效应　　183

　第二节　"醉驾"治理边际效应考察　　187

　　一、"醉驾"入刑治理有效性的理论解释　　188

　　二、进一步深化刑事治理效果有限的理论探究　　189

　第三节　现行"醉驾"治理模式的隐患　　191

　　一、现行"醉驾"行为治理之模式　　191

　　二、现行"醉驾"行为治理之隐患　　195

　第四节　逐渐变化中的"醉驾"治理之审视　　199

　　一、"由严到宽"的趋势　　200

　　二、有限度的积极意义　　202

第三篇　对策篇

第八章　"醉驾"行为治理的宏观维度——理念转变　　207

　第一节　由传统治理向现代化治理迈进　　208

　　一、传统"醉驾"治理模式的特点　　208

　　二、"醉驾"治理现代化转型的紧迫性　　213

　　三、"醉驾"治理现代化的价值追求及其基本方法　　216

　第二节　由"碎片化"向"体系性"转变　　221

一、"醉驾"治理领域的"碎片化"现状　　221

　　二、"醉驾"治理的"体系性"转变　　225

第九章　"醉驾"行为治理的中观维度——诉源治理　　232

第一节　诉源治理之要义　　233

　　一、诉源治理的主要内涵　　233

　　二、"醉驾"案件的诉源治理　　235

第二节　"醉驾"案件诉源治理之意义　　238

　　一、"醉驾"行为治理的规范分析　　239

　　二、"醉驾"行为诉源治理的现实意义　　242

第三节　"醉驾"案件诉源治理之基本路径　　245

　　一、行政管控应是预防"醉驾"犯罪的前置程序　　246

　　二、探索"宽严相济"在实体与程序维度的出罪路径　　248

　　三、调动社会治理层面的保障服务机制　　253

第十章　"醉驾"行为治理的微观维度——具体建议　　257

第一节　"醉驾"行为治理规范之间的异同　　258

　　一、醉驾"行为"治理规范的共同点　　258

　　二、醉驾"行为"治理规范的不同点　　260

第二节　"醉驾"行为治理实体维度的规范建构　　265

　　一、"但书"条款在"醉驾"中适用规则的具体建构　　265

　　二、"醉酒"驾驶的综合认定机制　　269

第三节　"醉驾"行为治理程序维度的完善对策　　271

　　一、刑事司法程序的具体完善建议　　271

　　二、完善行政执法程序的对策建议　　287

后　记　　294

绪　论

党的十八大以来,以习近平同志为核心的党中央从我国经济社会发展的实际出发,把推进国家治理体系和治理能力现代化作为一项重要任务。党的二十大报告重申,要以中国式现代化全面推进中华民族伟大复兴。在新的时代背景下,如何推进法治领域的现代化是法学领域的重要课题,本书将重点以"醉驾"的违法犯罪行为的治理为研究对象,探讨新时代司法治理现代化的重要内容。

随着我国21世纪之初的"入世",社会中的汽车保有量不断增加,民众越来越普遍地开始驾车出行,但驾车之人的安全意识并未同步增长,严禁酒后驾车、超速行驶等基本要求往往未能得到遵行,由此导致的交通事故愈演愈烈。成都孙伟铭案、南京张明宝案、杭州胡斌飙车等案件所造成的重大人员伤亡和财产损失,对整个社会产生了巨大的冲击,当时很多人认为,传统的治理模式,即以往对交通的行政管理(行政处罚)与刑事惩罚(交通肇事罪)结合的方式难以遏制,立法者因此应民众的强烈呼吁将"醉驾""飙车"等行为"入刑"。

"醉驾"本身并不是独立罪名,而是作为"危险驾驶罪"的客观行为而被如此称呼的。①《刑法修正案(八)》第22条创设了"危险驾驶罪",其立法表述为,"在刑法的第133条后增加一条,作为第133条之1:'在道路上驾驶机动车追逐竞驶,情节恶劣的,或者在道路上醉酒驾驶机动

---

① 参见陈伟:《醉驾:"一律入刑"还是"区别对待"》,载《法制与社会发展》2012年第1期。

车的,处拘役,并处罚金。'"根据全国人大法工委关于《刑法修正案(八)》的解读,在是否增加"醉驾"入刑方面曾存在不同意见。根据官方解释,最终考虑醉驾有入罪的必要,主要是基于以下几方面原因。一是我们国家迅速地进入了汽车时代,无论是驾驶人还是行人都没有养成良好的道路通行习惯,没有相应的意识。醉驾成为一种多发的、严重危害人民群众生命、财产安全的违法行为。二是我国迅速地进入了城镇化,道路通行已成为大量的普遍性的活动,交通安全问题趋于严重。三是生活水平的提高满足了人们的酒文化的要求,同时,酒后开车甚至醉酒后开车成为某些人的常态。在这样的背景下,醉酒驾车给当前人民群众的生命、财产安全带来了非常大的威胁。从现实情况看,行政管理方面虽然查酒驾查得很严,但是从实际效果看,整体仍旧难以遏制。"醉驾"入罪是除加强日常管理教育外的,彻底根除这一社会管理层面痼疾的一项重要措施。①

自"醉驾"入刑后,尽管争议声不断,但公检法等职权机关在打击"醉驾"犯罪的 10 余年时间里投入了大量的司法资源,使得此前规制"醉驾"行为力有不逮的情况得以缓解,兼之全社会由此逐步对"醉驾""酒驾"的否定评价普遍树立,"醉驾"入刑取得了较为显著的成效。自 2011 年 5 月《刑法修正案(八)》将醉酒驾驶行为纳入刑法规制后,"醉驾"治理在社会生活及司法运行方面均产生了明显的效益。一方面,"喝酒不开车,开车不喝酒"的交通安全理念已经得到了社会的广泛认同,并强有力地推动了与驾车出行相关的传统生活观念、行为方式的重塑;另一方面,"酒驾""醉驾""飙车"等违法犯罪行为得到有效遏制,道路安全的保障不断增强。

但令人深思的是,经过 10 余年来对"醉驾"犯罪的治理,"醉驾"型危险驾驶案件不仅仍持续在高位徘徊,且其快速增加之势并无减缓,刑事

---

① 参见郎胜:《〈刑法修正案(八)〉解读》,载《国家检察官学院学报》2011 年第 2 期。

防控边际效应已呈现明显下降趋势;而对"醉驾"这样的轻罪一律予以刑事处罚,与新时代强调的轻罪治理的基本理念也明显龃龉。由此,以往的这种刑事当先的治理"醉驾"的模式难以为继,这种治理模式不仅与刑法谦抑的理念不符,且司法实践中存在的问题也不时引发争议。如此种种,逐渐使人们对"醉驾"入刑的效果产生疑问,甚至影响到民众对"醉驾"入刑的治理举措的认同感、获得感。在刑事法治的发展过程中,对"醉驾"的治理也因此成为新时代轻罪治理中的短板。需要检视的是,用较小的刑罚成本换取理想的社会治理效果,本是"醉驾"入刑的"初心",然而这个"初心"正面临严峻挑战。因此,10余年之后,是否继续沿用此前较为严厉的刑事打击的手段治理"醉驾",需要反思。一方面,由于"醉驾"的司法适用自始存有不少争议,部分争议不仅没有得到解决,反而变得更为突出;另一方面,当初《刑法修正案(八)》对于酒后危险驾驶的规定也过于笼统,不够周密严谨的条款兼之日益复杂的实务问题,使得"醉驾"治理过程中"涌现"更多的问题;更重要的是,"醉驾"治理的刑事当先模式,严重影响了行刑衔接的效应,使治理"酒驾"和"醉驾"的法网因易于失序而难以严密。

据此,如何在新时代背景下,在轻罪治理现代化的理念以及"宽严相济"的刑事政策指引下,重新思考如何妥善处理"醉驾"类轻罪案件,革新"醉驾"行为司法治理思维,在积极巩固以往治理"醉驾"行为之成效的基础上,树立与轻罪治理相符的治理"醉驾"行为的理念,努力构建"酒驾""醉驾"行为治理的长效机制,并最终推动和提升社会治理能力与水平的现代化,已成为刻不容缓的重要课题,这正是我们进行本项研究的动力所在。

一、研究背景

梳理研究醉驾型危险驾驶罪对策问题的背景,旨在进一步说明我们为何研究这个课题。就此而言,本项研究主要基于三个方面的背景。一是缘于"醉驾"治理的基本刑事理念的坚守,二是基于"醉驾"治理中新的情况和新问题需要应对,三是由于应当为"醉驾"治理设定新的目标,并为此应当采用新的治理方法。

以往的"醉驾"治理模式相对严苛,最主要的问题是简单地以血液中的酒精含量作为构成"醉驾"的基本要素,并对此一律采用刑事的手段予以惩治,对"醉驾"犯罪的打击因此难以与刑法的相关基本原理相合,以致突破了现代刑法的谦抑本性和刑法总则所规定的"但书"、免予刑事处罚等条款,与宽严相济的刑事政策不合,这使现代刑法的基本理念因此受到了严重冲击。

这种情况因最高人民法院2017年颁布了《关于常见犯罪的量刑指导意见(二)(试行)》(以下简称《指导意见》),才有所变化。该《指导意见》明确规定,"对于醉酒驾驶机动车的被告人,应当综合考虑被告人的醉酒程度、机动车类型、车辆行驶道路、行车速度、是否造成实际损害以及认罪悔罪等情况,准确定罪量刑。对于情节显著轻微危害不大的,不予定罪处罚;犯罪情节轻微不需要判处刑罚的,可以免予刑事处罚。"依据该规定,司法机关可以根据醉驾的情节决定是否利用《刑法》第13条"但书"条款和第37条的规定出罪、免刑,表明打击"醉驾"的刑事政策已经从一律入刑、严厉打击调整为一定程度的宽严相济。在这一趋势下,江苏、湖北、天津、四川、上海、浙江等省、直辖市相继制定了有关处理"醉驾"案件的地方性指导性文件,普遍"提升"了"醉驾"门槛的起诉标准。在以往规定的80mg/100mL的基础上,分别规定100mg/100mL、120mg/100mL、140mg/100mL、160mg/100mL等梯度式标准,作为不起诉、免予处罚以及能否适用缓刑的门槛。这些地方性规范文件的出台,一方面意味着"醉驾"案件的标准并非不可动摇,血液酒精含量的入罪标准本身存在一定的可浮动区间;另一方面也表明越来越多的司法机关意识到坚持原有的定罪标准,施行原有的起诉和定罪程序,会导致社会层面出现越来越多的危险驾驶罪犯罪者,这实际上既非刑事立法之本意,也非社会之福,与社会的长治久安的需要明显相悖。

因此,在新时代的社会治理现代化背景下,需要重新审视传统的"醉驾"行为的治理模式。那种刑事司法领域追求犯罪数量越多,刑罚越重的治理思维,不仅对"醉驾"难以取得持续稳定的治理效果,反而可能会加剧社会对立和犯罪圈的扩大,对社会长治久安不利。需要以预防和减少社会对立和冲突为基本追求,以长治久安为根本目标,按照现代刑事法的基本理念,确立新的"醉驾"治理模式。

在"醉驾"治理领域,不能仅仅依靠刑事处罚这种传统方式来治理酒后驾车这类抽象危险犯,而应根据社会治理的更高标准,即文明、有效、规范等现代国家治理的模式,采用更符合现代化治理标准的综合方法。对"醉驾"应实行预防为主、综合治理的原则,强化行政管理和处罚,在坚持刑法谦抑理念的同时,完善行刑衔接,以使"醉驾"行为难以逃脱法网,以实现对"醉驾"更加及时、有效、持续稳定的管控。与此同时,不断提高公众意识,加强对酒后驾车后果的宣传教育,让公众认识到这种行为的危害性。除加强对"酒驾""醉驾"行为的监管,建立科学的检测和处罚机制,确保治理工作的规范和有效外,政府也应该采用社会化治理的方式,建立酒后驾车的社会信用体系,推动全社会共同参与治理。建立一套公正、透明、高效的社会信用评价机制,鼓励公众积极参与其中,推动对"酒驾""醉驾"的社会自治和共治。

总而言之,我们的研究将基于"醉驾"治理领域在法律规范、司法实践与理论研究中的问题而展开。在社会治理现代化的背景下,应当认识到传统"醉驾"治理模式之局限,应当以预防为主、综合治理为核心,采用更加符合现代化治理标准的方法,全面治理酒后驾车和醉驾犯罪,如此方能实现社会治理现代化,确保社会的长治久安。

二、研究现状

本项课题的研究是在以往研究的基础上进行的。因此,了解以往关于"醉驾"行为治理的研究,对于我们深入研究醉驾型危险驾驶犯罪的对策问题具有重要意义。

(一)国内研究的基本情况

国内关于"醉驾"行为的研究大致可以分为三个方面的内容,主要围绕《刑法修正案(八)》增设危险驾驶罪的争鸣、"醉驾"入刑之后相关理论与实践问题的讨论、新时代背景下关于"醉驾"入刑的诸多新思考。

1.《刑法修正案(八)》增设危险驾驶罪的争鸣

在《刑法修正案(八)》施行前后,学界重点关注的是关于"醉驾"入刑是否合理的问题,主要聚焦于刑法视角下"醉驾"入罪是否妥当,是否符合犯罪治理要求和刑事司法理念之要求以及立法规范等理论性问题。

早在2009年,有学者就提出,"醉驾"等严重超速行驶致人死伤的恶性道路交通事故案件如果按交通肇事罪定性,在不具有"因逃致人死亡"情节的条件下,最高只能处7年有期徒刑。如果是对造成多人死亡的案件,处如此轻的刑罚,显然是罪刑不相适应。其认为最好的方式是在我国刑法中增设"危险驾驶致人死伤罪"。① 也有多位专家建议增设危险驾驶罪,作为交通肇事罪与以危险方法危害公共安全罪之间的过渡罪名。② 虽然这些观点有所不同,但其形成的共识是,当前刑法条文的规范存在不足或缺陷,需要依靠刑事立法本身加以修正。③

刑法理论与实践的发展是刑法修正的前提和基础,2011年颁行的《刑法修正案(八)》第22条,明确增设了危险驾驶罪,加大了对于"醉驾"行为的惩处力度。但有学者认为,虽然增设危险驾驶罪的做法基本上是值得肯定的,但在罪名的立法证成和规范构造方面尚需作进一步的

---

① 参见刘明祥:《有必要增设危险驾驶致人死伤罪》,载《法学》2009年第9期。
② 参见冉金:《"危险驾驶"法律争议专题》,载《南方周末》2009年7月30日,A3版。
③ 参见刘宪权:《处理高危驾车肇事案件的应然标准》,载《法学》2009年第9期。

改造。① 还有学者就目前对适用危险驾驶罪的准确性表示忧虑,如何正确理解危险驾驶罪的性质及其成立要件,成为刑法学界面临的重大课题。对危险驾驶行为入罪将会导致"选择性执法",进行质疑。② 也有学者认为,在认定醉酒型危险驾驶罪时,无论是采用主观标准还是采用客观标准,都会增加刑法适用上的"彻底的、无法逆转的偶然性",从而严重损害刑法的权威。③ 对此,有学者主张,《刑法修正案(八)》增设《刑法》第133条之1是为了弥补在交通违法行为与交通肇事罪之间所存在的处罚漏洞,应当将醉酒型危险驾驶罪解释为过失的抽象危险犯。④ 也有学者关注到危险驾驶罪设立之后带来的"但书"规定适用问题,认为醉酒型危险驾驶罪的危险并非法律拟制的危险,而是类型性的行为危险。这种危险存在于行为之中,无须司法认定。因此,不存在情节显著轻微危害不大,需要借助"但书"规定予以出罪的情形。醉驾行为一律入罪,是指对其不能以情节显著轻微危害不大而予以出罪,但其他不属于《刑法》第133条之1所规定的醉驾行为,仍然可以通过构成要件的解释予以出罪。⑤

关于"醉驾"案件能否适用《刑法》第13条的"但书"规定,观点分歧严重。肯定说认为,在刑法分则对于"醉驾"行为构成危险驾驶罪未规定定量要素的情况下,根本不存在情节显著轻微危害不大的醉驾行为,因此,醉驾行为应当一律入罪,而不能援引《刑法》第13条的"但书"规定予以出罪。因为从《刑法》第133条之1的规范来看,追逐竞驶和醉酒驾驶

---

① 参见叶良芳:《危险驾驶罪的立法证成和规范构造》,载《法学》2011年第2期。
② 参见周详:《民生法治观下"危险驾驶"刑事立法的风险评估》,载《法学》2011年第2期。
③ 参见王政勋:《危险驾驶罪的理论错位与现实危险》,载《法学论坛》2011年第3期。
④ 参见冯军:《论〈刑法〉第133条之1的规范目的及其适用》,载《中国法学》2011年第5期。
⑤ 参见陈兴良:《"但书"规定的法理考察》,载《法学家》2014年第4期。

这两种行为构成犯罪的条件不同。在道路上驾驶机动车追逐竞驶,情节恶劣的才构成犯罪,而醉酒驾车行为构成犯罪无须再具备任何其他要件。在这种情况下,从酒精含量入罪标准来看,逻辑上并不存在情节显著轻微的醉酒驾驶行为。只要是醉酒驾驶的,一律构成危险驾驶罪。就此而言,认为醉驾行为可以通过"但书"规定出罪,在逻辑上是有问题的。也有学者从抽象危险犯的角度出发,认为醉酒驾驶机动车的行为已构成(醉酒型)危险驾驶罪,其性质是抽象的危险犯,司法中无须证明"醉驾"行为的危险程度,行为人只要实施醉酒后驾驶机动车的行为即构成危险驾驶罪。[1]

否定说以《刑法》第13条的"但书"规定作为情节显著危害不大的"醉驾"行为出罪根据,以此否定"醉驾"行为必须一律入罪。也有从抽象危险犯理论出发论证"醉驾"出罪的正当性。其认为,由于抽象危险犯不以法律所保护的社会利益受到实际侵害或存在具体危险为要件,行为的危险性由立法者拟制。作为抽象危险犯构成要件形式化表现的法条与作为实质内涵的风险便无法形成统一解释。与此同时,危险行为在社会现实中也会出现拟制风险与实际风险的明显背离。[2] 根据这种对抽象危险犯的理解,对于不可能对道路交通安全制造风险的醉驾行为应当适用"但书"规定予以出罪。

然而,即便是理论界对"醉驾"案件适用"但书"规定出罪的呼声高涨,秉持一种对醉驾行为严肃处理的态度,司法实践中仍然鲜有在醉驾案件中适用"但书"规定出罪的个案。不仅如此,旨在转变轻罪治理模式的少捕慎诉慎押刑事司法政策,即便是在近几年被普遍肯定的高光时刻,该项刑事司法政策对第一大罪且系轻罪的"醉驾"案件也无能为力,

---

[1] 参见殷磊:《论刑法第13条功能定位——兼论(醉酒型)危险驾驶罪应一律入刑》,载《政治与法律》2012年第2期。

[2] 参见谢杰:《"但书"是对抽象危险犯进行适用性限制的唯一根据》,载《法学》2011年第7期。

难以扭转对"醉驾"犯罪普遍予以刑事惩处的局面。

此外,还有部分研究者关注了新增的危险驾驶罪与交通肇事罪和以危险方法危害公共安全罪之间的关系问题①,醉酒驾驶犯罪的情节犯结构问题②,刑法法益保护的前期化问题③等。

2. "醉驾"入罪之后相关理论与实践问题

随着"醉驾"在法规范层面的确定,学界关于其的讨论和研究逐渐注重法律实施层面以及其引发的理论与实践问题。

在"醉驾"入刑一年左右,河南省高级人民法院法官曾对59件危险驾驶案件开展了调查研究,重点研究了对醉驾型危险驾驶罪量刑情节的把握,认为在确定醉驾案件的基准刑时应以被告人的醉酒程度为主要依据,同时考虑到驾驶车辆本身的危险系数,例如被告人的驾驶能力、驾驶车辆本身的安全状况、行驶路段的实际交通状况及驾驶行为的实际表现等因素,这些情节在确定从轻处罚或从重处罚时均有重要意义。④ 2013年,锦州市中级人民法院法官通过 SPSS 软件对 1179 份醉酒型危险驾驶罪判决书进行实证分析,发现醉酒型危险驾驶罪的量刑在总体上呈现出相对轻刑化倾向,除了血醇含量是醉酒型危险驾驶罪量刑最主要的影响因素之外,拘役刑期还受车辆类型、有无其他违法行为、自首或坦白等情节和是否适用缓刑的影响。⑤ 也有学者从刑事一体化的角度对醉驾型危险驾驶罪刑事证据规则展开深入研究,认为可建立相关证据规则:单独

---

① 参见戴有举:《危险驾驶罪初论——对〈中华人民共和国刑法修正案(八)(草案)〉第 22 条之解读》,载《中国刑事法杂志》2011 年第 1 期。

② 参见夏勇:《作为情节犯的醉酒驾驶——兼议"醉驾是否一律构成犯罪"之争》,载《中国刑事法杂志》2011 年第 9 期。

③ 参见刘军:《危险驾驶罪的法理辨析——兼论刑法法益保护的前期化》,载《法律科学(西北政法大学学报)》2012 年第 5 期。

④ 参见蔡智玉:《醉驾型危险驾驶罪量刑情节的把握——对 59 件危险驾驶案例的调查分析》,载《中国刑事法杂志》2012 年第 4 期。

⑤ 参见褚志远:《醉酒型危险驾驶罪量刑规律实证研究》,载《政治与法律》2013 年第 8 期。

呼气酒精测试结果只能作为醉驾案立案侦查依据而非定案证据使用；单独血液酒精含量测试结果可以作为定罪证据使用，且并不违反《刑事诉讼法》中孤证不立原则，但其客观性与合法性必须经过排除合理怀疑；既无呼气酒精测试也无血液酒精含量测试结果时，仅凭旁证不能认定醉驾犯罪成立。① 还有学者指出，"醉驾"入刑产生的一些新的系统性问题，主要表现为刑罚适用失衡、诉讼效率低下、查处机制的疏漏和规制效果的群体性差异。为有效解决这些问题，需要完善危险驾驶罪的法定刑配置、统一醉驾案件的量刑标准、提升醉驾案件的诉讼效率，并改进针对醉驾行为的治理机制。②

这一阶段的研究，开始由刑法规范层面走向刑事程序处理层面，尤其是关涉醉驾案件的证据体系、量刑标准以及程序处理等方面。

3. 新时代背景下"醉驾"治理的研究与思考

党的十八届三中全会提出了"推进国家治理体系和治理能力现代化"这个重大命题，刑事司法领域围绕此命题也开展了系列改革与制度建设。在此背景下，"醉驾"案件的治理研究也产生了新的变化，主要聚焦以下几个方面。

（1）轻罪入刑治理的理性思考。有研究者采用数据分析的方法，对21世纪以来的司法统计数据进行整理，从宏观层面观察刑事案件和治安违法案件总量、中观层面分析犯罪内部的类型结构、微观层面探究主要罪名排行的变化情况（危险驾驶罪案件数量居首），通过量化分析和前后对比，明确党的十八大以来我国犯罪治理已经进入崭新时代。③ 有学者

---

① 参见刘艳红：《醉驾型危险驾驶罪刑事证据规则研究——基于刑事一体化的尝试性构建》，载《法律科学（西北政法大学学报）》2014年第2期。
② 参见刘仁文、敦宁：《醉驾入刑五年来的效果、问题与对策》，载《法学》2016年第12期。
③ 参见卢建平、王昕宇：《十八大以来犯罪形势的宏观、中观与微观考察——基于司法统计数据的分析》，载《犯罪研究》2023年第1期。

认为,自《刑法修正案(八)》以来,刑法立法开始迈向轻罪构建之路,犯罪门槛下降和轻罪数量增加成为刑法立法的重要特色。虽然具有法治正当性,但如果没有"漏斗式"司法出罪机制配套适用,难免会导致惩罚过度化。眼下犯罪门槛下降和轻罪立法,更多的是基于强化刑法参与社会治理的考量,这种做法并不契合法治的要求。① 也有学者指出,刑事立法过于积极的犯罪预防,应该反思其边界。刑法不能成为公众欲望的晴雨表,而应是理性主义的代名词;否则,刑事立法将日益脱离实效性。犯罪化根据应体现法治精神,且从刑法立法的最终意旨是保护公民自由和为公民谋求幸福。然而,过度的"犯罪化的增加",恰恰"对法治本身而言亦具有破坏作用"。②

(2)"醉驾"严罚化的结构性反思。"醉驾"入刑并未给我国带来真正意义上的犯罪分层制度,但其刑罚"低配"的特点却与我国固有的"厉而不严"的刑法结构不相协调。立法过程中严惩醉驾的民意延续到司法阶段,裁判者选择迎合而非"过滤"民意,醉驾被纳入固有的重刑刑法结构之中,面临着"严罚化"境遇。③ 也有研究者选取危险驾驶罪作为研究对象,通过搭建理论模型和实证假设分析民意是否能够影响到"醉驾"案件的量刑。发现各地在醉酒型危险驾驶罪的裁量上呈现显著的地区差异性。在纳入地区层面的变量之后,各地民众对醉驾量刑的民意不同是形成这些差异的重要原因。民意认为醉驾应当受到严重惩罚的地区,法官对醉驾的量刑也会更加严厉。④ 还有学者从"行政罚"的视角审视"醉驾",认为当前"醉驾刑"的"行政罚"普遍存在诸如规范层级过低、不当

---

① 参见何荣功:《我国轻罪立法的体系思考》,载《中外法学》2018年第5期。
② 参见刘艳红:《积极预防性刑法观的中国实践发展——以〈刑法修正案(十一)〉为视角的分析》,载《比较法研究》2021年第1期。
③ 参见姜瀛:《我国醉驾的"严罚化"境遇及其结构性反思——兼与日本治理饮酒驾驶犯罪刑事政策相比较》,载《当代法学》2019年第2期。
④ 参见吴雨豪、刘庄:《民意如何影响量刑?——以醉酒型危险驾驶罪为切入》,载《中国法律评论》2023年第1期。

联结、违反比例原则、适用法律不公等弊端,有必要将"醉驾刑"之"溢出罚"置于法律保留原则的约束之下,依循比例、正当程序、禁止不当联结等原则,设置合法、合理、符合逻辑和理性的"刑行衔接"标准,建构"醉驾刑"之"溢出罚"的内容规则体系和适用规则体系,探索公益性、专业性第三方机构介入的监督规则体系,以实现对"行政罚"体系的科学化、正当化重构。①

(3)"醉驾"案件的出罪机制研究。随着学界对"醉驾"案件严罚化的讨论逐步深入,部分理论与实务研究者开始探索"醉驾"案件的出罪机制。四川省高级人民法院副院长曾提出,"醉驾"行为出罪的四种系统路径和方法,即构成要件符合性实质审查出罪、违法阻却事由出罪、责任阻却事由出罪、关键证据合法性的审查出罪。② 浙江省瑞安市人民检察院则率先创设了醉驾附条件不起诉制度,推动醉驾案件的分流,而且在更大程度上保障了醉驾行为人的权益。③ 山西省人民检察院则通过制定醉驾案件相对不起诉的参考标准,运用不起诉权,调整、优化醉驾案件办理标准,对醉驾案件进行分流。④ 有学者提出醉驾出罪的三种路径,根据"但书"的规定为醉驾出罪、以限缩抽象危险犯的处罚范围为醉驾出罪以及从程序法(证据)方面为醉驾出罪。⑤ 程序法学者重点关注不起诉制度在"醉驾"案件中的运用。认为运用不起诉裁量权分流"醉驾"犯罪案

---

① 参见解志勇、雷雨薇:《基于"醉驾刑"的"行政罚"之正当性反思与重构》,载《比较法研究》2020年第6期。

② 参见周磊、秦波:《醉驾案件定罪问题与出罪路径研究》,载《法律适用》2018年第11期。

③ 参见浙江省瑞安市人民检察院课题组、宣章良:《醉驾附条件相对不起诉之探讨——以"瑞安模式"为蓝本的分析》,载《犯罪研究》2020年第5期。

④ 张宇宏:《检察机关调整、优化醉驾案件办理标准之探索与实践——以S省检察机关办理醉驾案件为参考》,载最高人民检察院法律政策研究室:《第四届全国检察官阅读征文活动获奖文选》(2023年),第160页。

⑤ 参见杨柳:《醉驾出罪依据论——以〈关于常见犯罪的量刑指导意见(二)〉为分析对象》,载《法商研究》2018年第1期。

件既能发挥刑事司法程序的调解功能,解决我国刑法参与社会治理过程中出现的惩罚过度问题,也能增强检察机关转处案件和在法庭之外处理案件的能力,提升刑事司法系统打击犯罪的整体水平,解决司法资源有限性和"醉驾"案件高位徘徊、司法机关办案负担有增无减之间的矛盾。① 也有学者主张附条件不起诉制度的适用,体现了协商性司法的基本理念,更有利于社会公共利益的维护,无论是对轻罪案件的有效治理,还是对有效预防涉案企业再次发生犯罪,都发挥了显著的积极作用,显示出较为强大的制度活力。②

由此来看,当前学界和实务界对于"醉驾"治理的研究已经走向多元化的视角,而且更多的是对既有理论与实践的深刻思考,如何在新的时代背景下提升"醉驾"案件治理质效成为学界普遍关注的焦点。对此,有学者提出从诉源治理的角度出发,建立刑法统一适用规则,完善犯罪打击处遇体系,释放认罪认罚制度效能,构建犯罪源头防控系统,是一种较为妥当的综合治理方式③,这也正是本书的核心观点。

(二) 现有研究的评估

基于"醉驾"入刑对刑事立法来说所具有的"新意",在其"入刑"前后,学界就有许多争议;鉴于"醉驾"犯罪逐渐增多,以致成为我国的第一大罪,理论界与实务界对其的关注和探讨,更是有增无减。目前而言,关于"醉驾"的相关研究也开始产生了围绕轻罪治理时代背景下的新思维。然而,从现有的研究成果来看,依然有供后来研究者进行更为深入、全面、具体研究的拓展空间。尤其是我国当下已经迈入轻罪治理时代,对

---

① 参见蔡巍:《"醉驾"不起诉裁量权的适用及完善》,载《苏州大学学报(哲学社会科学版)》2019年第5期。
② 参见陈瑞华:《轻罪案件附条件不起诉制度研究》,载《现代法学》2023年第1期。
③ 参见王敏远:《"醉驾"型危险驾驶罪综合治理的实证研究——以浙江省司法实践为研究样本》,载《法学》2020年第3期。

很多具体的罪名及其治理仍然缺乏相应的理论与实践考察。如何将"醉驾"治理置于轻罪治理现代化的话语体系中讨论,如何贯彻刑事一体化、行刑一体化以及社会治理现代化的理念,以及如何将"醉驾"治理与"宽严相济"的刑事政策相结合等问题,都将是未来"醉驾"治理研究中不可回避的重点内容。以往的研究具有重要的参考意义,梳理其中的得失,可以为新的研究奠定新的起点。

其一,研究内容存在同质化。学界关于"醉驾"的研究呈现出显著的立法驱动倾向,大量研究成果集中于《刑法修正案(八)》施行前后。不可否认的是,《刑法修正案(八)》的施行对于"醉驾"而言是一个从无到有的过程,学界围绕此探讨"醉驾"入刑的合理性、危险驾驶罪的构成要件、危险驾驶罪的规范目的及性质等问题具有一定的立竿见影效果,尤其是在一定程度上有助于解决"醉驾"案件的司法适用困惑,部分研究成果能够为司法实践所吸收和接纳。最高人民法院发布《关于常见犯罪的量刑指导意见(二)(试行)》之后,理论界也开始据此开展关于"醉驾"案件量刑的相关研究。这都体现出研究成果具有较强的立法、规则确立与适用的驱动性。但是,这造成的后果就是学界容易对某一热点问题扎堆研究,产生很多同质化研究成果,就使得整体的研究深度与广度有所欠缺。总体来看,目前研究成果多以具体性、分析性、建议性的成果为主,但是富有理论深度和深入论证的成果相对较少,研究成果的理论性、系统性、多样性有待提升。并且,目前研究成果的理论性、面向性较为突出,尤其是关于危险驾驶罪刑事法层面的理论分析较多,这种导向使对"醉驾"治理的研究往往停留在刑事层面,再具体一点儿地说,是停留在刑法理论层面,通常限于刑法领域的专业范畴,缺乏全面、多维、立体的观察分析视角,无法对"醉驾"治理产生高屋建瓴的导向价值。

其二,研究方法欠缺科学性。受制于应用型学科的限制,当下"醉驾"的研究成果大多较难摆脱政策导向性。当然,在文献梳理过程中,我们欣喜地发现已有学者通过更科学的定量分析、多层线性分析等方式来研究醉酒型危险驾驶罪中民意如何影响量刑问题,①但更多的研究成果仍以价值分析、对策建议、比较借鉴等方式来论述观点或对策的合理性。此种研究方式本身欠缺一定的科学性,其研究结论的准确性及合理性也存在诸多疑问。比如,自"醉驾"入刑以来,除了关注我国"醉驾"治理的相关理论与实践问题,还有部分研究者将研究视角转向域外的司法制度。其中,以美国和日本的醉驾治理受到国内学者关注较多。但实际上在运用比较研究时,存在不加证伪地套用域外制度的经验,试图以此作为我国改革之借鉴。如果仅仅凭借译介性的价值判断或其案例数据来证成域外制度对我国"醉驾"治理具有借鉴效用,显然容易忽略治理质效的本土因素。因为"醉驾"治理与一国的犯罪形态、刑事政策、刑事司法政策、社会治理水平和能力等因素高度相关,因此,很难从非体系性的域外论述中汲取能够为我国"醉驾"治理所用的实质内容。在关于"醉驾"治理的实证研究方面也存在一定的问题,例如,部分研究成果的数据来源、变量设计、模型分析等均存在不同程度的缺憾,以致研究成果很难具有较强的说服力及普适性价值。

其三,研究成果缺乏体系性。在"醉驾"治理的研究中,由于长期以来各部门法学之间缺乏交流对话,体系性的研究成果相对较少,跨学科的交叉研究更为少见。目前已有的关于"醉驾"的研究主要是赵秉志主编的《"醉驾入刑"专家谈》,余凌云、施立栋的《醉驾、电动自行车与其他类型电动车的治理》,以及丛日禹的《醉酒驾驶犯罪研究》,应当说这些论著对于"醉驾"治理的研究具有积极贡献,对于指导司法实践也有重要价值。但现实问题是,上述研究成果依然未能突破专业壁垒,存在偏向刑事实体法与行政执法治理的问题。对于"醉驾"的治理实际上不仅应当

---

① 参见吴雨豪、刘庄:《民意如何影响量刑?——以醉酒型危险驾驶罪为切入》,载《中国法律评论》2023年第1期;类似的还有以盗窃罪为切入点的量刑研究,参见彭雅丽:《量刑指导意见的司法实践与重构——以盗窃罪为切入点》,载《法学研究》2021年第4期。

涵盖刑事实体法与行政执法两个维度,还应当涵盖刑事程序法与社会治理等相关领域,但学科专业壁垒导致现有的研究成果存在一定的局限性。因此,当前"醉驾"治理领域的研究略显单薄,缺乏宏观层面的综合性、体系性治理的研究成果。

三、研究思路

关于"醉驾"治理的研究已有很多,比较而言,我们的研究注重以现代国家治理的理念为指导,将社会的长治久安、"醉驾"治理的持续稳定有效,作为新时代治理"醉驾"的基本目标,以刑法谦抑为基础,借此超越以往那种将刑法前置为"醉驾"治理的第一道防线的做法,消弭"以刑去刑"的"醉驾"治理方式,重视不断增强的"醉驾"治理的边际效应。我们的研究强调将法律一体化作为刑事一体化的先导,将原本就应该统一的酒后驾驶之治理与"醉驾"之治理,构成完整的有机的治理体系,以此重视刑行衔接与行刑衔接的积极作用,为酒后驾驶的违法行为和醉驾犯罪编织更加严密的法网,不仅借此巩固以往"醉驾"治理的成果,而且由此能够更加有效地统一管控酒后驾驶的违法行为和醉驾犯罪。我们的研究基于新时代轻罪治理的要求,切实将"醉驾"作为一种轻罪,努力从立法和司法两个层面设置宽严相济的"醉驾"治理体系,主张不仅在实体规则方面避免简单地以血液中的酒精含量作为"醉驾"犯罪的"唯一"标准,充分重视"但书"和免刑等应在轻罪中广泛适用的实体规则;而且在程序规则方面应弥补以往忽略的相对不起诉在"醉驾"这样的轻罪案件中的适用,并强化刑法替代性措施的适用。当然,对于酒后驾驶造成交通事故的,我们认为应严厉惩治,在"醉驾"治理中真正实现宽严相济。

本书以"醉驾"行为治理为研究主线,聚焦"醉驾"治理的原理篇、问题篇与对策篇,期望以较为全面、深入、多维的视角对"醉驾"行为的司法治理展开具有建设性的全面探讨。原理篇主要包括三章内容,即"醉驾"行为治理的基本理念、基本原理和基本原则;问题篇主要包括四章内容,即基于"醉驾"行为治理的实践情况对"醉驾"行为治理的实体问题、程序问题以及综合问题进行系统分析;对策篇主要包括三章内容,即"醉驾"行为治理的宏观维度——理念转变、中观维度——诉源治理、微观维度——具体建议。从"醉驾"行为治理的基本原理切入,重点分析"醉驾"行为治理中的实体、程序及综合问题,从宏观、中观及微观层面实现"醉驾"行为治理现代化的治理模式的转型。三编十章的内容概括如下。

第一章:"醉驾"行为治理的基本理念。本章重点以刑事司法理念作为提纲挈领式的开篇,考察了轻罪治理现代化及刑事一体化、行刑一体化理念,将"醉驾"案件治理放置于社会治理现代化的语境中进行探讨。轻罪治理现代化是我国近年来刑事司法体系转型的重要表征,"醉驾"作为轻罪与其他轻罪并无质的不同,没有可以脱离于轻罪治理的现代模式之外的理由。本章在轻罪治理的整体背景中研究和考察"醉驾"行为治理,其应当为轻罪治理现代化的整体转型作出应有的贡献,不应因其"例外"而成为轻罪治理现代化的短板。此外,伴随着学界对刑事一体化的讨论逐渐升温,如何缩小刑事实体法与刑事程序法之间的"非同步性",是当前"醉驾"行为治理面临的重要课题。本章以"醉驾"行为治理为切入点,重点讨论刑事一体化的相关内容。而且在"醉驾"行为治理中,刑事与行政二元分化的观念日益严重,如何以"醉驾"案件为切入点,探讨行刑一体化也是本章关注的内容。

第二章:"醉驾"行为治理的基本原理。本章选取了当前阶段刑事领域三个较为重要的政策与理念,即"宽严相济"的刑事政策、"少捕慎诉慎押"刑事司法政策以及"能动司法"理念进行探讨。本章重点讨论了"醉驾"行为治理中的宽与严,并对二者的有机统一展开探讨和分析。本章重点就"醉驾"行为治理中贯彻"少捕慎诉慎押"展开深入论述。强调落实少捕慎诉慎押刑事司法政策,对于推动中国刑事司法取得历史性进步,提高人民群众的获得感、幸福感、安全感,促进社会和谐稳定的重要意义。能动司法理念已不仅仅局限于审判机关,包含了"能动司法审判"

和"能动司法检察"的双重意蕴,本章试图通过对"能动司法"理念的分析,以建构对"醉驾"治理的一体化。

第三章:"醉驾"行为治理的基本原则。本章主要聚焦于刑法中的罪刑法定与罪责刑相适应原则和刑事诉讼法领域的无罪推定与程序法定原则。在"醉驾"行为治理中,刑法呈现出刑事处罚弥散化与刑罚介入早期化的特征,并开始出现过度犯罪化的倾向,这也催生出司法的惯性与惰性。罪刑法定原则也因此受到了立法与司法的双重挑战。"醉驾"行为治理如何契合罪刑法定与罪责刑相适应原则是应当慎重考量的问题。从刑事程序法的角度来看,"醉驾"案件的治理中存在违反罪刑法定原则的情况,诸如没有酒精测试结果仅依据旁证定罪等情况时有发生,如何在"醉驾"案件中贯彻无罪推定与程序法定需要予以关注。本章在肯定起诉便宜主义的基础上,还对当前刑事司法领域开展的"醉驾"案件适用相对不起诉及附条件不起诉的实践展开分析和讨论。

第四章:"醉驾"行为治理的实践情况。本章重点对相关实践的数据以及典型案例进行考察和评析,期望能够更加直接地反映出"醉驾"案件办理的实践情况和问题。主要包括,实践案例来源与分析方法的说明、入罪问题和量刑问题三个方面。醉驾案件的入罪问题主要存在四个方面,即罪名的适用、道路的认定、超标电动车的属性认定以及醉酒标准及醉酒证据的适用。结合选取的考察案例,本章主要聚焦于量刑问题的三个方面,即共犯的认定、自首的认定以及缓刑及免予刑事处罚的适用。

第五章:"醉驾"行为治理的实体问题之考量。"醉驾一律入刑"是治理初期实践的基本样态,司法实务人员仅仅凭借驾车人血液中的酒精含量即可确定其是否属于"醉驾",无须判断"醉驾"行为可能造成的社会危险性的差异即可入罪,完全排除了《刑法》第13条"但书"规定的适用。"醉驾一律入刑"有悖于犯罪的实质在于严重的社会危害性以及抽象危险犯的基本原理。本章主要包括四个方面的内容,一是入罪标准问题,主要论证根据血液酒精浓度80mg/100mL来判断行为人是否醉酒的合理性。二是"但书"适用问题,主要针对"情节显著轻微、危害不大"在醉驾型危险驾驶罪中适用的理由展开论证,进而对醉驾中"情节显著轻微、危害不大"的情形予以具体细化。三是关于缓刑与免刑的适用问题,理论界和实务界,严格控制醉驾中适用缓刑、免刑的思维导致缓刑和免刑在醉驾之中的适用率偏低。四是与行政管控的衔接问题,防止实践中被不起诉、免予刑事处罚或不作为犯罪处理的"醉驾"行为人又逃避了行政管控处理。

第六章:"醉驾"行为治理的程序问题之研判。"唯血液酒精含量"论的立法精神,使"醉驾"案件的证据收集、审查、认定均围绕血液酒精含量鉴定意见展开,证据体系相对固定。加之打击"醉驾"行为的刑事政策一直处于严厉、高压态势,在办案资源紧缺、证据体系固定、刑事政策严厉的三重作用力下,实践中"醉驾"案件办理主要呈现以下诸方面的问题。首先是"醉驾"案件强制措施的适用乱象,主要表现为违法适用逮捕强制措施的情况偶有发生、滥用刑事拘留强制措施的现象普遍存在,以及部分地区开展的"一律刑拘"工作机制。其次是"醉驾"案件的司法证明问题,集中体现在证据体系较为固定、程序规范过于粗糙、检测妨碍行为应对措施乏力三个方面。再次是"醉驾"案件的程序简化问题,主要是刑拘直诉、一步到庭、集中审理等办案模式。最后是"醉驾"案件的刑行衔接的程序问题,主要表现为不够罪的"酒驾"行为及"醉驾"出罪之后的行政管控不够到位。

第七章:"醉驾"行为治理问题的综合分析。本章内容主要包括四个方面。首先是针对当前"醉驾"治理实践的成效开展评估,无论是从行为控制的角度还是危害后果控制的角度来看,"醉驾"入刑治理效果均有限。其次是引入"边际效应"理论解释"醉驾"治理困境,"醉驾"入刑在短期内表现出较为明显的震慑效应,但从长期来看其治理效能却呈现出边际效应递减的趋势。再次是概括现行"醉驾"治理模式的隐患,例如不断大量增加的醉驾犯罪给其本人、家庭和社会带来的后续结果,以及与国家治理的现代化目标不合等。最后是针对"醉驾"治理模式的反思,例如部分地区不断提升酒精含量标准把控入罪案件数量,其积极意义虽应肯定,但也存在一些疑问。

第八章:"醉驾"行为治理的宏观维度——理念转变。本章内容是"醉驾"行为现代化治理的核心,主要包括两个大的方面。其一,要由传统的治理模式向"现代化治理"的要求迈进。在新的时代背景下,应该改变过去"刑"字当先、严厉惩罚强于严密管理等思维,司法实践表明传统模式并不妥当。当前阶段,"醉驾"治理确有必要与轻罪治理现代化理念相协调,实现"有效治理""长效治理""科学治理"以及"刑法谦抑",深入贯彻较少对抗的治理思维,以较温和的方式妥当达成社会治理目标。其二,由"碎片化"的治理向"体系性"的方向转变。当前"醉驾"治理的问题表明,其不仅存在刑事实体法、刑事程序法问题,还存在行刑衔接不畅的问题,无论是刑事实体法的入罪规范确立,还是刑事程序法的出罪机制建构,抑或是行政监管的辅助兜底,均应当统一于"醉驾"治理现代化的要求之下,未来应当改变碎片化的治理机制,以搭建体系性的治理机制作为"醉驾"治理的价值追求,实现"醉驾"案件现代化综合治理。

第九章:"醉驾"行为治理的中观维度——诉源治理。诉源治理可解读为"源头预防为先""非诉机制挺前"以及"法院裁判终局",对应"醉驾"行为的治理则分别是宏观层面的社会治理、中观层面的以行政前置为主的行刑衔接和微观层面的以"宽严相济"为重的刑事规制。本章主要包括三个方面的内容。其一,诉源治理的要义。旨在论述什么是诉源治理,以及何为"醉驾"犯罪案件的诉源治理。其二,"醉驾"犯罪案件诉源治理的意义。在分析以往的治理模式难以为继的基础上,重点论述诉源治理替代原有治理模式的价值。其三,"醉驾"犯罪诉源治理的基本路径。包括三个方面,即以有效的行政管控作为预防"醉驾"犯罪案件的前置,探索"宽严相济"的刑事治理在实体与程序维度的出罪路径,调动社会治理层面的保障服务机制。

第十章:"醉驾"行为治理的微观维度——具体建议。本章重点是从微观维度提出"醉驾"行为治理的具体建议。包括三个方面的内容:既有规范体系之间的异同分析、实体规范层面进一步完善建议以及程序层面的具体完善对策。对当前规范体系异同分析是提出完善建议的前提,重点针对不同部门与地区之间涉及"醉驾"治理规范,概括和归纳其异同之处。实体层面主要从"但书"规则的建构、"醉酒"状态的综合认定以及其他量刑事实的综合考量方面展开。程序层面主要从刑事与行政两个维度展开。在刑事层面主要包括比例适用刑事强制措施、"醉驾"案件程序简化的路径、规范"醉驾"案件证据收集程序、突破"醉驾"案件证明难点、释放认罪认罚从宽制度效能、不起诉制度的合理适用几个方面。在行政方面的完善主要是坚持以行政之严取代刑事之厉的治理思维,要实施严密管控、严格管理与严密查处的酒驾治理措施,完善衔接处理机制,确保行政处罚无遗漏。

第一篇

原理篇

法学是实践性很强的学科。这意味着法学研究应针对问题而进行，或为解决理论研究中的问题，或为解决立法的问题，或为解决司法实践中的问题。当然，这往往也可能意味着同时要解决理论、立法和司法三个层面的问题。然而，法学研究的问题意识，只是研究的起因和指向，至于研究的目的和方向，则由研究者所怀抱的理念和信奉的原则所决定。因此，研究的展开就需要依据基本原理，即应当以研究者所秉持的立场、理念、原则作为研究的基础。换句话说，研究的基本原理才是发现问题、分析问题与解决问题的基础。可以说，如果不依据相应的原理，既发现不了问题何在，也难以分析问题何来，更遑论问题何解。因此，我们的研究将首先阐明本项研究的基本原理，正所谓，为究其事，先明其理。本篇主要包括三章内容，即"醉驾"行为治理的基本理念、基本原理和基本原则。基本理念作为本书的第一章，意在从较为宏观的层面审视"醉驾"行为治理在轻罪治理现代化及法治一体化理念中的新变化、新发展与新需求。基本原理一章，意在论述与"醉驾"治理密切相关的刑事法治的几个治理思维，着重聚焦"宽严相济"的刑事政策、"少捕慎诉慎押"的刑事司法政策和"能动司法"理念三个方面。基本原则一章，意在分析当下"醉驾"治理模式中存在的偏离刑事法领域基本原则之问题，诸如罪刑法定、罪责刑相适应、无罪推定、程序法定原则等，以期从原理层面为之后的"醉驾"治理问题分析、综合性的治理方案的提出奠定基础。

第一章 "醉驾"行为治理的基本理念

基本理念是研究"醉驾"行为治理首要且关键的基础。在新时代背景下,"醉驾"行为治理的基本理念,主要包括轻罪治理现代化理念与一体化治理理念这两个方面的内容。治理理念的新变化不仅会引起对传统"醉驾"治理路径的反思,还将对完善和革新"醉驾"治理方式产生重要影响。

基于我国刑事法领域已逐渐迈向轻罪治理新时代的事实,在轻罪治理现代化理念下研究"醉驾"行为治理具有现实必要性和紧迫性。"醉驾"作为轻罪与其他轻罪并无质的不同,该罪没有可以脱离于轻罪治理的现代模式之外的理由,其应当为轻罪治理的现代化整体作出应有的贡献,而非作为一种可以例外的"特例"。因此,对"醉驾"同样需要思考以轻罪治理方式、秉持慎刑理念,再重塑"醉驾"行为治理路径,这是当下应当重点关注的研究主题。

一体化治理是国家治理现代化理念中的重要内容。在"醉驾"行为治理中,我们重点讨论了以社会治理一体化为基础的刑事一体化和行刑一体化理念,尤其是刑事一体化理念之下刑事司法政策、刑事实体法与刑事程序法的一体化,以及行刑衔接一体化理念下"醉驾"行为刑事治理与行政治理的协调衔接,以便为推动综合意义上的社会治理现代化提供智识支持。

从基本理念的角度来看,"醉驾"行为治理应当在整体上符合国家法治文明发展的要求和趋势,应当以实现长治久安为根本追求,因此,这应当是我们探究"醉驾"行为治理模式及其有关效应的基础。

第一节　轻罪治理现代化背景下"醉驾"行为治理

轻罪治理现代化是当下刑事司法领域研究和关注的重点内容,无论是实体法还是程序法研究者均在思考如何应对犯罪结构的变化,实现中国式刑事司法现代化。"醉驾"作为入罪以来就颇具争议的案件类型与轻罪治理现代化的背景存在明显的交汇耦合,如何理解和把握"醉驾"治理与轻罪治理之间引人注目的碰撞是本节关注的内容。

一、轻罪治理现代化的时代背景

随着我国经济的快速发展和社会文明程度的提升,国家在经济、社会管理领域不断产生新的治理需求,一些严重违反行政法规的行为被规定为刑法上的犯罪,刑法在社会治理中的应用范围越来越广泛、类型越来越多样,犯罪结构上就表现为轻缓刑事犯罪迅速增加。从1979年《刑法》到1997年《刑法》修订,再到《刑法修正案(十一)》,中国刑法立法正逐步摆脱对重罪重刑的依赖,转向更精密也更宽广的治罪思路,逐渐由小刑法迈向大刑法,刑事制裁手段日渐轻缓多样。但是在这一现象初始阶段,学界对此的认知判断存在一定的差异,对于如何定义当下的刑法趋向存在不同意见,部分学者称之为网络犯罪时代、行政犯时代、危险犯时代等,但随着对轻罪认识的逐渐深化,轻罪时代的概念逐渐被广泛接受。实际上,对于轻罪时代的判断最为关键的还是要明确何为轻罪,判断标准为何,继而才能从统计学的意义上对我国当前的现状作出较为准确的判断。

从域外的视角来看,对于轻罪与重罪的标准,不同国家的规范并不一致。美国轻罪的标准是1年以下监禁刑,其中30日以下监禁刑的为微罪。英国以具体犯罪类型区分重罪轻罪,轻罪一般指伪证、共谋、欺诈、诽谤、骚乱和侵入殴击等。德国轻罪的标准是1年以下有期徒刑或罚金刑。俄罗斯的标准是最高刑不超过3年有期徒刑的为轻罪。我国台湾地区的标准是6个月刑期。目前我国刑法体系对"轻罪"概念尚没有统一清晰的界定。对于轻罪的划分标准,存在"轻罪名""轻罪刑"或"法定刑说"以及"宣告刑说"等不同观点。从立法角度来看,对犯罪轻重进行分层具有划分刑事制裁的边界和力度等重要意义。

虽然规范层面并未对轻罪确定具体的定义,但在司法实践中一直在探索界定轻罪的边界。在以往的司法统计中,通常将宣告刑5年有期徒刑作为判定重刑和轻刑案件的分界标准。然而,近年来随着犯罪治理形势的改善,犯罪整体呈现轻微化的趋势,因此将宣告刑3年有期徒刑作为新的标准得到了更多的认可。不过,从检察办案的角度来看,轻罪案件包括那些被提出量刑建议为3年以下有期徒刑、拘役、管制、单处附加刑或者免予刑事处罚的案件。这似乎突破了对于轻罪案件固定年限的判断依据,意味着轻罪概念并非一种僵硬概念。实际上,划分轻罪的标准应当不仅依靠宣告刑的年限,1年、3年或5年可能是准入性的判断依据,还应当关注罪案本身的相关因素,例如社会危害性、罪责轻重、犯罪嫌疑人认罪悔过的可能性、社会关系的可修复性等方面。有学者认为,借助犯罪分层的理论与方法,对我国的犯罪统计数据进行分析,就会发现,刑法立法扩张一方面是反映并顺应犯罪治理对象也即犯罪现象变化的结果;另一方面也必然影响着犯罪治理的结果,不仅导致犯罪数量的显著变化(先升后降),而且导致犯罪现象内部结构的变化,如严重暴力犯罪数量与重刑率的下降和轻微犯罪数量与轻刑率的上升,是为"双降双升",轻罪新罪成为犯罪治理的主要对象。①

---

① 参见卢建平:《为什么说我国已经进入轻罪时代》,载《中国应用法学》2022年第3期。

基于中国逐步迈入轻微罪案件占比较大的犯罪结构新时代，2018 年 7 月，中央政法委全面深化司法体制改革推进会明确："要以《刑事诉讼法》修改为契机，认真总结认罪认罚从宽制度试点经验，完善速裁程序、简易程序，推动轻重分离、快慢分道，构建起中国特色轻罪诉讼制度体系，让正义更快实现。"①2019 年习近平总书记出席中央政法工作会议时强调，要深化诉讼制度改革，推进案件繁简分流、轻重分离、快慢分道。②刑事程序法学者也从党的二十大报告角度论述了刑事诉讼法学应当以国家治理体系和治理能力现代化为目标，探索轻罪治理诉讼体系。③应当说，轻罪治理现代化体现着宪法法律尊重和保障人权原则、国家治理现代化发展水平、司法为民办案理念，具有促进民生福祉、促进共治善治、厚植党的执政根基等重大意义。

2021 年 3 月 8 日时任最高人民检察院检察长张军在最高人民检察院的工作报告中首次使用 3 年以下作为轻罪案件的判断标准。报告指出，受我国经济发展、社会安定之影响，犯罪结构产生明显变化，重罪占比持续下降，轻罪案件不断增多。判处不满 3 年有期徒刑及以下刑罚案件，从 2000 年的 53.9% 升至 2020 年的 77.4%，对轻罪案件特别是因民间纠纷引发的轻微刑事案件，尽量依法从简从快从宽处理。④ 2023 年 3 月 7 日，张军检察长再次在最高人民检察院的工作报告中指出 2020 年分析 20 年间重罪持续下降、轻罪持续上升的重大变化，提出的全面贯彻

---

① 《中政委：构建中国特色轻罪诉讼制度体系》，载百度百家号"新华网"，https://baijiahao.baidu.com/s?id=16068875736096O8515&wfr=spider&for=pc，2023 年 4 月 20 日访问。

② 新华社：《习近平出席中央政法工作会议并发表重要讲话》，载中国政府网，http://www.gov.cn/xinwen/2019-01/16/content_5358414.htm，2023 年 4 月 20 日访问。

③ 参见胡铭：《党的二十大与刑事诉讼法学发展》，载《中国社会科学报》2023 年 3 月 31 日，第 5 版。

④ 参见张军：《最高人民检察院工作报告》，载《人民日报》2021 年 3 月 16 日，第 3 版。

宽严相济刑事政策,严惩严重犯罪决不动摇,较轻犯罪少捕慎诉慎押的这一办案理念在2021年被确定为刑事司法政策。"诉前羁押率从2018年的54.9%降至2022年的26.7%,为有司法统计以来最低;不捕率从22.1%升至43.4%;不诉率从7.7%升至26.3%,均为有司法统计以来最高。""轻罪不'关'也能管住;不起诉但应予行政处罚的,移送主管机关处理。当宽则宽、该严则严,促进犯罪治理更有效、人权保障更有力。"① 2023年3月7日时任最高人民法院院长周强在最高人民法院工作报告中也指出,我国刑事犯罪案件、严重暴力犯罪案件总体呈持续下降态势,人民群众安全感显著增强。② 据此来看,轻罪治理时代已经到来,这是当下理论界与实务界的共识性判断。

因此,在轻罪治理现代化背景下,应当立足中国式刑事司法现代化的原理,充分尊重中国特色刑事司法规律、逻辑以及现代化要求,刑法立法与刑事司法应当顺应犯罪态势的变化进行调整。随着犯罪结构的轻罪化和新罪化,应当及时调整犯罪治理的策略,倡导刑事政策的精准化,并通过对轻罪的特别从宽和对新罪的创新治理,不断提高刑事司法治理的精准性和治理的社会效果,将司法办案融入国家治理大局,从社会治理的视域审视刑事司法功能,通过"治罪"与"治理"相结合实现标本兼治,以犯罪治理现代化推进国家治理现代化。

二、"醉驾"行为纳入轻罪治理体系

2011年5月1日施行的《刑法修正案(八)》在第22条危险驾驶罪中规定:"在道路上醉酒驾驶机动车的,处拘役,并处罚金。"醉酒驾驶的犯罪行为作为抽象危险犯,其够罪只要求驾驶者的血液酒精含量达到

---

① 参见张军:《最高人民检察院工作报告》,载《人民日报》2023年3月18日,第4版。

② 参见周强:《最高人民法院工作报告》,载《人民日报》2023年3月18日,第4版。

"法定"标准,不要求情节恶劣及造成危害后果。《刑法修正案(八)》的施行体现了我国加大对醉酒驾驶等危险驾驶行为的惩罚力度。

从国家治理层面来看,加大对"醉驾"案件的惩处治理主要是出于两方面的时代背景考量。一方面,在我国的城市化进程和汽车数量急剧增加的同时,危险驾驶行为引起的交通事故也急剧增加。随着我国经济的发展和机动车数量的增长,喝醉酒后驾车、飙车和其他危险的驾驶行为造成重伤而死亡的惨案频繁出现,社会和舆论要求对醉酒驾驶等危险驾驶行为进行刑事处罚的呼声日益增高。根据最高人民法院统计,仅仅因为酒后驾车和醉酒驾车肇事的,在 2009 年 1 月至 8 月,就发生 3206 起,造成 1302 人死亡。① 另一方面,在《刑法修正案(八)》实施之前的刑法框架下,危险驾车行为没有造成严重的实际结果发生和没有给社会带来严重危害的,通常并不认定为犯罪,司法实践中对只有造成严重实际危害结果发生的危险驾驶行为才定罪的做法,已经不能满足人们要求严惩危险驾驶行为的心理需求,以行政处罚、交通肇事罪等过失犯罪的方式对"醉驾"进行规制力有不逮。因此,《刑法修正案(八)》将"醉驾"入刑实际上是从立法层面回应了现实需求。

当然,危险驾驶罪的立法规范也招致了理论界与实务界的质疑。否定论者的基本立场是应当慎重对待"醉驾"入刑,《刑法》规范虽然不是一成不变的,也需要符合社会发展的需要"以变应变"。但法律的科学性、合理性,以及刑事制裁与行政处罚在规范上的衔接、协调性,也是一项重要的立法原则。简单粗暴地直接将"醉驾"行为治理由行政治理纳入刑法惩处领域可能会导致传统的罪刑评价模式的混乱,尤其是可能使危险驾驶罪、交通肇事罪和以危险方法危害公共安全罪的界限不清。②

---

① 参见《最高法醉酒驾车犯罪案件将统一裁判标准》,载《成都商报》2009 年 9 月 9 日,第 1 版。

② 参见赵秉志、袁彬:《"醉驾入刑"热点问题探讨》,载《刑法论丛》2011 年第 3 期。

但根据官方解释,最终考虑醉驾有入罪的必要主要是基于以下几方面原因。一是我们国家迅速地进入了汽车时代,无论是驾驶人、行人都没有养成良好的道路通行习惯,没有这个意识。醉驾成为一种多发的、严重危害人民群众生命、财产安全的违法行为。二是我国迅速地进入了城镇化,道路通行已成为大量的普遍性的活动。三是生活水平的提高满足了我们的酒文化的要求,开车喝酒甚至醉酒后开车成为某些人的常态。在这样一个背景下醉酒驾车成了当前对人民群众生命、财产安全非常大的威胁。从现实情况来看,行政管理不可谓不严,大家都能看到查酒驾查得很严。但是从实际效果来看,整体仍旧难以遏制。"醉驾"入罪是除加强日常管理教育外,彻底根除这一社会管理层面痼疾的一项重要措施。[①]

在"醉驾"行为入刑治理的 10 余年来,既使"醉驾"的违法犯罪行为得到有效遏制,有效保障了道路安全,同时也树立起"喝酒不开车,开车不喝酒"的交通安全理念,并强有力地推动了传统生活观念、行为方式的重塑。

但是,"醉驾"行为治理具备"严惩"和"宽出"的矛盾特征。所谓"严惩"是指入罪的标准较低,只要求驾驶者的血液酒精含量达到法定标准。根据国家质量监督检验检疫局关于《车辆驾驶人员血液、呼气酒精含量阈值与检验》的规定,驾驶者的血液中酒精浓度大于或等于 20mg/100mL,小于 80mg/100mL 为喝酒后驾车行为;驾驶者的血液中酒精浓度大于或等于 80mg/100mL 为醉酒驾驶行为。因此,只要检测到驾驶者的血液酒精含量达到大于或等于 80mg/100mL,就可以以危险驾驶罪定罪处罚。"宽出"是指,根据《刑法》第 133 条之 1 的规定,醉酒驾驶机动车的处拘役,并处罚金。即一般没有其他危害后果的醉酒驾驶机动车最高量刑是 6 个月拘役。较易达成的入罪标准和较低的法定刑期,一方面,因"醉驾"入刑不到 10 年危险驾驶罪就一跃成为我国第一大罪;另一方面,入刑却并未使"醉

[①] 参见郎胜:《〈刑法修正案(八)〉解读》,载《国家检察官学院学报》2011 年第 2 期。

驾"得到长期有效的遏制,该罪仍呈现居高不下之趋势。

湖北省人民检察院党组书记、检察长王守安表示,近年来,刑事犯罪形态和结构发生重大变化,轻罪案件已成为刑事司法的重心。相比重罪案件,绝大多数轻罪案件本身社会危害较小、罪责更轻,犯罪嫌疑人认罪悔过可能性较大、重新融入社会较快,社会关系较好修复。检察机关办理轻罪案件要"跳出案件看案件",从社会治理的视域审视刑事司法功能,从"治罪思维"向"治理思维"转变。① 应当说,轻罪治理思维与传统思维之区别的核心是"治罪"向"治理"的转变。但当前"醉驾"案件的治理理念与轻罪案件治理理念并不适配。需要明确的是"醉驾"行为治理纳入轻罪治理体系具有明显的正当性和合理性。主要体现在以下两个方面。

首先,形式要件符合轻罪基本特征。如前所述,理论界与实务界虽然在认定轻罪标准问题上存在一定的争议,但形成的基本共识是以宣告刑 3 年作为判断轻罪案件的标准,也有以宣告刑 1 年或 6 个月作为判断微罪案件的标准。在"醉驾"案件中,虽然量刑规则存在一定的层次性,即如果"醉驾"并发生交通事故的话,一般会被判处 3 年以下有期徒刑。如果发生事故后逃逸的,会被判处 3 年至 7 年的有期徒刑。如果逃逸导致对方死亡的,最高判处 7 年以上有期徒刑。但司法实践情况表明,单纯以醉酒驾驶或发生交通事故的案件在整体"醉驾"案件中的占比更大。如果以存在少量重罪案件的可能来否定"醉驾"案件纳入轻罪治理体系显然不够合理,相反"醉驾"案件具备轻罪案件的形式要件,"醉驾"作为轻罪与其他轻罪并无质的不同,纳入轻罪治理体系具有正当性。

其次,实质要件符合轻罪治理理念。轻罪治理体系的核心思维有两个方面。其一,"轻治罪、重治理"。轻罪案件往往是发生在群众身边的

---

① 《王守安:以轻罪治理为着力点提升社会治理法治化水平》,载百度百家号"最高人民检察院",https://baijiahao.baidu.com/s? id =1752607529296188784&wfr = spider&for = pc,2023 年 4 月 22 日访问。

"小案",提升轻罪案件的办理质效,要摒弃一味地"打击犯罪、惩罚犯罪"的传统追诉观念,正确处理案件办理和犯罪治理的关系,在坚持程序公正和实体公正的基础上,对人民群众在司法经历中的内心感受和获得感给予充分考量。其二,强调方式和效果统一。轻罪治理需要社会各层面的积极推动和主动参与,不能仅仅局限于司法执法领域,应当强化政务协同与政法协同,还应当充分体现政治效果、社会效果和法律效果的有机统一。在"醉驾"案件的治理中,案件数量之所以居高不下,最为关键的是对"醉驾"行为仍然坚持一种传统的"治罪"思维,理论界已经开展在"醉驾"中淡化入罪思维,强化出罪思维的讨论,并且也有关于在"醉驾"案件中进行综合治理的探讨。从这一角度而言,"醉驾"行为的治理现代化与轻罪治理现代化不谋而合,"醉驾"治理没有可以脱离于轻罪治理的现代模式之外的理由。作为当前阶段刑事领域的"第一大罪","醉驾"治理现代化应当成为轻罪治理现代化中特色鲜明的旗帜标杆,而非作为"特例",疏离于轻罪治理现代化体系之外。

三、慎刑理念与出罪思维

与轻罪治理现代化理念相伴而生的是刑事司法领域的慎刑理念与出罪思维。从历史渊源来看,我国自古就有的民本与"恤刑"思想。古代的民本思想虽然与现代的人权保障不同,但在精神上确实存在相通之处。中国古代因为恤刑等思想而倡导"狱空"的理念,[1]将"狱空"视为政治清明、治理有方的体现。由此可见,我国古代的主流价值观乃是摒弃严刑峻法和"监狱"人满为患的治国理念及其做法。近年来,多地出台贯彻慎刑理念与出罪路径的文件或举措,理论界也开始反思当下犯罪门槛下降和轻罪立法,认为这种模式更多是基于强化刑法参与社会治理的考

---

[1] 参见王忠灿:《"狱"、"狱空"和中国古代司法传统》,中国政法大学出版社2013年版,第7—8页。

量,并不契合法治的要求,是一种需要谨慎提倡的社会治理模式。① 据此,如何理解轻罪治理现代化背景下慎刑理念与出罪思维以及"醉驾"行为治理中的慎罚与出罪问题是需要关注的问题。

国家与社会治理的现代化,应当意味着国家和社会逐步摆脱对刑法的过于倚重,意味着刑法的存在和适用必须有正当性根据。要重视刑法概念的独特性,避免混淆犯罪与民事纠纷和行政违法的界限。要重视刑法的限缩解释。虽然有研究者列出"醉驾"入刑后交通死亡人数大幅度下降的数据,据以佐证"醉驾"入刑收到了显著成效,并且断言"醉驾"入刑祛除了根深蒂固的喝酒陋习,形成了"喝酒不开车,开车不喝酒"的良好社会风气。② 然而,此种观点需要反思。"醉驾"入刑虽然具有显著意义,但不能被高估。因为交通死亡数字的下降只说明交通肇事案件的减少,而并不等于"醉驾"的减少。近年来每年查处的危险驾驶罪案件非但没有下降,反而呈现逐年增加趋势正说明了此问题。有学者认为,试图以入罪动刑来解决社会问题,并未触及问题背后的深层原因,自然难以收到理想效果。如果民事、经济、行政等法律手段还没有充分使用,就过早把刑事手段挺在前面,必然会使其他手段退居幕后。倚重刑法解决社会问题,不仅治标不治本,而且会掩盖行政机关在不依法行政方面存在的深层次问题,以致成为行政机关为其"不作为"甚至"乱作为"造成的严重后果推卸责任的绝佳借口,对于提高社会治理水平并没有帮助。③ 总之,刑事立法对于过于积极的犯罪预防,应该反思其边界。刑法不能成为公众欲望的晴雨表,而应是理性主义的代名词。否则,刑事立法将日益脱离实效性。犯罪化根据应体现法治精神,且刑法立法的最终意旨

---

① 参见何荣功:《我国轻罪立法的体系思考》,载《中外法学》2018年第5期。
② 参见储槐植、李梦:《我国刑法微罪制度初探》,载郎胜、朱孝清:《时代变迁与刑法现代化》,中国人民公安大学出版社2017年版,第267页。
③ 参见黄太云:《一般违法行为犯罪化倾向的系统反思》,载《法律科学(西北政法大学学报)》2022年第1期。

是保护公民自由和为公民谋求幸福。过度的"犯罪化的增加"恰恰"对法治本身而言亦具有破坏作用"。① 应当说,在国家治理现代化背景下,应当秉持刑法作为最后保障法的理念。

近年来,慎刑慎罚理念也在地方的法治实践中逐步开展起来,包括行政执法领域。例如,2022年北京在全市行政执法机关全面推行轻微违法免罚和初次违法慎罚制度,打造法治化营商环境。一年来,在城建环保、经济调控、民生社会、专项管理和综合执法等多个领域,北京市级行政执法机关办理不予行政处罚案件25819件,免除罚款约1.25亿元。② 又如,新疆维吾尔自治区生态环境厅和新疆生产建设兵团生态环境局联合制定的《新疆维吾尔自治区新疆生产建设兵团生态环境部门免予处罚事项清单(2022年版)》对"轻微不罚"和"首违免罚"两种共17项生态环境保护领域轻微违法行为在符合免罚情形时免予行政处罚;对建设项目未依法备案、未按规定报备应急预案、未及时公开环境信息、部分超标排放污染物等10类生态环境轻微违法行为,能够及时纠正并且没有造成危害后果的免于行政处罚;对初次实施未按照规定开展自行监测、不规范贮存危险废物等7类危害后果轻微并及时改正的可以免予行政处罚。③ 这充分体现了严格规范执法与精准帮扶并重、教育与处罚相结合的原则,实现了法律效果和社会效果的统一。

此外,慎罚出罪理念还以各地司法机关出台的相关指导规范为表现。例如,安徽省高级人民法院刑事行政审判专业委员会2019年通过的《关于审理"醉驾"刑事案件量刑工作指引》就明确规定,办理"醉驾"

---

① 参见刘艳红:《积极预防性刑法观的中国实践发展——以〈刑法修正案(十一)〉为视角的分析》,载《比较法研究》2021年第1期。
② 参见蔡乐渭:《"免罚慎罚"应予落实和推广》,载澎湃新闻网,https://www.thepaper.cn/newsDetail_forward_22745165,2023年4月22日访问。
③ 参见石榴云:《"轻微不罚""首违免罚"新疆生态环境保护领域确定"免罚"行为》,载微信公众号"新疆生态环境",https://mp.weixin.qq.com/s/xk_i1WgMmCD8GDNuc7 dfuQ,2023年4月22日访问。

应当坚持罪责刑相适应原则,量刑时综合考虑被告人的醉酒程度、机动车类型、车辆行驶道路、行车速度、是否造成实际损害以及认罪悔罪等事实、情节,宽严相济,罚当其罪。并将不同的血液酒精含量对追诉"醉驾"案件的影响做了层次性划分。① 又如,吉林省高级人民法院、省人民检察院、省公安厅及省司法厅于 2021 年发布的《关于办理醉驾型危险驾驶案件若干问题的意见》中明确规定,醉酒程度在血液酒精含量 130mg/100mL 以下且系初犯,认罪、悔罪,不具相关从重情节,可以认定犯罪情节轻微,作出相对不起诉决定或免予刑事处罚。血液酒精含量在 180mg/100mL 以下,可以作出相对不起诉决定或免予刑事处罚。② 再如,河南省人民检察院在 2022 年出台了《轻微刑事案件适用相对不起诉指导意见》,其中明确规定在道路上醉酒驾驶机动车,血液酒精含量在 140mg/100mL 以下,具有相关情形的,可作相对不起诉处理。③ 诸如此类规范的相继增多显示出司法实践对"醉驾"案件治理的慎罚与出罪倾向。

在"醉驾"行为治理领域,因为实体法的入罪标准主要依赖血液中的酒精含量,一般需要通过解释性规范来予以调整,出罪相对困难。因此,实践中较多还是从程序法的角度予以"纠偏",即通过设置相应的程序出罪免刑机制来贯彻轻罪治理现代化的慎刑慎罚理念。实践中引起广泛关注的浙江省瑞安市于 2017 年开始实践的"醉驾"附条件相对不起诉模式,轻微醉驾不起诉制度倾向于非刑事化处理,并区别于非犯罪化的处

---

① 《关于审理"醉驾"刑事案件量刑工作指引》,载微信公众号"法条汇",https://mp.weixin.qq.com/s/K3J9mnh2jQ1AEAlqWWPeng,2023 年 4 月 22 日访问。

② 《7 种情形应当重新鉴定!吉林高院等 4 机关〈关于办理醉驾型危险驾驶案件若干问题的意见〉》,载微信公众号"鉴定政策",https://mp.weixin.qq.com/s?__biz=MzUzODU3MTYzOQ==&mid=2247526092&idx=2&sn=536b58182e6a1a9d1e96a9f107576c89&scene=21#wechat_redirect,2023 年 4 月 22 日访问。

③ 《河南省检出台新的不起诉指导意见,帮信案件不起诉有了明确依据》,载微信公众号"法律逻辑",https://mp.weixin.qq.com/s/FE6uji4wy1uiN6RiBxCUAQ,2023 年 4 月 22 日访问。

遇模式。后者着眼于实体法意义上的不认定犯罪，而前者则是在作出有罪认定之前的阶段，将实体法意义上的轻微"醉驾"案件处理从通常的刑事司法程序中脱离出来，从而避免由于刑事诉讼程序的进行而给对象带来不利，同时减轻刑事司法机关的负担。应当说"瑞安模式"的创设具有十分重要的理论与实践意义，对于轻微罪的现代化治理提供了切实可行的路径。① 在轻微罪中贯彻起诉裁量主义或称起诉便宜主义，即对刑事案件并非构罪即诉、有罪必罚，而是根据案件具体案情以及公共利益的考量，对于即使已经达到起诉条件，但是没有必要起诉等案件作出不起诉的处理，体现了刑罚的教育改造理念，与社会治理现代化理念相契合。当然，轻罪治理现代化与"醉驾"行为治理现代化均是体系性工程，理论层面的慎刑慎罚及出罪理念仍然需要落实到司法执法环节。首先，公安机关的执法需严密，积极的执法有助于实现微罪的一般预防作用，"防止社会从严重不法行为走向失序状态，增强人们对社会的认同感和安全感"。其次，检察机关审查起诉阶段，应当充分考虑适用相对不起诉制度进行司法过滤，而"微罪一律起诉"的观念则不可取。最后，进入到法院审判阶段，不宜"一刀切"地定罪处罚，而应当在满足条件时积极适用定罪免刑条款，以达成个案公正。②

第二节 一体化理念与"醉驾"行为治理

刑事司法领域作为社会治理的重要方面，迫切需要在新的时代背景下转变治理理念实现治理能力与水平的现代化。在"醉驾"行为治理层

---

① 参见浙江省瑞安市人民检察院课题组、宣章良：《醉驾附条件相对不起诉之探讨——以"瑞安模式"为蓝本的分析》，载《犯罪研究》2020年第5期。
② 参见李翔：《论微罪体系的构建——以醉酒驾驶型危险驾驶罪研究为切入点》，载《政治与法律》2022年第1期。

面,理论界与实务界关注较多的是刑事一体化理念与行刑衔接一体化理念。应当明确,这两种一体化是以社会治理的一体化为基础的。正是基于现代国家治理的目标,即文明治理、科学治理、协调治理等基本目标,强调对社会治理的各个方面、各种方法的统筹考量,作为刑事一体化理念与行刑衔接一体化理念的基础。而如何以"醉驾"行为治理为切入点理解刑事一体化理念之下刑事司法政策、刑事实体法与刑事程序法的一体化,以及行刑衔接一体化理念下"醉驾"行为刑事治理与行政治理的协调衔接,并最终从整体层面实现社会治理的现代化,就是我们关注的主要内容。

一、刑事一体化理念与"醉驾"行为治理

储槐植教授在20世纪80年代末就开始倡导刑事一体化理念,认为实现刑事一体化需要关注两对关系,即内部关系与外部关系。内部关系主要是作为实体法的刑法与作为程序法的刑事诉讼法之间的关系,外部关系包含两层关系,前后关系和上下关系。前后关系是指刑法受到刑法之前的犯罪状态(即犯罪态势)和刑法之后的行刑效果两个方面的制约,即"两头制约"。[①] 刑事一体化的基本理念实际上具有刑事政策的意识,其基本思想与关系刑法论极为接近,都是主张从刑法的内部与外部关系入手,实现刑法运行的内外协调。

刑事政策的一个基本理念是刑罚的轻重不是一成不变的,而是以时间与地点为转移,犯罪的态势在很大程度上决定着刑罚的规模和强度。正因为如此,刑罚的规模和强度应当根据社会环境和犯罪态势的变动而及时进行调整。在刑事政策的视野中,犯罪是作为一种对象物而存在的,一切刑事政策均围绕犯罪而展开。因此,对犯罪现象的正确认识是

[①] 参见储槐植:《建立刑事一体化思想》,载《中外法学》1989年第1期。

确立科学的刑事政策的前提与基础。① 作为刑事司法领域的重大理论创见,观念层面的刑事一体化理念可以说是新犯罪态势下一种新的刑事政策。一方面它要求良性刑事政策与之相配,同时在内涵上又与刑事政策兼容并蓄,因为刑事政策的基本载体是刑法结构和刑法机制。②

刑事一体化理论的精髓在于融通学科联系,统筹解决现实问题。其中最为核心的主要是内部关系,尤其是作为实体法的刑法与作为程序法的刑事诉讼法之间形成良好的动态互动关系。刑事一体化要真正步入深度一体化时代,刑事实体法与程序法的深度交叉和融合是必须要跨出的关键一步。③ 刑法与刑事诉讼法的关系主要表现在两个方面。

首先,实体法与程序法之间是相互交织的。一方面,实体法的罪刑规范需要依赖于程序法才能实现。根据程序正义的要求,在现代法治国家中,对个人进行刑罚处罚时,必须按照特定的程序来进行,以确保其合法性和正当性。如果没有经过正当程序就对个人进行定罪和处罚,这将被视为不正义的行为。在法治国家中,对个体进行定罪和处罚是一种国家行为,应当依循一定的规则和程序,这是法治国家的基本原则之一。在这一过程中,应确保有利害关系的各方都能够获得平等的机会来陈述事实和表达法律观点,并且这一过程应当在公开的方式下进行。这种公正、公平和透明的程序对于保障个体权利和维护司法公正至关重要。④ 另一方面,规定犯罪构成要件及其刑罚后果的刑法实体规范,必须通过刑事程序才能落实到具体犯罪人身上。刑事诉讼法是规定和实现国家对被告刑罚权的程序规范,实体刑法只有通过诉讼程序才能在具体刑事

---

① 参见陈兴良:《刑事政策视野中的刑罚结构调整》,载《法学研究》1998年第6期。
② 参见储槐植:《再说刑事一体化》,载《法学》2004年第3期。
③ 参见李勇:《跨越实体与程序的鸿沟——刑事一体化走向深入的第一步》,载《法治现代化研究》2020年第1期。
④ 参见[德]莱因荷德·齐佩利乌斯:《法哲学》,金振豹译,北京大学出版社2013年版,第275页。

案件中得以实践。因此,在刑事诉讼中,最终目的是通过正当程序来实现对实体刑法的应用。刑事诉讼的任务在于确保在诉讼过程中合法权益得到保障,诉讼结果合法合理,以维护司法公正和个体权利。

其次,刑法的准确适用需要以刑事诉讼证明来达到。刑法适用过程是将事实与规范相对应的过程,其中事实的来源主要是证据和证明。罪名规范是刑法的核心内容,对于判断一个人的行为是否符合某个罪名,需要通过构成要件的事实来进行判断。而这些构成要件的事实正是在刑事诉讼中需要进行证明的内容。刑事诉讼中的证明过程对于刑法适用的准确性和合法性至关重要,因为它直接涉及对被告的定罪与处罚,必须确保证据的合法性、充分性和可信性,以维护司法公正和保障个体权利。刑事诉讼的直接目的是确认被告是否犯有特定的犯罪事实,即符合犯罪构成要件的事实。刑事诉讼程序从一开始就以某种构成要件为指导,通过逐步形成心证的方式,最终达到对符合构成要件的事实确实的认识为目标。在刑事诉讼中,证据的收集、分析和运用都是为了证明案件中的构成要件事实,从而确认被告是否犯有犯罪行为,并最终做出正确的法律裁判。① 在刑事诉讼中,实体法上的具体规定对于证明责任的分配、证明标准的判断和证明方法的运用具有直接的影响。举例来说,如果某一构成要件在实体法上规定为被告举证的事实,那么在刑事诉讼中,被告需要通过举证来证明其符合该构成要件,否则可能会被认定未能充分证明,从而影响判决结果。此外,不同国家或地区的刑事诉讼制度和实体法规定可能存在差异,因此在不同的法律体系下,证明责任的分配、证明标准的判断和证明方法的运用也可能会有所不同。

在"醉驾"行为治理中无论是在实体法层面还是在程序法层面均存在较多现实问题。比如,我国《刑法》第133条之1对"醉驾"采取抽象危

---

① 参见[日]小野清一郎:《犯罪构成要件理论》,王泰译,中国人民公安大学出版社2000年版,第206页。

险犯的规定既过于框架化又过于刚性。这就造成在刑法没有规定入罪具体标准的前提下,由司法人员依据 2013 年最高院、最高检、公安部联合发布的《关于办理醉酒驾驶机动车刑事案件适用法律若干问题的意见》进行判断,即在道路上驾驶机动车,只要血液酒精含量达到 80mg/100mL 以上的就属于"醉驾"。然而这个酒精在血液中的含量标准却并无合理且充分的依据予以支撑。① 并且这种"达标即构罪"的判断在司法实务中很大程度上排除了《刑法》"但书"第 13 条的适用,使得"醉驾一律入罪、一律起诉、一律定罪处罚"在实践中几乎成为一种常态。每年30 余万人的"醉驾"罪犯使得上百万人处于"国家对立面",长期来看对于国家与社会并不有利。长期以来对"醉驾"的从严治理也造成了"醉驾型"危险驾驶罪实刑率较高,缓刑和免刑适用率较低,加剧了轻罪犯人在监所"交叉感染"的可能性,不利于其改造与回归社会。"醉驾型"危险驾驶罪实刑率较高,缓刑和免刑适用率较低在一定程度上有违宽严相济的刑事政策的贯彻落实。从程序法的角度来看,对于"醉驾"案件的处理在强制措施适用、证据证明、认罪认罚从宽程序的适用三方面存在的问题尤为突出。在强制措施适用方面,存在涉嫌逮捕的违法适用和滥用刑事拘留等问题。原则上不能对"醉驾"案件的犯罪嫌疑人适用的逮捕措施却在实践中偶有发生,针对"醉驾"犯罪嫌疑人 7 天的刑事拘留期限也不够合理。司法证明过程方面也存在不少弊端。例如,"醉驾"案件取证程序过于粗糙,证据链容易因血检不合规等问题而断裂。又如,实践中的"流水线式"办案过程使得司法机关只能重点关注犯罪事实及证据,并普遍采取简化、格式化办理,甚至采取刑拘直诉、一步到庭和集中审理等司法公正因此减损的方式。在认罪认罚从宽程序适用方面,存在并未切

---

① 所谓"醉驾"的合理且充分的标准,一方面,应是指"醉"的标准应基于日常经验和相关的科学根据;另一方面,则应是指需要从刑事法上对"醉驾"作为抽象危险犯予以处罚的合理性标准,这不仅需要由行为的"危险"程度所决定,而且应基于由刑法予以遏制的合理性所决定。

实落实宽严相济刑事政策的问题。实践中仅是形式上适用认罪认罚从宽制度,却无实质上予以刑事被追诉人以实质从宽的"优惠"。

据此看来,在"醉驾"行为治理层面,不仅实体规范与程序适用本身存在相关问题,其在刑事一体化层面也并未处理得当。因此,在坚持宽严相济刑事政策的前提下,贯彻刑事一体化理念,实现"醉驾"行为治理在实体法与程序法层面的统一是"醉驾"行为治理迈向现代化的重要内容。

二、行刑衔接一体化理念与"醉驾"行为治理

刑法和行政法是两个相互关联的法律领域,涉及不同的法律规范和法律主体。刑法主要规定了犯罪行为的构成、犯罪责任和刑罚等内容,而行政法则主要规定了行政机关的组织、权限、程序和行政行为等。在实际执法和司法实践中,刑法和行政法常常交叉运用,例如在打击经济犯罪、环境污染犯罪、食品药品安全犯罪等方面,行政部门和刑事司法机关需要紧密合作,协同作战。然而,在我国刑法中,构罪标准通常要求犯罪行为必须是"既定的"(即事先规定的)且"定量的"(即需要量化的),这意味着行政法中的行政违法行为并不一定都能构成刑事犯罪。这就给刑法与行政法的衔接带来了困难。例如,在一些行政违法行为中,虽然存在违法行为,但其是否能够构成刑事犯罪则需要严格的法律解释和判断,涉及犯罪的构成要件、证据的收集和证明等问题。解决刑法与行政法的衔接问题需要深入研究相关法律理论,完善刑法和行政法的衔接规则,明确行政违法行为与刑事犯罪之间的关系,并保障各方在执法和司法中的权利和利益,以确保刑法和行政法在实践中能够协调运用。

当然,尽管刑法和行政法在制度架构、评价标准、制裁手段和救济途径等方面存在差异,但从公法性质、法治原则、制裁后果和秩序维护等角度来看,二者的功能和权利保障目标高度一致。这为二者相互对接、交织与一体化机制提供了坚实的理论和实践基础。尤其在我国废止劳动

教养制度后,原有的"刑罚—劳动教养—治安处罚"的三级制裁体系转变为"刑罚—行政处罚"的二级制裁体系,甚至一些犯罪门槛逐渐降低并且犯罪圈也逐步扩张,出现了刑罚趋轻抑或最高刑仅为拘役(如危险驾驶罪)的罪名。将治安违法行为纳入犯罪领域使行政违法与刑事犯罪的二元模式界限变得更加模糊。对此,有观点就认为,应当继续坚持违法与犯罪的二元体系,遵循刑法的谦抑原则,审慎入罪,避免刑法对社会治理的过度介入。我国传统的违法、犯罪区分的二元体系和处置模式应当继续保持。摒弃二元体系,引入"立法定性 + 司法定量"的一元模式,将违法行为犯罪化不应作为我国刑法现代化的努力方向,也不应成为刑法现代化的实现路径。①

然而,伴随着我国社会经济领域以及法治建设领域的不断发展,当前的刑事立法呈现扩张化趋势,行政不法入罪化、行政犯骤增等现象已是不争的事实。刑罚与行政处罚及其他行政规范之间存在大量交叉,包括新型犯罪种类和形态多样化,都致使行政法与刑法之间的衔接变得更加困难,如何解决刑法与行政法衔接难的问题,成为当前理论界和实务部门亟待解决的难题。我们认为以"醉驾"行为治理为切入点,立足于刑法与行政法的衔接,建构违法犯罪防控的一体化衔接机制是行之有效的方式。

2021 年 6 月 15 日,中共中央发布的《关于加强新时代检察机关法律监督工作的意见》(以下简称《意见》)第 5 条明确要求要健全行政执法和刑事司法衔接机制。完善检察机关与行政执法机关、公安机关、审判机关、司法行政机关执法司法信息共享、案情通报、案件移送制度,实现行政处罚与刑事处罚依法对接。为更好地贯彻落实《意见》精神和要求,同年 9 月 6 日,最高检印发《关于推进行政执法与刑事司法衔接工作的

---

① 参见黄太云:《一般违法行为犯罪化倾向的系统反思》,载《法律科学(西北政法大学学报)》2022 年第 1 期。

规定》,确定了检察机关开展行刑衔接工作的基本原则,在内容上突出双向衔接并规定启动情形,规范监督方式,同时增强检察建议刚性等。由此可见,官方层面对于行刑衔接机制的搭建,呈现出围绕检察机关展开的明显特色,强调了检察机关的积极能动性以及衔接机制内容的广泛性与丰富性,包括信息共享、案情通报、案件移送制度等,并且突出强调了检察机关的法律监督职责,以最终实现行政处罚与刑事处罚依法对接。2021 年修订的《行政处罚法》第 27 条也明确规定,行政处罚实施机关与司法机关之间应当加强协调配合,建立健全案件移送制度,加强证据材料移交、接收衔接,完善案件处理信息通报机制。

以"醉驾"行为治理为切入点,应当重点考量行刑衔接一体化两个方面的内容。一方面要以实体衔接为目标,另一方面要以程序衔接为保障。

首先,从实体层面来看,为了确保行刑衔接工作能够规范、有序、高效地进行,并保证程序和组织实施,需要进一步明确刑事立案的实体标准。同时,是否一定将刑事案件的立案标准等同于行政案件终结后的移送标准,应该慎重思考。考虑到行政法和刑事法追求的目的不一致,对于这一问题不能简单地进行绝对化处理。由于行政执法领域和刑事司法领域之间存在一定的裁量空间,难以作出明确的判断,因此需要相关部门不断明确刑事立法的标准,为相互之间的移送提供实体的判断标准和条件。例如,应明确行政法与刑事法之间关于"酒驾"与"醉驾"的边界,然后确定罪名,并根据刑法总则和刑法基本原理,结合相关司法解释进行筛选和调整,从而设定相应的移送标准(临界点)。此外,还需要关注行刑衔接领域证据规定的相关内容。在将行政执法证据转化为刑事诉讼中可使用的证据时,需要根据不同的证据类型采取不同的方式,例如直接调取转化、重新收集转化、授权委托转化等。虽然刑事诉讼法已经对行政执法中收集到的物证、书证、视听材料、电子证据等在刑事诉讼中可以作为证据使用作出了宽泛的规定,但在实际司法实践中,对这一规定的解读存在着不一致的情况。因此，确有必要对统一在"醉驾"案件中行刑衔接方面的证据规范。

其次，从程序层面来看，在进行行政执法和刑事执法之间的移送时，应当以行政优先为原则，即优先考虑行政处罚的方式，而将刑事诉讼作为例外情况。这样可以尊重行政机关的首次性判断权和司法裁决的终局性。然而，这并不妨碍行政执法机关独立查办案件的权力。换句话说，行政执法机关在衔接两法之间时应当优先采取行政处罚方式，但行政机关仍有权利独立地查办案件。健全线索提供与公安机关提前介入制度，2011年中央办公厅等发布的《关于加强行政执法与刑事司法衔接工作的意见》就规定"行政执法机关在执法检查时，发现违法行为明显涉嫌犯罪的，应当及时向公安机关通报。接到通报后，公安机关应当立即派人进行调查，并依法作出立案或者不予立案的决定"。具体到"醉驾"案件的办理中，可考虑以酒精含量作为判断标准，协调行刑衔接程序内容。此外，我国现有的以社会治安管理处罚为入罪台阶的体系，应充分应用到酒后驾驶的治理之中，酒后驾驶与醉酒驾驶治理应当是"二元一体"的治理格局，二者在治理体系方面应有更加有效、合理的衔接机制。

总的来看，在"醉驾"行为治理中贯彻行刑衔接一体化理念确有必要。在一体化理念的基础上加强和完善刑事治理与行政治理相协调，以实体层面与程序层面双重维度为切入点，是实现"醉驾"行为治理现代化的重要内容。

第二章 "醉驾"行为治理的基本原理

确定"醉驾"行为治理的基本原理,旨在上承"醉驾"行为治理的基本理念,下接"醉驾"行为治理的基本原则,以便在新时代依法治国的基本背景中,按照法律一体化、刑事一体化的要求,共同为"醉驾"行为治理的相关立法、司法和理论研究的应对构建完整的原理基础。"醉驾"行为治理的基本原理,重点论述新时代背景下宽严相济的刑事政策、少捕慎诉慎押的刑事司法政策以及"能动司法"三个方面的基本原理,探讨"醉驾"行为治理的现代化的理念基础,以便将"醉驾"行为的司法治理放置于司法政策和运作原理的视角之下讨论。

宽严相济作为我国刑事法领域的基本政策,对于有效且理性应对犯罪的政策,对惩治、预防和减少犯罪,化解社会矛盾,长期有效地稳定与维护社会和谐稳定,具有特别重要的意义。但在"醉驾"治理实践中,宽严相济政策是否得到有效良好的贯彻落实,反映出治理的水平的高下之别。应当在宽严相济刑事政策指引下完善、重塑"醉驾"行为的司法治理模式。

少捕慎诉慎押的刑事司法政策是宽严相济刑事政策在新时代刑事司法领域的延续和具体化,是党和国家结合新的时代背景对刑事司法政策的适时更新和调整。"少捕""慎诉""慎押"都有独立的实质内涵并植根于具体的诉讼制度当中。"醉驾"行为治理的传统模式虽取得一定的成效,但以刑事手段治理"醉驾"的效用随着刑事防控边际效应已呈明显趋势,不仅发挥的效用极为有限,并且在一定程度上逐渐扩增了社会对立面。如何在"醉驾"行为治理中贯彻少捕慎诉慎押刑事司法政策,为后续契合诉源治理方式提供支持也是本章关注的重点内容。

能动司法主要强调司法机关要发挥主观能动性以回应转型期经济社会发展的现实需要,通过积极履行职责,实现社会长治久安的司法治理效果。在"醉驾"治理领域,当前语境下的能动司法主要是能动司法检察与能动司法审判,这种能动司法治理理念,既应实现对"醉驾"的积极有效治理,也要符合慎刑的理念积极减低治理的社会成本,尤其是不断减少治理所带来的各种副作用。

第一节 宽严相济与"醉驾"行为治理

宽严相济作为党中央在构建社会主义和谐社会新形势下提出的一项重要政策,是我国的基本刑事政策。在新时代背景下,宽严相济的刑事政策与轻罪治理现代化之间存在较强的黏合力,如何在"醉驾"行为治理中贯彻宽严相济的刑事政策是本节关注的内容。

一、宽严相济的刑事政策

刑事政策是社会对犯罪反应的集中体现。正确理解刑事政策需要考虑两个关键因素:其一,犯罪是确立刑事政策的客观前提,因为刑事政策是社会对犯罪反应的集中体现。其二,国家作为公共权力行使者,是制定和实施刑事政策的主体。这意味着刑事政策的制定和实施需要考虑犯罪现象,并在社会和国家层面进行合理的决策和操作。[①] 从发展的角度来看,我国刑事政策经历了从"严打"到宽严相济的转变。

我国1979年《刑法》第1条将惩办与宽大相结合的刑事政策确认为

[①] 参见陈兴良:《宽严相济刑事政策研究》,载《法学杂志》2006年第1期。

刑法的制定根据。高铭暄教授曾指出,惩办与宽大相结合是我们党和国家同犯罪作斗争的基本政策。这项政策是从无产阶级改造世界、改造人类的使命出发,根据反革命分子和其他刑事犯罪分子中存在着不同情况而制定的。它对于争取改造多数、孤立打击少数,分化瓦解敌人,有着重大的作用。① 但是,因为从20世纪80年代初期开始,我国进入了新的社会转型时期,犯罪态势纷繁复杂,对于惩办与宽大相结合刑事政策的理解与认识也产生了一些变化。自1983年至2002年,全国组织开展了三次大规模的"严打"专项斗争,分别是"1983—1987年全国严打斗争""1996—1997年全国严打斗争""2001—2002年全国严打斗争"。严打的刑事政策虽然能够在短时间内起到震慑作用,但其忽视从宽的一面,就会产生很多问题。② 从数据方面来看也是如此。在1983—1987年第一次"严打"期间,刑事犯罪确实得到了抑制,但是在"严打"后的1988年,刑事案件的立案数一下子由1987年的57万件上升到83万多件。1997年刑事立案数基本与1996年持平。但是1998年即增至198万起,1999年为224万起。2001—2002年第三次"严打"后,3年的平均案件数约为68万件,远远高于1998—2002年56万件的平均数。③ 虽然案件数量可能受到各种新的社会经济发展因素影响,但从整体上看至少反映出"严打"并没有取得较好的治理实效。有学者就认为,严打政策体现的只是惩办与宽大相结合政策中惩办的一面,或称为"重重"的一面,而远非犯罪控制策略的全部内容。对严重犯罪的严惩必须与对轻微犯罪的轻处辩证结合。唯有"轻轻",方能"重重",方能真正有效地实现对犯罪的控制。④

"严打"的主流地位状况,也让学界开始反思其和惩办与宽大相结合

---

① 参见汪明亮:《"严打"的理性评价》,北京大学出版社2004年版,第33页。
② 参见马克昌:《论宽严相济刑事政策的定位》,载《中国法学》2007年第4期。
③ 参见贾宇:《从"严打"到"宽严相济"》,载《国家检察官学院学报》2008年第2期。
④ 参见侯宏林:《刑事政策的价值分析》,中国政法大学出版社2005年版,第325页。

刑事政策的关系。传统观点认为,依法从重从快这一具体政策同惩办与宽大相结合基本刑事政策的精神是完全一致的,不是对立相悖的。那种认为我国基本刑事政策已经改变的观点,是没有根据的错误认识。① 据此,有学者提出采用应然的刑事政策与实然的刑事政策之分析框架。应然的刑事政策是应当如此的刑事政策,是人类根据对犯罪现象客观规律的认识和把握而提出的合目的和合理的预防和控制犯罪的准则、方略或措施。而实然的刑事政策是实际如此、现实应用的刑事政策,即国家与社会针对犯罪问题实际所采用的刑事政策,包括以刑事司法为手段与刑事司法以外的其他措施为达致控制犯罪的目的所进行的国家活动。② 虽然没有明确认为惩办与宽大相结合就是应然的刑事政策,但明确了"严打"是实然的刑事政策。

由此来看,重刑主义所追求的遏止和减少犯罪的预期目标并没有实现,基于对"严打"实然刑事政策的理性反思,为了实现构建社会主义和谐社会之宏伟目标,在总结"严打"刑事政策的经验与教训的基础上,在新时期发展和完善惩办与宽大相结合刑事政策的思想的指导下,宽严相济的刑事政策应运而生。2005年12月5日至6日召开的全国政法工作会议上,时任中央政法委书记罗干同志专门提及宽严相济的刑事政策,并明确将之视为我国在维护社会治安的长期实践中形成的基本刑事政策。2006年中共十六届六中全会通过的《中共中央关于构建社会主义和谐社会若干重大问题的决定》正式提出实行宽严相济的刑事司法政策,力图在严厉打击严重刑事犯罪、维护社会治安的前提下,积极贯彻"教育、感化、挽救"方针,尽可能地化消极因素为积极因素,最大限度地减少社会对立面,促进社会和谐。③ 准确理解宽严相济的刑事政策需要把握

---

① 参见杨春洗:《刑事政策论》,北京大学出版社1994年版,第245、251页。
② 参见梁根林:《刑事政策:立场与范畴》,法律出版社2005年版,第23、42页。
③ 参见赵秉志:《和谐社会构建与宽严相济刑事政策的贯彻》,载《吉林大学社会科学学报》2008年第1期。

三方面内容。

首先是对"宽"的理解。宽严相济刑事政策中的"宽"实际上来源于惩办与宽大相结合刑事政策中的"宽大",其主要强调刑罚的适用应当轻缓。在刑法领域中,轻缓刑罚可以通过多种方式体现,包括司法上的非犯罪化、非刑罚化以及法律上的各种从宽处理措施。刑罚的轻缓可从两种情形进行解析:一是基于罪刑均衡的原则,对较轻微的犯罪应予以较轻刑罚,以维护刑法的公正性;二是在犯罪行为较为严重的情况下,若行为人表现出法定或酌定的坦白、自首或立功等情节,应在原本应判处较重刑罚的情况下予以宽容,判处较轻刑罚。这种轻缓刑罚的做法体现了对犯罪人的感化和对鼓励犯罪分子悔过自新的重要意义。同时,宽严相济的刑事司法政策中还蕴含着一种"宽字为先的谦抑理念"。这种谦抑理念和惩办与宽大相结合存在一定的区别,且从程序法的角度来看,"宽字当头"也与无罪推定所蕴含的刑事诉讼中的谦抑原则高度契合。应当说,宽字为先的精神与我国长期以来的刑事司法实践相一致。在常态的司法活动中,刑事案件的处理遵循一项公认的司法原则,即"就低不就高"。例如刑事司法领域的"罪疑惟轻"与"两可从轻"理念,前者是指定罪或从重处刑时,证据事实根据或法律根据有疑虑的,就应当作无罪或罪轻的处理。后者是指定罪或处刑时属于"可高可低"的情况时,为体现保障人权和刑罚谦抑,实行"就低不就高"。[①] 由此来看,宽字为先的理念符合实践要求,具有现实合理性与可行性。

其次是对"严"的理解。宽严相济刑事政策中的"严",主要是指严格或者严厉。它虽然对应惩办与宽大相结合中的"惩办",但词义的整体感觉更加准确。储槐植教授曾经提出"严而不厉"的命题,对"严"和"厉"这两个词的含义可以从不同角度解释。从一方面来看,其中的

---

① 参见龙宗智:《宽严相济政策相关问题新探》,载《中国刑事法杂志》2011年第8期。

"严"指的是刑事法律体系的严密性、刑事责任的严格性,强调对犯罪行为的严肃处理;而"厉"则强调刑罚的苛厉性,即对犯罪分子的刑罚力度较大。从另一方面来看,"严而不厉"也可以理解为在刑事政策中对刑罚的限制,避免刑罚过于严厉或过重,强调在刑事制裁时要兼顾法律的严密性和刑罚的合理性,以便更好地达到犯罪惩治和犯罪人悔过自新的目的。① 在宽严相济的理念中,其中的"严"包含了严格的含义,即对于犯罪行为应当进行一定的处理和制裁,对于应当受到刑罚的罪行必须予以刑罚处理,这体现了司法上的犯罪化与刑罚化原则。同时,这种"严"还包含了严厉的意味。这里的严厉主要指的是对于严重的犯罪行为应当判处较重的刑罚,并不意味着应当对不应该受到重刑的罪行判处过重的刑罚。

最后是对"济"的理解。这里的"济"是指救济、协调与结合之意。在宽严相济的刑事政策中,对于犯罪行为的处理不仅仅是简单的宽容或严厉,而是需要在法律和社会公正的框架内,平衡考虑犯罪行为的性质、情节、社会背景等因素,形成合理的处理方式。这既要保持对犯罪行为的严肃态度,即判处应当判处的刑罚,使其承担刑事责任,也要在刑罚执行中注重人性化,避免刑罚过于苛刻或不当的现象。在此过程中,正确把握宽容和严厉的度,使其相互补充,发挥刑罚对于预防犯罪的最佳效果,从而实现刑罚的社会目的,确实需要一定的刑事学、社会学和法律伦理学等多学科的综合考量和研究。

应当说,宽严相济作为一项刑事政策,是刑事司法政策和刑事立法政策的有机统一。② 从刑事立法政策的角度来看,是指应当在刑事法律的制定和修改过程中贯彻的指导原则。这种刑事政策旨在引导刑事立

---

① 参见储槐植:《刑事一体化与关系刑法论》,北京大学出版社1997年版,第305—306页。
② 参见吴宗宪:《解读宽严相济的刑事政策》,载《中国人民公安大学学报(社会科学版)》2007年第1期。

法机关的工作,超越现行法律规定,探讨更加科学、合理和有效的刑事法律内容的政策。它强调在制定刑事法律时需要考虑犯罪行为的性质、情节、社会背景等多方面因素,以实现刑事法律的科学性和社会效益最大化。旨在推动刑事法律的不断创新和完善,以适应社会发展和犯罪形势的变化,并确保刑事法律在实际应用中能够真正起到预防犯罪、保护人权和维护社会公正的作用。从刑事司法政策的角度来看,执行宽严相济政策应当突出强调两个方面。首先,要在刑事法律规定的范围内既从宽又从严。这意味着刑事司法人员在处理犯罪案件时,既要考虑对犯罪分子从严惩处,以维护法律尊严和社会公正,也要注重对犯罪分子从宽处理,为其提供改过自新和重新融入社会的机会。其次,目前的刑事司法实践中,应当更加强调在刑事法律规定范围内从宽处理。意味着刑事司法人员应当倾向于采取对犯罪分子从宽的措施,如减轻刑罚、采取替代刑罚、推动司法救助等,特别是对于一些社会问题的犯罪行为,如非暴力性质的小额财产犯罪、毒品依赖问题等,应该倾向于通过非刑罚手段解决,并注重矫治和预防,以实现刑事政策的社会效益最大化。

二、"醉驾"行为治理与"宽严相济"

自2011年"醉驾"入刑以来,全国各地政法机关高度重视,积极、慎重、稳妥地处理了大批"醉驾"犯罪案件,社会效果极好。重要标志就是"酒驾"的不良习惯得到了很大的改变,交通肇事死亡人数明显下降,增强了人民群众的安全感,得到了社会大众的广泛拥护。但是,在积极意义的另一面,也显示出较多问题,一些地方也存在执法标准不一、配合协调不够、量刑不规范,特别是缓刑适用不平衡等问题。如何在"醉驾"行为治理中理解和贯彻宽严相济刑事政策成为普遍关注的内容。

早在2011年,北京市高级人民法院为了依法审理醉酒后危险驾驶案件,贯彻宽严相济刑事政策,发布了《关于在审理醉酒后危险驾驶案件中贯彻宽严相济刑事政策的通知》,其中明确对被告人裁量刑罚时注意罪刑相适应、正确适用强制措施。并建立了大案要案报告制度。2019年浙江省高级人民法院、浙江省人民检察院、浙江省公安厅联合发布的《关于办理"醉驾"案件若干问题的会议纪要》对"醉驾"的认定、查处、定罪标准作了细化，强调惩治"醉驾"犯罪，必须坚持宽严相济刑事政策。"醉驾"犯罪虽然是轻罪，但轻罪中也有情节的轻重，在适用刑罚时也应当有所区别。规范强调突出打击重点的同时，也规定了对酒精含量相对低的没有从重情节的可以适用缓刑、免刑。

由此来看，关于"醉驾"行为治理中理解和贯彻宽严相济刑事政策依然并没有形成较为统一的观念标准。也有观点认为，《刑法修正案(八)》把醉酒驾驶、追逐竞驶这种新犯罪的法定最高刑规定为拘役，这是到目前为止我国《刑法》中规定的最低刑罚幅度，在立法方面已经充分体现了宽严相济刑事政策。在司法实践中存在的主要问题是有些地方对危险驾驶案件过多地适用缓刑、免刑，影响了法律效果和法律权威。如果再强调区别对待，会导致这类犯罪存在的执法不严情况进一步加剧，有失公正。除了造成事故等严重后果外，一般较难区分情节严重与否，对情节一般的"醉驾"行为从宽处理实际上就是对本罪一般情况都要从宽处理。实际上，此种观点否定了司法领域贯彻宽严相济的能动理念，贯彻落实宽严相济刑事政策不能机械执法，要根据经济社会的发展和治安形势的变化，尤其要根据犯罪情况的变化，在法律规定的范围内适时调整从宽和从严的对象、范围和力度。

准确妥当地在"醉驾"行为治理中贯彻宽严相济刑事政策，应当根据刑法及其相关司法解释的规定，将立法目的、原则、总则与宽严相济刑事政策等切实贯彻到具体司法实践中，细化操作、统一尺度、严格区分罪与非罪，进一步增强刑法规制的正当性、合理性、规范性。

应确保刑事实体法与刑事程序法都有相应制度予以落实，充分体现"宽严有别"和刑法的补充性、最后手段性，让刑罚规制回归社会治理本位。针对"醉驾"作出新的宽缓化尝试，有效衔接认罪认罚从宽制度，提升整体治理效能,完善"醉驾"案件逐层分流机制,基于刑事政策减少羁押等在"醉驾"案件中的适用。坚守"严"的标准。严惩严重、恶性危害公共安全的酒后驾车所致的交通肇事犯罪,以及严重醉酒之后的驾车行为。应当加强行政监管,严密的行政管控预防酒后驾驶比严厉的刑事处罚更有效,更符合现代社会的治理现代化的需要。重点要落在"宽"的目标上,对轻罪的轻缓化应对,减少社会对立面、减轻因为刑事处罚而引致的对立程度以彰显法治文明。"宽"与"严"应当是有机统一的,如果造成交通事故的酒后驾车也应严惩,并不需要以"醉驾"为前提,如果只是在"危险犯"的范围内,则应奉行宽缓处理的理念,从规则修改(逐渐提升入罪的标准)到司法应用(不断扩大不起诉的适用)的宽缓。具体来看,可以从三个方面考量在"醉驾"行为治理中贯彻宽严相济的刑事政策。

首先,宽严相济刑事政策对"醉驾"立法与司法的影响。如前所述,基本刑事政策需要以立法和司法的内容来彰显,具体到在"醉驾"行为治理中,宽严相济刑事政策的影响也体现在两个方面。一方面,宽严相济对"醉驾"立法层面的影响。从刑法角度来看,宽严相济刑事政策直接影响了"醉驾"犯罪圈的划定,即哪些情形属于犯罪,哪些情形不属于刑法的调整范围。根据《刑法修正案(八)》的规定,只要行为人在醉酒状态下驾驶机动车上路行驶的,就构成危险驾驶犯罪。这显示出国家层面对醉酒驾驶行为的打击力度,体现了国家对醉酒驾驶的严厉排斥及对公众利益的保护。当然,从"判处拘役"的表述来看,又体现出一定的宽缓化倾向。另一方面,宽严相济对"醉驾"司法层面的影响。在"醉驾"入刑之初,理论界与实务界对于"醉驾是否一律入罪"问题存在一定的争议,但后来形成的基本观点是不能机械地照搬法条规定,需要结合实际情况,以宽严相济的刑事政策为指导,依法作出相对客观公正的处理。在宽严相济的刑事政策指引下,司法实务中对于"醉驾"行为的治理,一般应当坚持具体问题具体分析,区分醉酒驾驶的不同情节。

其次,宽严相济刑事政策与"醉驾"行为的入罪。贝卡利亚认为,刑罚的作用不在于它的严厉性,而在于打击犯罪的必然性和及时性。即对于犯罪最强有力的约束力量不是刑罚的严酷性,而是刑罚的必定性。[①]以刑罚手段来威慑醉酒驾驶者,可以有效地控制和减少醉酒驾驶肇事的发生,从而达到刑罚的预防目的。但是,刑罚只是众多社会调整方式之中的一种,不是唯一的应对犯罪的工具。《刑法修正案(八)》规定危险驾驶罪更多地偏向于"应急式立法"或"被动立法",存在未充分用尽行政法、民法等在内的其他法律规范性、强制性手段进行综合治理。在处理醉酒驾驶案件时,应当立足于社会现实需求,并甄别醉酒驾驶所侵害的具体法益。对于情节较为恶劣、危害较大的醉酒驾驶行为,真正构成了抽象危险犯罪的,可以适度地予以刑罚处罚,而不是一概予以犯罪化处理。对于醉酒驾驶的法律规制,简单地以血液中酒精含量作为定罪处罚的根据更是不妥的,刑事司法部门应当在宽严相济刑事政策的指导下,充分了解醉酒驾驶行为的不同危害类型,根据情节的轻重灵活运用刑罚措施。

最后,宽严相济刑事政策与"醉驾"行为的出罪。"醉驾"行为的犯罪化倾向,以及宽严相济刑事政策的深入发展,促使部分理论与实务研究者开始思考"醉驾"案件的出罪机制。司法实践中表现较为突出的主要是认罪认罚从宽制度与起诉裁量权的运用。一方面,认罪认罚从宽制度充分体现了现代司法的宽容精神区别对待的原理,是我国宽严相济刑事政策的制度化,也是对刑事诉讼程序的创新,更是完善司法环节"醉驾"行为治理的有效路径。通过创造认罪认罚条件,加强认罪认罚自愿性、真实性的审查可以有效解决案件,降低再犯风险。另一方面,检察机关起诉裁量权在"醉驾"行为治理中的运用也是出罪机制的重要内容。有学者认为,运用不起诉裁量权分流"醉驾"犯罪案件既能发挥刑事司法

[①] 参见[意大利]切萨雷·贝卡利亚:《论犯罪与刑罚》,黄风译,中国法制出版社2002年版,第67—68页。

程序的调解功能,解决我国刑法参与社会治理过程中出现的惩罚过度问题,也能增强检察机关转处和在法庭之外处理案件的能力,提升刑事司法系统打击犯罪的整体水平,解决司法资源有限性和"醉驾"案件高位徘徊、司法机关办案负担有增无减之间的矛盾。①

第二节 少捕慎诉慎押与"醉驾"行为治理

少捕慎诉慎押是新时代一项重要的刑事司法政策,是宽严相济刑事政策在司法领域的具体化。轻罪治理现代化背景下,如何在"醉驾"行为治理中贯彻少捕慎诉慎押刑事司法政策是本节关注的重点。

一、少捕慎诉慎押刑事司法政策

2021年4月,中央全面依法治国委员会把"适应我国刑事犯罪结构性变化,坚持'少捕慎诉慎押'刑事司法政策,进一步发挥认罪认罚从宽制度作用,依法推进非羁押强制措施适用"写入有关文件,少捕慎诉慎押由司法理念上升为党和国家的刑事司法政策。最高人民检察院厅长苗生明曾表示,少捕慎诉慎押刑事司法政策的作用主要体现为贯彻习近平法治思想,有利于强化人权司法保障、有利于促进社会和谐、有利于加强犯罪治理和节约司法资源。少捕慎诉慎押不是"不捕不诉不罚"。适用少捕慎诉慎押刑事司法政策应当以罪刑法定、罪责刑相适应及保障诉讼为原则和基本要求,实践中要注重区分情况、区别对待,坚持当严则严、宽严相济,体现宽严相济刑事政策的要求。② 在少捕慎诉慎押刑事司

---

① 参见蔡巍:《"醉驾"不起诉裁量权的适用及完善》,载《苏州大学学报(哲学社会科学版)》2019年第5期。
② 参见蒋安杰:《少捕慎诉慎押刑事司法政策落实一年间》,载《法治日报》2022年4月27日,第9版。

法政策落实一年内,效应可观。根据最高检公布的数据来看,2020年至2022年上半年,我国逮捕率从76.7%下降至60.8%,诉前羁押率从42.2%下降至32.8%。另据统计,2020年至2022上半年,情节轻微不起诉占比从83%上升至89.1%。数据显示,检察机关审查逮捕、审查起诉贯彻落实少捕慎诉慎押的刑事司法政策,案件办理质量平稳向好。①

"少捕慎诉慎押"政策的出台与实施是基于特定的时代背景。概括而言主要有以下方面:

其一是出于改变羁押率过高与不起诉率过低的考量。我国刑事犯罪的逮捕羁押普遍化、常态化等问题长期以来都比较突出。一方面,强制措施适用不平衡,过度依赖羁押强制措施。本应优先适用的取保候审、监视居住等非羁押强制措施适用比例不高,大量案件是在羁押状态下推动,羁押候审仍是刑事诉讼的常态。另一方面,逮捕羁押案件中轻罪案件占比高,羁押后判轻刑率高。当前,我国刑事诉讼中提请逮捕案件批捕率近80%,审前羁押人数超过60%,且轻罪案件占比高。② 对可能判处较轻刑罚、没有社会危险性的刑事被追诉人适用羁押强制措施,背离了强制措施制度的初衷,也不符合宽严相济刑事政策的要求。此外,羁押时间也缺少节制。1997年至2018年,全国被逮捕的刑事被告人大约只有66.18%的人被判处了有期徒刑以上刑罚,捕后适用轻缓刑的被告人约占1/3,另有相当一部分犯罪嫌疑人、被告人捕后因证据不足等原因被撤销案件、不起诉或者宣告无罪。③ 实践中"一押到底""关多久判多久""超期羁押"等不合理现象仍不同程度地存在。我国审前羁押率

---

① 参见史兆琨:《上半年检察机关批捕人数比2018年同期下降59.7%》,载《检察日报》2022年10月14日,第1版。
② 参见郭璐璐:《从杭州诽谤案看普通犯罪检察理念之变——专访最高人民检察院第一检察厅厅长苗生明》,载《检察日报》2021年2月3日,第2版。
③ 参见庄永廉、孙长永、苗生明等:《少捕慎诉慎押刑事司法政策的内涵功能及其落实》,载《人民检察》2021年第15期。

过高导致相对不起诉的适用在原本极为有限的空间内被推至低处。而这个趋势在本应原则上适用"少捕慎诉慎押"政策的"醉驾"案件与"帮信"案件中被扩及。

其二是犯罪情况的显著变化。近20年来，中国经济实现了快速发展，社会保持了长期稳定，这对刑事诉讼也产生了一定影响。刑事犯罪结构呈现"一降一升"的趋势，即严重暴力犯罪比例显著下降，新型危害经济社会管理秩序犯罪显著上升。在重罪比例下降、轻罪迅速增加、社会危险性较小的行政犯占多数的情况下，逮捕羁押作为最严厉的强制措施受到了更加严格的限制，更少被适用。司法政策也倾向于以轻罪案件为切入点贯彻少捕慎诉慎押理念。这一政策的出台可以看作对犯罪情况变化趋势的顺应，有助于根据具体案件的危害程度和社会危险性作出更加合理的判决，避免将所有醉酒驾驶行为一律予以犯罪化处理，从而更好地满足社会现实需求，并保护被告人的合法权益。这种趋势也反映了我国刑事诉讼制度的发展和进步，从简单追求量刑严厉到注重实现罪刑相适应，体现了刑事司法的人文关怀和法治精神。

其三是刑事诉讼模式的转型与刑事观念的转变。刑事诉讼模式的深刻转型也对强制措施体系变革提出了要求。以往公众只关注被羁押人员有罪还是无罪，"构成犯罪即捕"被视为理所应当。在犯罪情况"一升一降"的变化情势之下，以认罪认罚从宽制度为代表的一系列新的宽严相济刑事司法制度出台，推动刑事诉讼结构、控诉方式发生深刻转变。目前认罪认罚从宽制度适用率已稳定保持在85%以上，上诉率不足4%，远远低于不认罪认罚案件，已经成为刑事案件的主要诉讼模式。①刑事被追诉人一旦自愿适用认罪认罚程序，就意味着其已经基本不具有干扰证人作证、串供等可能性。换言之，认罪认罚案件中，刑事被追诉人

---

① 王俊：《摒弃"够罪即捕" 降低审前羁押率》，载新京报网站，http://epaper.bjnews.com.cn/html/2021-03/07/content_798763.htm?div=0，2023年4月16日访问。

的社会危险性已经十分之低,大多无逮捕羁押的必要,由此减少审前羁押也具有可行性。在刑事观念方面,随着法治理念与权利意识明显增强,公众普遍希望刑事案件以更文明、更有利于人权保障的方式办理,羁押是否合理、必要,愈加受到关注。人们关于刑事程序的功能、程序公正的价值、程序法的具体设置等认识,与刑事程序法治密切相关。[1] 在犯罪情况发生变化的大环境下,人们对于动用刑事强力之价值的认知与认同有了较大转变,特别是对于"醉驾"犯罪等轻罪的成本以及惩治成本也有了新的认识。

其四是现代科学技术的发展与实践愈发成熟。此前,职权部门依赖于羁押方式进行办案,主要是因为对刑事被追诉人不捕后的脱管存在疑虑。对于本地无固定住所的外来流动人口,取保候审到原籍地的监控难度大,户籍地公安机关配合执行意愿也不足,监视居住在执行上也受到执行场地与人员的制约。在推广"技术赋能""智慧司法""数字法治"等先进技术的司法改革进程中,数字技术实现了机制再造和制度重塑。这个趋势在羁押强制措施适用上效果突出,部分诉前羁押率较低的地区除通过加大羁押必要性审查力度等方式控制羁押率的上升外,还有一个明显的特征是都采用了科技型的非羁押措施。以浙江杭州的"非羁码"措施为例,西湖区试点的不捕率由2018年的17.1%大幅度提高到2020年的44.6%,随着"非羁码"的全面推广应用,刑事审前非羁押比例还将有稳步大幅度升高的空间。[2]

"少捕慎诉慎押"作为一项体系完整的刑事司法政策,适用于刑事诉讼的整个过程,要求职权机关谨慎适用刑事诉讼中的强制力,旨在减少关押,使轻罪轻犯得到更加和缓的处置。"少捕慎诉慎押"由三个部分组

---

[1] 参见王敏远:《刑事程序法治的发展与学者的坚守》,载《法治研究》2017年第1期。

[2] 参见范跃红、方芳、方利利:《浙江杭州:应用"非羁码"降低审前羁押率提升监管效能》,载《检察日报》2020年11月9日,第1版。

成,分解来看,该政策不同的部分面向所适用的诉讼阶段的重心各有不同,"少捕""慎诉""慎押"这三个部分主要在刑事诉讼中的批捕阶段、起诉阶段与执行阶段发挥其特定的功效。

"少捕"可被形象地概括为"可捕可不捕的不捕",主要是指公安机关在申请逮捕以及检察院审查批捕时,首先需依据法定的条件与标准予以衡量,并应依据政策的引导,对于可以逮捕的被刑事指控人尽量不采用逮捕的方式;即使已经采取了逮捕强制措施,如需逮捕的条件已经改变,那么应当及时解除逮捕,依法转变为取保候审等替代措施。在这一过程中,羁押必要性审查是不可或缺的,甚至可以说是"少捕"所要求的程序法的应有之义。羁押必要性审查主要是指对已经被逮捕的在羁押过程中的相关情况进行审查,以确定其是否有必要继续羁押。该程序有助于避免"一押到底",全面贯彻"少捕"和"慎押"。当然,"少捕"并不意味着不捕,对于《刑事诉讼法》第81条所规定属于应当逮捕情形的,应予逮捕。

"慎诉"所指向的是检察机关在审查起诉阶段提起公诉时应当切实履行其职责,要求其慎重使用提起公诉的职能,其含义主要包括三个方面的内容。其一,应当基于起诉便宜主义,对罪行较轻的,尤其是认罪认罚从宽并有其他需要考虑的情况(例如积极赔偿、获得被害人谅解等),依法积极适用《刑事诉讼法》177条第2款相对不起诉的规定。其二,基于检察机关的客观公正义务,贯彻疑罪从无原则,在审查起诉阶段,应依法适用存疑不起诉。如果案件存疑,在依法进行补充侦查后,检察机关就不应当为了追诉犯罪而提起公诉。其三,基于特殊社会利益保护的需要,对于特定主体的一些刑事案件,依法适用附条件不起诉,比如《刑事诉讼法》第282条规定的未成年人的某些犯罪案件以及符合规定的适用企业刑事合规的案件。

"慎押"的含义讨论较少。我们认为,"慎押"应当意味着审慎采取羁押的强制措施,或者说,其要求在刑事诉讼中尽量少采用羁押的手段,而不应仅仅将其作为"少捕"的组成部分,理解为慎重适用逮捕中的羁押。我们认为,"慎押"之中的"押"应当包含更广的范围,既包括刑事诉讼中的拘留与逮捕,还应包括刑事执行阶段的监禁。由此,可以更加注重适用社区矫正等非监禁措施。① 因此,"慎押"不仅意味着应减少拘留以及逮捕后的羁押,甚至在刑罚执行阶段也应依法适用社区矫正等非监禁措施以减少羁押。如此理解,更有利于全面揭示"少捕慎诉慎押"的精神及其协同性。

应当说,当下"可捕可不捕的不捕,可诉可不诉的不诉"观念已经深入人心,尽管相关数据表明,检察机关决定不诉的刑事案件有所上升,但由于对"醉驾""帮信罪"等轻罪普遍提起指控,鲜有不诉,轻罪案件"慎诉"理念的贯彻情况并不像数据显示的那样乐观。此外,当下对于"少捕""慎诉""慎押"三者的把握也存在不同程度的"限缩"。例如,对于"少捕"的理解与适用,与《刑事诉讼法》第81条的规定并不完全相符。依据该条所规定的应当逮捕之外的情形,意味着存在更多的"可捕可不捕"的情形,"少捕"的刑事政策并不仅限于3年以下有期徒刑。又如,对于"慎诉"的理解不够全面,主要局限于相对不起诉的情况,对存疑不起诉尚未引起足够的关注。再如,对于"慎押"的重视严重不足,尤其是对刑事拘留的减少适用以及审判后的非监禁刑的减少适用,鲜有涉及。

二、"醉驾"行为治理与"少捕慎诉慎押"

在轻罪治理现代化背景下,如何在"醉驾"行为治理中贯彻少捕慎诉

---

① 执行阶段的社区矫正,被判处管制、宣告缓刑、裁定假释、暂予监外执行这四类犯罪行为较轻的对象所实施的非监禁性矫正刑罚执行方法,旨在改变刑罚的单一的惩罚功能,坚持监督管理与教育帮扶相结合,强调改造与重返社会的价值。可以视其为宽严相济刑事政策在刑罚执行阶段的体现,是减少羁押的刑事政策在执行阶段的延伸。自2003年起,我国就已经开展社区矫正试点,并在2019年颁布《社区矫正法》,促进了社区矫正的规范发展。

慎押的刑事司法政策成为现阶段关注的重点内容。应当认识到将"醉驾"纳入刑法规制范畴后,其所产生的法律效果、社会效果具有两面性。一方面"酒驾""醉驾"违法犯罪行为得到有效遏制,并强有力地推动重塑了社会大众的传统生活观念与行为方式。另一方面,以刑事手段治理"醉驾"的效用随着刑事防控边际效应已呈现下降趋势,不仅发挥的效用极为有限,并且正酿成趋于严重的社会问题,典型问题就是扩增了社会对立面。因为随着犯罪基数不断扩增,被罪犯的负面影响所波及的家庭成员也在不断积聚。况且,持续高位徘徊的"醉驾"案件数量也成为司法机关运作的"沉重负担"。将绝大部分仅具有抽象危险的刑事被追诉人推入法庭审判并判罚,无论是对该罪案的个人及其家庭还是对国家、社会而言,都是巨大损失,属于司法和个人的"两败俱伤"。[①]

实际上,较好的解决方式是创造条件减少犯罪的机会,而不是诉诸惩罚减少犯罪的发生,犯罪化应当作为维持社会秩序的最后手段。[②] "醉驾"入刑自始就有争议,入刑之后随着制裁手段日渐加码,产生更为负面的治理效果,使当初诸如"不将'醉驾'犯罪化,通过严格行政执法是否就无法达到减少和预防该行为发生的效果?"与"本罪的增设是否存在刑法为警察的不作为买单?"等诘问愈发尖锐。[③] 有观点就认为,办理"醉驾"案件过程中,通过适用相对不起诉的方式并辅之以行政处罚,已足以治理绝大多数没有产生实质危害性的危险驾驶案件,并且可以纠正公安机关因绩效考评机制而热衷办理"醉驾"案件的趋势。[④] 司法实务中,金华

---

① 参见周光权:《论刑事一体化视角的危险驾驶罪》,载《政治与法律》2022年第1期。
② See S. Benn and R. Peters, *Social Principles and the Democratic State*, Allen & Unwin Press, 1959, p.227.
③ 参见何荣功:《社会治理"过度刑法化"的法哲学批判》,载《中外法学》2015年第2期。
④ 参见王美鹏、李俊:《"醉驾"入刑十年的反思与治理优化——以浙江省T市和W市检察机关办理案件为分析样本》,载《人民检察》2021年第18期。

市金东区检察院也探索"公益服务换取醉驾不起诉"试点,实现95%取保候审的"醉驾"行为人分获不起诉或轻缓刑的量刑建议。①

刑事手段治理"醉驾"并不奏效,深层次原因肇始于懒政思维。② 目前,刑事实务中,面临刑法"洪水猛兽过境"的还有上升势头极其迅猛的"帮信罪"。在适用诈骗罪定案较为困难的情况下,对电信网络诈骗的外围犯罪打击力度明显加大,"帮信罪"的打击数据在2021年到达"小高峰",全国检察机关决定起诉"帮信罪"(非法买卖电话卡和银行卡、帮助提款转账等犯罪)12.9万人,是2020年的9.5倍,位列所有起诉罪名中的第三。③ 法治最简单的诠释是良法善治,把公民变为罪犯不是刑法的目的也不是法治的追求。实现法治治理,制定完善的法律制度体系固然重要,然而司法机关针对具体的情况准确适用法律,同样也很重要。但维持一个低犯罪率的社会也是国家的重要目标、国民福祉之所在。④ 目前来看,尽管相对不起诉在"醉驾"与"帮信"等案件中有巨大的潜力空间,但仍未被释放,这也较大程度地限制了"少捕慎诉慎押"价值与功能的发挥。

司法实务中将血液酒精含量达到80mg/100mL以上拟制为"醉酒"本身就是"一刀切"的做法,并且实践中也反映了这个标准使得绝大多数喝了酒但毫不影响驾驶能力(即不具有发生实害危险可能性)的人被定罪量刑。这本身不仅违反了刑事司法的谦抑性原理,也并不符合罪责刑相适应原则。依据《刑法》的规定,危险驾驶罪的法定刑为拘役。在没有

---

① 参见魏干:《醉驾案件社会公益服务评价机制的理论证成与实践路径——以"金东经验"为样本》,载《中国检察官》2021年第18期。

② 参见解志勇、雷雨薇:《基于"醉驾刑"的"行政罚"之正当性反思与重构》,载《比较法研究》2020年第6期。

③ 参见《2022年上半年检察机关起诉帮信罪6.4万人》,载最高人民检察院网,https://www.spp.gov.cn/xwfbh/wsfbt/202207/t20220722_566409.shtml#1,2023年4月27日访问。

④ 参见胡立平:《"醉驾"的入罪与出罪》,载《法律科学》2021年第6期。

产生危害后果,并且个案中"醉驾"实施者又有诸如"认罪认罚"等态度良好的悔改行为的前提下,检察机关完全可以通过相对不起诉的方式结合行政处罚的措施予以处理,而非一味地以刑制之,徒增社会的对立面。目前,个别省份如湖南、浙江等,已有意识改变不合理"醉驾"入刑标准所制造的更多社会矛盾。例如,改变"醉驾一律入刑、一律刑拘"的趋势,提高"醉驾"实践中通行的"起刑点",规定对 160mg/100mL 以下酒精含量的"醉驾者"可以不起诉,等等。

因此,面对新情况与新变化,如何在"少捕慎诉慎押"刑事司法政策下办理"醉驾"型危险驾驶犯罪案件是需要予以慎重考量的内容。落实"少捕慎诉慎押"刑事司法政策,减少逮捕羁押,扩大相对不起诉的适用,是一项长期的系统工程,涉及刑事诉讼各个环节,需要公安机关、检察机关、审判机关、司法行政机关在统一司法尺度、优化程序衔接等多方面强化部门协作,形成工作合力。① 结合各地已经开展的司法实践,我们认为,可以从几个方面贯彻"少捕慎诉慎押"刑事司法政策。

首先,统一执法司法的尺度,落实"少捕"理念。"少捕慎诉慎押"刑事司法政策的施行,既有利于犯罪嫌疑人回归社会,减少社会对立面,又有利于节约司法资源,提升国家治理体系和治理能力现代化水平,公检法对此应当形成共识。鉴于"少捕慎诉慎押"刑事司法政策与检察机关的相关性较强,应当着重发挥检察机关的地位与作用,要加强向当地党委和党委政法委汇报,加强与公安、法院沟通协调,坚持定期召开公检法联席会议,对执法司法中出现的问题及时研究解决办法,避免出现同案不同判的情况。可考虑联合出台关于办理"醉驾"案件的地方标准,细化强制措施的适用标准和尺度,加强认罪认罚从宽、羁押必要性审查等机制的有效衔接,为降低审前羁押率提供制度保障。通过提前介入、非羁

---

① 参见孙长永、苗生明、彭胜坤:《"少捕慎诉慎押"刑事司法政策的内涵功能及其落实》,载《人民检察》2021 年第 15 期。

押直诉快办等工作机制,加强对非羁押性强制措施适用的监督引导,利用数字技术,进一步减少"非必要羁押"。

其次,创新"醉驾"治理方案,拓宽"慎诉"与"慎押"的适用。在"醉驾"治理当中,部分地区检察院联合公安局、法院推出了"认罪认罚＋社会公益"机制,针对犯罪情节轻微的危险驾驶行为人,通过督促其参与交通劝导等社会公益服务来实行帮教。其中,参加社会公益服务的情况将作为是否起诉或起诉后量刑轻重的参考依据。此外,充分挖掘检察机关起诉裁量权在"醉驾"行为治理中的价值与作用。探索不起诉制度在"醉驾"案件中的适用。对于"醉驾"案件及其行为人,"一放了之"的相对不起诉和"一诉了之"的定罪判刑可能均非最佳选择。一方面,轻罪案件即使可能判处的刑期较低,但行为人仍可能具有一定甚至较高的人身危险性和再犯可能性,适用相对不起诉无法体现出行为人需要为此承担的责任,一般预防和特殊预防效果均较为有限。另一方面,对轻罪案件不加区分地诉至法院,无论最终判处的刑期如何,接踵而至的有罪认定的社会效果可能并不理想,尤其是其中还包括大量初犯、偶犯,或犯罪情节轻微、人身危险性较小、具有积极悔过自新主观意愿的行为人。在这方面,已经在未成年人刑事案件中实践多年的附条件不起诉制度恰好能够提供一种第三条道路的适当路径参考。事实上,附条件不起诉制度进一步面向成年人、单位等轻罪主体扩展适用范围,正当性正在于其对轻罪治理所能实现的多元功能,要优越于"相对不起诉"的单一非罪化功能和"起诉定罪"的刑罚功能。

最后,联动多主体参与,迈向"醉驾"治理现代化。"醉驾"行为治理现代化,区别于传统刑事司法犯罪控制模式主要强调惩罚功能,是广泛调动多方主体和社会资源共同参与的犯罪治理模式,有利于协调参与各方利益关系,可以对犯罪行为人实现特殊预防、复归社会和惩罚性等功能,对被害人和社区实现修复性、一般预防和公益性等功能,对国家实现诉讼经济、整合犯罪治理体系、维护特殊利益等功能。可考虑以下几个方面。其一,部分地区司法实践中开展的"审查起诉阶段律师辩护全覆盖"工作取得一定成效,可考虑在"醉驾"案件中进一步激发认罪认罚从宽制度的潜力和功效,随着"从宽"政策的兑现,不断提升不捕、不诉的比例。其二,应当完善检察机关作不起诉处理后有关机关的行政处罚措施。《刑事诉讼法》及《人民检察院刑事诉讼规则》规定了检察机关对犯罪嫌疑人作不起诉后,认为对被不起诉人需要给予行政处罚、处分的,应当提出检察意见,移送有关主管机关处理。在司法实践中,只有完善相关行政机关的行政处罚措施,让行政惩戒力度能够起到与拘役、罚金刑相近的法律效果,才能达到办案"三个效果"的统一。其三,还要加大对"酒驾""醉驾"危害性的宣传力度,把受到刑事处罚后影响本人和家人的不利后果宣传出去,让群众提高预防犯罪的自觉性。其他相关部门也要对酒店、餐馆提醒客人严禁"酒驾""醉驾"的义务督促落实到位,完善代驾业务。

第三节 能动司法与"醉驾"行为治理

能动司法被认知为我国司法的基本理念与基本方式,主要强调司法机关要发挥主观能动性以回应转型期经济社会发展的需要,追求的是积极履行职责,主动顺势而为的司法治理效果。在"醉驾"治理现代化背景下,确有必要以能动司法理念为切入点,充分调动检察机关检察权与人民法院审判权在"醉驾"行为治理层面的积极能动意义。

一、能动司法理念的背景与内涵

2009年8月,针对新时期人民法院工作面临的形势和任务,时任最高人民法院院长王胜俊在宁夏、河北、江苏等地调研时明确提出了"能动司法"的理念。① 自此引起了理论界与实务界关于司法能动的研究探讨。能动司法概念来源于英美法系国家司法能动主义,指的是法院或法官超越自己的依法办事的制度角色,以司法的名义作出一些本该由立法、行政机关作出的带有强烈政治性的司法决定,即使这种能动是出于良好的用心。② 中国的能动司法显然与之存在较大区别,能动司法观念的提出是基于中国的时代背景考量的。

1991年《民事诉讼法》颁行之前,人民法院遵循职权主义诉讼模式,法官拥有较为广泛的诉讼管理权、指挥权和主导权,司法的能动作用发挥较为充分。例如,法院依职权全面收集、调查证据,法院可以超越当事人的诉讼请求作出裁判,审理民事案件着重进行调解,二审法院的审判权不受当事人上诉范围的限制,法院对当事人的撤诉、和解、变更或增加诉讼请求实行准许制度,庭审以法官询问、讯问为主要方式,等等。③ 但这种职权主义诉讼模式带来的后果是,国家财政、法院和法官都无法承受职权主义司法的沉重财政和工作负担,而且当事人在诉讼中处于消极被动的地位,不利于当事人诉权保护。在这样的情况下,1991年《民事诉讼法》颁行以及审判方式改革的推进,既往的职权主义诉讼模式及其审判方式发生了重大变化,当事人主义诉讼模式逐步引入,法官对诉讼过程的职权干预被削弱,当事人的诉讼地位得到加强。引入了抗(控)辩制,通过"放权",即把之前基本完全由法院和检察院掌握的调查取证权完全地或部分地下放给当事人和他们的律师,中国司法制度的运行由此发生了一个根本性变化,司法风格也随之大变。④ 进入新世纪新阶段之

---

① 参见罗东川、丁广宇:《我国能动司法的理论与实践评述》,载《法律适用》2010年第2—3期。

② See Richard A. Posner, *The Federal Courts: Challenge and Reform*, Harvard University Press, 1996, p.318.

③ 参见公丕祥:《当代中国能动司法的意义分析》,载《江苏社会科学》2010年第5期。

④ 参见苏力:《关于能动司法》,载《法律适用》2010年第Z1期。

后,随着当代中国社会大变革的深入推进,人民法院在经济社会发展进程中的地位和作用日益凸显。面对转型时期复杂的社会矛盾纠纷,当事人主义诉讼模式下的司法解纷机制愈发显示出与变革时代不相适应的问题。在这一背景下,能动司法作为一种颇具特质的司法理念产生了广泛的影响。所谓能动,就是要发挥司法机关的主动性,在审判领域,能动不仅仅体现在法院要准确适用法律,还体现在当法律规范出现一定的滞后,无法通过现有规定解决新兴疑难问题时,法官应当发挥主观能动性,采取多种解释法律的方法,适配最佳法律规则,以实现对新兴疑难问题的法律适用。

过去,能动司法理念重点强调的是人民法院的审判权,较少涉及人民检察院的职能。2021年7月12日,时任最高人民检察院检察长张军在全国四级检察机关干警讲授党史学习教育专题党课上围绕"把握法治规律,深化新时代能动司法检察工作"展开了重要论述。由此,掀起了学界和实务界对于"能动司法检察"的讨论。有观点认为,能动司法检察,作为检察领域又一重要理论创造,指的是检察机关积极履职、主动作为,自觉承担政治使命、服务国家建设。① 还有学者认为,相较于过去"能动司法观"而言,"能动司法检察观"的提出具有创新意义,它专门针对检察工作而提出,在理论上更容易达成共识,是对法治理念的深化和发展。② 能动司法检察概念的提出并非偶发的,它既根植于我国长期以来的司法检察实践状况,又紧密结合当下新形势与新问题,具有重要意义。

据此来看,我国当下的能动司法观念至少包含两个方面,即能动司法审判理念与能动司法检察理念。客观来看,因为能动司法审判存在一定的天然短板,即人民法院作为中立的审判机关,其发挥主观能动性的

---

① 参见卞建林:《立足新时代新要求 深化能动司法检察》,载《检察日报》2021年8月9日,第3版。
② 参见熊秋红:《能动司法检察是法治理念的深化》,载《检察日报》2021年8月16日,第3版。

场域和范围较窄,也引起理论界的激烈争议。因此,以往能动司法理念并没有取得较优成效。相较于人民法院,人民检察院不仅享有代表国家追诉犯罪的权力,还享有监督法律实施的权力,其发挥能动性的广度和深度均超越了人民法院。而且,如今社会发展的主要矛盾在司法领域的反应就是人民群众日益增长的司法需求与实际发展不充分不完善之间的矛盾。也就是说,被动的司法观已经无法满足当下人民群众的司法需求,迫切需要在各方面发挥主动性,推进法治建设逐渐深化。能动司法检察理念的提出将检察机关拉入能动司法的讨论范畴,既丰富了能动司法的内涵,同时也能够与能动司法审判形成良好互动,共同实现推动司法治理现代化。

二、能动司法理念下的"醉驾"行为治理

将"醉驾"行为治理放置于能动司法理念之下讨论具有现实意义,一方面,能动司法理念强调发挥检察机关和审判机关的主观能动性,不机械适用法律,与"醉驾"行为治理的现代化理念不谋而合;另一方面,检察机关审查起诉阶段与人民法院审判阶段是"醉驾"型危险驾驶罪的司法治理的关键关节,能动司法理念能够切实提升和革新"醉驾"案件治理方式与思维。

(一)能动司法理念与"醉驾"行为治理现代化

能动司法理念是以追求社会目标的实现作为本质目的,这是能动司法最根本也最富有实质性的内容。能动司法的功能,一方面,旨在从宏观上调校司法在社会治理结构中的定位,把司法活动自觉地融入社会全局的运行之中,通过司法所特有的功能和作用的发挥,推动社会的发展与进步;另一方面,在实际运作层面上,引导和启示司法人员超越单一的法律思维以及对案件简单化认知的视野局限,关注社会总体目标的要求,关注社会发展与变化的趋势,关注我国社会现实矛盾和纠纷的复杂性，特别是注重司法行为的社会影响和社会效果，把个别化的司法行为与司法活动放置到社会目标的实现以及社会发展的大背景下予以认识和考虑，亦即在司法过程中确立并践行"大局观"。① 正是基于这样的意识与认识，方能指导具体的司法实践活动，并贯穿司法的全过程。司法治理作为社会治理的一个重要环节，其治理程度的优劣显著体现出社会治理水平和能力的优劣。贯彻能动司法理念，有效突破法治实践中存在的制度难题，能够提升新时代司法治理水平，进而实现社会治理现代化的目标。

鉴于数十年来"醉驾"行为治理虽取得一定成效，但当下"醉驾"案件数仍然高居不下的状况，理论界与实务界开始思考"醉驾"治理的现代化转型问题。例如以轻罪治理现代化和刑事一体化理念等为切入点的观察与思考，将"醉驾"行为治理放置于新的时代来考量具有更强的现实意义。能动司法理念与"醉驾"行为治理具有内在的耦合性，主要体现在两个方面。首先，从目的论角度来看，能动司法与"醉驾"治理现代化的现实目的均是提升司法治理能力与水平，避免机械司法，进而实现社会治理现代化。其次，能动司法理念与"醉驾"治理现代化在具体内容层面具有贴合性。能动司法检察理念要求检察机关以高度的政治自觉、法治自觉、检察自觉依法能动履职，对人民群众新期待新需求作出新时代检察回应。正是在能动检察理论的指引下，当下检察机关在"醉驾"案件治理中开展大量的新实践、新探索，例如浙江省瑞安市人民检察院、广东省广州市越秀区人民检察院、福建省福安市人民检察院等开展的"醉驾案件不起诉＋社会公益服务"检察实践，取得了良好的社会治理实效。能动司法审判理念亦是如此，最为显著的是各地人民法院发布办理醉驾案件的相关司法解释，对血液酒精含量作层次性区分。

---

① 参见顾培东：《能动司法若干问题研究》，载《中国法学》2010年第4期。

(二)能动司法理念在"醉驾"治理中的具体表达

我国当前语境下的能动司法理念主要是能动司法检察与能动司法审判,在"醉驾"行为治理的司法实践中在两个层面均已有一定的具体落实。

能动司法检察主要体现在对工作重点、政策把握、积极创新等方面,具体到"醉驾"行为治理中主要体现在以下几个方面。其一,坚持宽严相济刑事政策,依法分层处理。宽严相济刑事政策的核心要求是基于不同案件和犯罪行为的具体情况,实现区别对待,从而达到罚当其罪的目的。在处理"醉驾"案件时,该政策要求对"醉驾"行为的客观危害性、行为人的主观恶性和人身危险性等具体情况进行区分。当"醉驾"行为情节宽缓,如驾驶摩托车、酒精含量较低、认罪悔罪、积极赔偿等情况,应当宽缓处理。例如,浙江省公检法机关发布的《关于办理"醉驾"案件若干问题的会议纪要》中对情节宽缓的醉驾案件可以作不起诉处理。但对于严重的醉驾行为,如危害较大的情形,就需要对其适度地予以刑罚处罚,而不是简单机械地将所有醉驾行为一律犯罪化处理。因此,宽严相济的刑事政策是能动司法检察理念的显著表现,它要求在处理"醉驾"案件时,根据具体情况,实现罚当其罪。其二,深化适用认罪认罚从宽制度,强化能动履职。认罪认罚从宽制度作为宽严相济刑事政策的一种制度化手段,为司法实践提供了有效路径。在浙江省"醉驾"案件的治理中,认罪认罚从宽制度适用率中达到了90%以上。重点发挥检察机关起诉裁量权及量刑建议权,在执行《纪要》规定的基础上,精准掌握诉与不诉及缓刑适用条件。在近两年办理的危险驾驶认罪认罚案件中,确定刑量刑建议提出率达到了95%,法院采纳率高达96.8%,大大节省了司法资源。这一系列做法体现了宽严相济刑事政策的落地实践,以及认罪认罚从宽制度在"醉驾"案件治理中的积极作用。其三,提升"醉驾"不诉案件办理质效,参与综合治理。部分地区构建了"相对不起诉+社会公益服务"的机制,建立了集中公开宣告制度和公开听证制度,要求被不起诉人在案发地或其居住地进行一定时长的义工服务,以实现教育和惩戒的结合。而且检察机关还将"醉驾"案件的处理融入共建共享的社会治理大格局中,积极参与交通安全综合治理。

能动司法审判理念要求法院和法官积极履行职责,树立对符合审判工作规律的能动司法意识,实现案件办理的法律效果、政治效果与社会效果的统一。具体到"醉驾"行为治理中主要体现在以下两个方面。其一,在准确适用法律的前提下,对相关具体概念进行界定和解释。例如,在最高人民法院刑事审判庭第892号指导案例"李某铭交通肇事案"中,法院认为1988年公布施行的《道路交通管理条例》关于"道路"的规定越来越不符合实践中不断出现的新情况,2021年修正的《道路交通安全法》将"道路"的范围明确为"公路、城市道路和虽在单位管辖范围但允许社会机动车通行的地方,包括广场、公共停车场等用于公众通行的场所",能够更好地维护路段的交通秩序,保护肇事者和受害者的合法权益。又如,在最高人民法院刑事审判庭第894号指导案例"林某危险驾驶案"中,法院认为危险驾驶罪属于行政犯,对"机动车"等概念性法律术语的理解应当与其所对应的行政法规保持一致,不能随意扩大解释,将超标电动自行车作为机动车进行规定和管理存在较多困难,公众普遍认为超标电动自行车不属于机动车,此类醉酒驾驶或者追逐竞驶的行为人往往不具有相关违法性认识,将"醉驾"超标电动自行车等行为以危险驾驶罪定罪处罚,打击面过大,社会效果不好。其二,贯彻宽严相济刑事政策,适当裁量刑罚。例如,最高人民法院刑事审判庭第896号指导案例"吴某明危险驾驶案"中,法院就对危险驾驶罪中的情节轻微进行了界定。从醉驾行为的社会危害程度和行为人的人身危险性大小入手,以"定性+定量"的方式明确几个原则,对于没有发生交通事故,行为人认罪悔罪,且无其他法定或者酌定从轻、从重处罚情节的,一般可以认定为醉驾情节较轻;对于虽然发生交通事故,但只造成轻微人身伤害或者财产损失,且被告人积极赔偿取得谅解,无其他从重处罚情节的,也可以认定为"醉驾"情节较轻;对于既有从轻处罚情节又有从重处罚情节的,是否整体上认定为"醉驾"情节较轻,应当从严掌握。对于情节显著轻微可以不认为是犯罪的,除不低于免予刑事处罚的适用条件外,在"量"上应当更加严格把握,同时还要求具备几个条件:没有发生交通事故或者仅造成特别轻微财产损失或者人身伤害;血液酒精含量在 100mg/100mL 以下;醉驾的时间和距离极短,根据一般人的经验判断,几乎没有发生交通事故的可能性。

第三章 "醉驾"行为治理的基本原则

法律原则作为抽象程度很高的规则,既是法律理念、基本原理的体现,也是法律具体规定和实践的指引。"醉驾"行为的治理也需要遵循基本原则。"醉驾"行为治理的基本原则包括刑事实体法与刑事程序法两个层面的基本原则,主要是刑法中的罪刑法定与罪责刑相适应原则和刑事诉讼法领域无罪推定与程序法定原则以及起诉便宜与起诉法定相结合的原则。

罪刑法定原则是指法律明文规定为犯罪行为的,应当根据法律定罪处刑,没有明文规定的,不得定罪处刑。但在轻罪治理时代,在贯彻与落实罪刑法定原则时,却容易产生一定的偏离。例如在"醉驾"治理中,以抽象危险犯的形式确立行政违法的刑事入罪标准就很容易发生偏离罪刑法定原则。罪责刑相适应则是指刑罚的轻重应当与犯罪分子所犯的罪行以及承担的责任相适应。但在"醉驾"治理中,存在的较为显著的问题就是实体层面唯血液酒精含量的构罪标准。而行刑衔接不畅和随附后果严苛,也会给罪责刑相适应原则带来新的挑战。因此,在"醉驾"行为治理中,如何契合罪刑法定与罪责刑相适应原则,需要深入研究。

从程序法的角度来看,"醉驾"案件的治理中需要强调无罪推定和程序法定原则。实践中滥用刑事强制措施,没有酒精测试结果仅依据旁证定罪等情况,则不符合法定的证明标准。在程序法定原则方面,既存在规范适用不当问题,也存在诸如程序性法律后果缺失等问题。

除此之外,还应当重点关注在"醉驾"行为治理中适用起诉法定与便宜主义相结合的原则。轻罪治理时代,为更好地实现社会治理现代化之目标,应当在坚持起诉法定的基础上,更多地适用起诉便宜主义,以起诉便宜来软化较为僵硬的起诉法定原则,探索以不起诉制度作为"醉驾"行为出罪的有效路径。

第一节 "醉驾"治理与罪刑法定和罪责刑相适应原则

近些年来,面对现代社会全面转型与加速变迁附随的相关社会问题,刑事立法采取了广泛设立法定犯、渐次扩张风险刑法的回应方式,虽然具有较强的现实性成效,但这种立法模式不仅与刑法领域长期奉行的谦抑思维存在抵牾,而且对罪刑法定原则和罪责刑相适应原则也产生了一定影响。我们将这两个不同的原则放置于同一话语体系下探讨,是因为二者对当下的轻罪治理具有极为重要的影响。无论是罪刑法定还是罪责刑相适应原则在轻罪治理的时代背景下均存在新的挑战与问题,亟须从理论层面审视轻罪治理时代下立法与司法层面的罪刑法定与罪责刑相适应原则。"醉驾"行为治理应当遵循刑法领域相关基本原则,本节重点关注罪刑法定和罪责刑相适应原则在"醉驾"行为治理中的适用与挑战。

一、罪刑法定原则与"醉驾"治理

罪刑法定原则是应当根据法律定罪处刑,法律没有明文规定为犯罪行为的,不得定罪处刑,即,法无明文规定不为罪,法无明文规定不处罚。罪刑法定原则是人类社会文明发展的优秀成果,历经数百年人类政治文明、法治文明的洗礼与锤炼,已经成为世界性的推动、验证刑事法律理论与实践发展不可撼动的思想基础和帝王标准。但在立法和司法实践中,该原则不时经受考验。当前的轻罪治理时代,在贯彻与落实罪刑法定原则时,也容易产生一定偏离,本部分重点以"醉驾"治理为切入点讨论罪刑法定原则的时代挑战及其在"醉驾"行为治理中的贯彻与可能产生的偏离。

(一) 罪刑法定原则的时代挑战

陈兴良教授认为,罪刑法定主义的价值首先表现在立法中,刑法典是罪刑法定主义的基本法律载体。① 我国刑法对于确定罪刑法定经历了一个发展过程。1979 年《刑法》中虽然规定了从旧兼从轻等与罪刑法定原则相符的内容,但并没有关于罪刑法定的明确表述,而在第 79 条规定了类推制度,明确其作为罪刑法定原则的反例。直到 1997 年《刑法》修订,我国刑法才正式废除了类推制度,在《刑法》第 3 条确定了罪刑法定原则:"法律明文规定为犯罪行为的,依照法律定罪处刑;法律没有明文规定为犯罪行为的,不得定罪处刑。"从 1979 年《刑法》的类推到 1997 年《刑法》的罪刑法定原则,也表明我国刑法的价值理念发生了重大变化。当然,1997 年《刑法》确定罪刑法定原则只是我国进入罪刑法定时代的一个标志或者象征,而罪刑法定主义的真正实现还有待于在立法与司法中进一步落实罪刑法定原则。现实情况是罪刑法定的立法化和司法化这两个方面都还存在明显差距。例如我国《刑法》在对具体犯罪的规定中,大量使用兜底条款和空白规定,导致出现某些口袋罪,由此而在一定程度上抵消了罪刑法定原则的立法效果。同时,在司法实践中,罪刑法定原则司法化的任务还十分艰巨,尤其是对于某些刑法没有明文规定的行为,司法解释往往先行入罪,此后才有立法的跟进,由此形成了一个悖论:如果司法解释是正确的,那就没有必要进行此后的立法。反之,此后

---

① 参见陈兴良:《罪刑法定的当代命运》,载《法学研究》1996 年第 2 期。

的立法恰好说明此前的司法解释是越权的。① 罪刑法定不仅是检验我国现阶段衡量刑法立法与司法的法治化水平的尺度,同时也是刑法研究的一种价值追求,并且具有方法论的意义。据此来看,轻罪治理时代背景下,罪刑法定原则的挑战需要从立法和司法两个维度展开。

1. 罪刑法定原则的立法挑战

在新时代背景下,随着刑事案件犯罪结构发生显著变化,轻微犯罪比重不断上升,普遍性观点认为我国已经进入轻罪时代。但从本质上来看,轻罪时代的产生与刑事立法的过度犯罪化倾向密不可分,而且更为关键的问题是明确性原则作为罪刑法定的一个重要衍生原则,在许多轻罪立法中有逐渐演化成"相对明确"的态势。

首先,轻罪时代的显著特征是刑法存在过于积极参与社会治理的倾向,一种与刑法谦抑不同的过度犯罪化趋势逐渐占据刑事立法的高地。主要表现在两个具体方面。其一,法定犯逐步扩张,刑法社会治理工具化趋势显著。刑事立法中表现较为明显的行政犯纳入刑法的规制范畴。行政立法及其法律责任规定的变动性、复杂性骤增,不仅加大刑事违法性判断的难度,也使罪刑法定原则的贯彻面临多重价值交错的情况。特别是现代社会中的法定犯数量骤增,法定犯有取代自然犯主导地位的趋势。由于公众的非理性情绪、对法定犯双重违法性的认定偏差等因素的作用,使法定犯的"刑事违法性"之认定,成为违反罪刑法定原则的"重灾区"。② 例如,面对近年来骤增的恶意欠薪事件,《刑法修正案(八)》第41条规定了恶意欠薪罪,将欠薪行为入罪的立法显然是将刑法视为替代政府管理职能的社会规制法,是刑法工具主义的体现。为一个民事或行政规范规定刑事制裁,并将其改造为刑法规范的主要原因,是因为某种

---

① 参见陈兴良:《我国罪刑法定还处在一个初级阶段》,载微信公众号"刑法问题研究",https://mp.weixin.qq.com/s/_Inx3EtybxXDJ3mmJrXCkA,2022年8月20日访问。

② 参见高铭暄:《刑法基本原则的司法实践与完善》,载《国家检察官学院学报》2019年第5期。

违反该规范的行为不可能用民事或者行政措施加以制裁,或者用民事或者行政措施不足以制裁该行为,如果出现这种情况就只能转而求助于刑事制裁。但刑法在法律体系中应起的是补充作用,而不是消防作用,不能因为其他法律规范没有遏制某种社会现象的发生就将其上升为犯罪。① 其二,在目前的网络刑法体系中,"帮助行为正犯化"是立法者扩大刑事处罚圈的一个主要手段。帮助行为正犯化是基于帮助行为社会危害性以及由此给他人带来的人身危险性的增加,使行为本身达到刑法意义上对"危害行为"及由此产生的"危害结果"的评价标准。② 最为典型的是 2015 年通过的《刑法修正案(九)》第 29 条明确规定将"帮助信息网络犯罪"的行为规定为独立罪名,意味着帮助行为完成正犯化转变。有观点就认为,原本的帮助行为加以正犯化必然会在一定程度上加大刑法的打击面和打击力度,不符合刑法谦抑性原则,而且将原本归于刑法总则调节的帮助行为置于刑法分则规制,会造成刑法规范在总则与分则体系上的混乱,不利于总则与分则协调一致。③

其次,轻罪时代罪刑法定原则的另一个挑战是明确性原则的式微。通常认为,罪刑法定原则包括明确性原则、禁止溯及既往、禁止类推制度等一系列内容。其中,最重要的内容是明确性原则。按照明确性原则,是否构成犯罪及其依据、标准等,必须由法律明确规定,也就是刑法必须明确规定。这在客观上形成了犯罪构成的法定化效应。对于类罪或个罪的犯罪构成要件及其要素,应当坚持明确性原则的基本要求。为此,刑法总则规定了犯罪的概念和犯罪构成的基本要件,刑法分则则有层次、分类型地规定了各个具体罪的犯罪构成要件。但是在轻罪时代背景

---

① 参见[意]杜里奥·帕多瓦尼:《意大利刑法学原理(注评版)》,陈忠林译评,中国人民大学出版社 2004 年版,第 4 页。
② 参见皮勇、杜嘉雯:《帮助行为正犯化理论与立法探究》,载《齐鲁学刊》2021 年第 1 期。
③ 参见周光权:《网络服务商的刑事责任范围》,载《中国法律评论》2015 年第 2 期。

下,随着法定犯逐步扩张,明确性原则在某些方面存在弱化倾向。其一,空白罪状的存在导致参照的指示依据不明确。一般而言,空白罪状的指示依据是"参照相关规定"。从法律适用的角度来看,寻找被参照的"相关规定"就能解决空白罪状问题。但是,当多部规范性文件对同一事项同时进行规定时,就会出现法律适用的困难。不同层级的规范性文件都可以被认为是"相关规定",因此就需要进一步探究不同规范性文件之间的关系和权威性,以确定哪一个规范性文件是适用于具体案件的法律依据。如果不重视法律渊源的问题,就会造成司法上的误判。在变革时代,由于立法规范供给能力下降,明确性原则的适用面临前所未有的调整。空白罪状是应非刑法立法的发展性而存在的,但对罪刑法定原则是一种"消解性"体现,有弱化"明确性"的作用,使罪状的认定处于可能突破罪刑法定原则的边缘。其二,参照依据本身对具体构成要件的规定存在瑕疵。在刑事立法中存在空白罪状参照依据本身不够明确或者存在争议的问题。例如醉驾行为治理中需要依据《道路交通安全法》的规定将醉酒解释为"等于或大于 80mg/100mL",但此规定对定罪的影响究竟会怎样,存在疑问。在司法实务中对应予刑事追究的"醉驾"中醉酒(酒精在血液中的含量)之确定标准,已经出现分化的倾向,一些地方陆续出台相关办理"醉驾"案件的解释规范对此标准的适用进行提升或者层次性划分。

2. 罪刑法定原则的司法挑战

罪刑法定原则对司法适用的指引主要体现在几个方面:犯罪构成的立法法定化、罪与非罪的界限以及刑法解释的限度标准等。司法作为罪刑法定原则形式的侧面,在轻罪时代立法的实质已经受到冲击的背景下也很难呈现原有态势。总的来看,刑事司法中罪刑法定原则的挑战主要体现在以下两个方面。

首先,刑法中的兜底条款在司法中出现了扩张适用倾向。所谓兜底条款,是指刑法对犯罪的构成要件在列举规定以外,采用"其他方式、方法、手段"等表述所作的规定。① 一般认为,在兜底条款的适用上,应当采取同类解释原则。根据该原则,被兜底条款所包含的事项应当与所列举的事项具有相似性或同质性。这样做的目的是保证法律适用的一致性和确定性。但这一原理在司法适用层面却没有得到有效贯彻。例如,《刑法》第114条、第115条规定的以危险方法危害公共安全罪,在疫情期间因为高空坠物造成了许多严重事故,最高人民法院为了回应这些社会现实需求,利用该罪的兜底条款作出司法解释,规定相关行为在满足一定条件的情况下可以成立以危险方法危害公共安全罪。当司法实践对兜底条款进行过度扩张适用,甚至为了打击"犯罪"的需要而随意适用时,该兜底条款所涉罪名甚至极易演变成口袋犯罪。但是如果按照同类解释规则的逻辑,应严格限缩兜底性条款的适用,否则会有突破罪刑法定原则边界的风险。

其次,类推解释与扩张解释混同。在刑法适用的过程中,刑法解释的标准和限度问题。一直都处于决定刑法解释是否正当、合理以及有效的最前端。其中,扩张解释作为激活并充实刑法规定的常态做法,其与类推解释的界限一直都是实践中的难题。② 这一难题在网络类新型犯罪中的表现更为明显。当存在构成要件要素的解释困难,而且适用规则也不充分的情况时,司法机关为了有效落实刑事政策,可能采取能动姿态,通过类推和扩张解释等方式,突破规则的边界,以适应新型案件的审判需求。这种做法可以在一定程度上解决新型案件的审判难题,但容易对法律的解释和适用造成过度的扩张和滥用,模糊类推解释与扩张解释的界限。例如,在虚拟财产的刑法解释问题上就存在解释分歧。一般认为,我国刑法中的财物完全能够涵盖虚拟财产这一财产性利益的概念,

---

① 参见张建军:《论刑法中兜底条款的明确性》,载《法律科学(西北政法大学学报)》2014年第2期。

② 参见冯军:《论刑法解释的边界和路径——以扩张解释与类推适用的区分为中心》,载《法学家》2012年第1期。

对具有财产价值的虚拟财产应当按照财物予以刑事保护。① 但也有观点主张,网络财产性利益不仅具有刑法中的财产性质,还具有网络数据性质。② 这不仅显示出扩张解释与类推解释的区分难题,也表明禁止类推解释在某些情况下因此会显得乏力,如果过度依赖类推解释,可能会导致司法决策的不确定性和不可预见性,进而影响公众对司法公正的信任和认可。

(二)"醉驾"治理中罪刑法定原则的贯彻与偏离

在"醉驾"治理中罪刑法定原则的贯彻与偏离主要表现在两个方面,即立法层面和司法层面。

在立法层面,"醉驾"行为治理中贯彻罪刑法定的直接体现是通过刑法条文予以规范。《刑法》第133条之1第2款规定:"在道路上醉酒驾驶机动车的,处拘役,并处罚金。同时构成其他犯罪的,依照处罚较重的规定定罪处罚。"该款规定不仅仅对醉酒驾驶行为入罪予以明确规范,还对承担的相应刑罚作出规范,体现了醉驾行为治理中对罪刑法定的贯彻。虽然从立法层面来看,危险驾驶罪的条文规定贯彻了罪刑法定原则,但从较为宏观理论性的角度来看,《刑法修正案(八)》将本由行政管理的"醉驾"行为纳入刑法规制体系是较为典型的法定犯扩张表现。行政犯进入刑法规制领域一直以来都是刑事法学者所关注的,认为这些犯罪行为本身并不会引起某种可视性的具体实害,"禁止恶"的行政犯是近代以来国家扩张权力、以刑罚换取政策施行的产物。也有观点认为,在行为评价为具有行政违法性的前提下,首先考虑的应是如何完善相关制度,再考察行政违法行为是否严重到了必须动用刑法进行调整,即实质

---

① 参见陈兴良:《虚拟财产的刑法属性及其保护路径》,载《中国法学》2017年第2期。
② 参见孙道萃:《网络财产性利益的刑法保护:司法动向与理论协同》,载《政治与法律》2016年第6期。

是"违法行为究竟需通过非刑事法中的责任条款予以规制,还是根据刑事法给予制裁,取决于违法行为对法益的破坏和侵犯程度"。在"醉驾"行为治理中,以抽象危险犯的形式确立行政违法的刑事入罪标准实际上存在偏离罪刑法定原则的可能。

从司法层面来看,近年来,危险驾驶罪跃居刑事犯罪案件首位,从一定侧面反映出司法对"醉驾"行为治理中罪刑法定原则贯彻所面临的挑战。刑事司法正是以立法规范的入罪标准来严格治理"醉驾"行为。然而,在醉驾行为治理初期,最为显著的是对罪刑法定原则的偏离主要是司法实践中排斥《刑法》第13条关于适用"但书"的条款。我国《刑法》第13条在对犯罪概念的规范中表示:"一切危害国家主权、领土完整和安全,分裂国家、颠覆人民民主专政的政权和推翻社会主义制度,破坏社会秩序和经济秩序,侵犯国有财产或者劳动群众集体所有的财产,侵犯公民私人所有的财产,侵犯公民的人身权利、民主权利和其他权利,以及其他危害社会的行为,依照法律应当受刑罚处罚的,都是犯罪,但是情节显著轻微危害不大的,不认为是犯罪。"其中,"但是情节显著轻微危害不大的,不认为是犯罪"被认为是刑法明文规定的出罪条款。罪刑法定原则不仅是对入罪行为的界定、种类、构成条件和刑罚处罚的种类、幅度,均事先由法律加以规定,对出罪的规定同样也是罪刑法定原则的体现。从司法层面来看,否定"但书"条款在"醉驾"行为治理中的适用,显然是偏离罪刑法定原则的体现。当然,理论界对于此问题存在较大争议,有观点认为,从抽象危险犯的角度来看,"醉驾"型危险驾驶罪并不存在适用"但书"条款的空间,因为《刑法》第133条之1第2款并没有对情节作出规范,也就不存在适用"情节显著轻微危害不大"的可能。反对者则主张,"但书"条款作为刑法总则的规范,具有涵摄分则条文的意义,不能因为没有规定情节就否定"但书"条款之适用。直到2017年最高人民法院发布《关于常见犯罪的量刑指导意见(二)(试行)》才对"但书"条款的适用作出解释,一定意义上也是实现了"醉驾"行为司法治理层面罪刑法定原则落实中的纠偏。本书第五章将对"醉驾"案件"但书"适用问题将做更详尽的论述,在此不做展开。

二、罪责刑相适应原则与"醉驾"治理

罪责刑相适应原则,是我国刑法所规定的一项基本原则,其是指刑罚的轻重应当与犯罪分子所犯罪行和承担的刑事责任相适应。也即通常所说的罪责刑相当或者罪责刑相均衡,使犯罪、刑事责任和刑罚三者之间保持内在的、对应的均衡关系,罪重的刑事责任就重,所承担的刑罚相应也要重;罪轻的刑事责任就轻,所承担的刑罚相应也就轻。在轻罪治理的时代背景下,罪责刑相适应原则也面临一定的挑战,本部分重点讨论罪责刑相适应原则的时代挑战及"醉驾"行为治理中罪责刑原则的贯彻与偏离。

(一)罪责刑相适应原则的时代挑战

我国《刑法》第 5 条规定:"刑罚的轻重,应当与犯罪分子所犯罪行和承担的刑事责任相适应。"从文义解构的角度来看,罪责刑相适应包含着三组关系,即罪责、罪刑和责刑关系。高铭暄教授认为在罪责刑关系中,居于首要位置的是罪刑关系,它是罪责关系、责刑关系的前提和基础。在动态层面,罪刑关系表现为以罪制刑与以刑制罪两大主题部分。前者是指,犯罪范畴在内容、功能等方面,对刑罚范畴具有前提性与决定性意义;后者是指,刑罚范畴虽处于末端,但对犯罪的理解与定罪活动,均存在正向的"反制"功能,也即检验与修正的作用。而刑事责任范畴的导入与贯彻,打通犯罪与刑罚之间沟通的平台与通道,从而优化了罪刑关系的运作模式,更能对现代社会的刑法问题,予以全面、整体的分析与判断。[①]

[①] 参见高铭暄:《刑法基本原则的司法实践与完善》,载《国家检察官学院学报》2019年第 5 期。

罪责刑相适应原则在刑事立法层面的主要体现在三个方面。一是建构了科学严密的刑罚体系。我国刑法总则确定了一个科学的刑罚体系，这一体系由不同的刑罚方法组成。各种刑罚方法既相互区别又相互衔接，能够根据犯罪的不同情况灵活地运用。二是规定了区别对待的处罚原则。刑法总则能够根据各种行为的社会危害性程度和犯罪人的人身危险性大小，规定了轻重有别的处罚原则。三是设立了轻重不同的量刑幅度。刑法分则不仅根据犯罪的性质和危害程度，建立了一个犯罪体系，而且还为各种具体犯罪规定了可以分割、能够伸缩、幅度较大的法定刑。司法机关能够根据犯罪的性质、罪行的轻重、犯罪人主观恶性的大小，对犯罪人判处适当的刑罚。轻罪治理时代对罪责刑相适应原则在刑事立法层面的冲击主要表现在责与刑的贴合度存疑。在当下风险社会、网络时代、人工智能时代的背景下，很多新的刑事犯罪行为，不仅冲击着刑事犯罪的类型划分，也对刑事归责体系产生显著影响，这种情况下如何调和责任与刑法之间的关系是当下应当予以关注的重点方面。例如在"醉驾"案件中虽然法定刑设置为拘役体现了一定谦抑性，但也有观点认为，单纯以血液中酒精含量判定的危险驾驶罪在人身危险性方面并达不到需要以刑罚的方式惩处之地步。①

  罪责刑相适应原则的贯彻最主要的体现还是刑事司法领域。当前我国刑事司法领域贯彻罪责刑相适应原则主要体现在以下几个方面。一方面是预防性司法、恢复性司法及协商性司法模式得到不同程度的落实，例如刑事和解制度、认罪认罚从宽制度在刑事诉讼法中逐步确立。另一方面是逐步实现了定罪与量刑的诉讼程序分离。长期以来，重定罪轻量刑是刑事司法实践中的"顽疾"，不利于充分实现刑罚的目的和功能，定罪量刑活动的糅合以及过度侧重定罪的现状，对罪责刑相适应原

---

① 参见徐万龙：《醉驾型危险驾驶罪严罚倾向的司法纠偏》，载《东岳论丛》2023年第4期。

则的负面作用是明显的。2012年《刑事诉讼法》明确规定了独立的量刑程序,使实体法与程序法更理性地区分定罪与量刑及其功能配置关系。此外,还体现在量刑规范化改革层面,近年来,在最高人民法院印发的《人民法院量刑指导意见》指引下,各地也纷纷出台实施细则,为我国量刑规范化改革提供了重要的规范依据。

当然,罪责刑相适应原则的司法贯彻中也存在相关问题,尤其是在轻罪治理背景下,部分问题更加显著。主要体现在三个方面:其一,定罪与量刑之间缺乏有效的衔接机制,可能助长一些司法惯性的加剧,如重定罪轻量刑、量刑根据不完整、量刑基准不统一等。也可能使一些良性的运作机制陷入困境,如宣告刑与罪质轻重的均衡性有偏差等问题。[①]其二,量刑中可能存在两种极端,即大面积的重刑主义和极个别的过度从宽处罚现象。当下刑事领域法定犯扩张之趋势,虽然是时代发展的必经之路,但大量犯罪案件的产生无疑显示出一定的重刑倾向,尤其是在轻罪案件重司法人员的倾向可能会滋生更严重犯罪。与之相对的滥用从宽处罚也是对罪责刑相适应原则的偏离。其三,刑罚结构与刑罚体系不够完善。刑罚范畴主要是被动服务于前端范畴,对刑罚执行等后端缺乏足够的关注。这导致犯罪与刑事责任等前端范畴的变化,与刑罚执行等后端的新情况并不一致。尤其是在轻罪治理中,很多因为一次犯罪导致恶劣的犯罪随附后果,不仅使刑罚前端的治理效果丧失意义,还可能造成新的社会不稳定因素。

(二)"醉驾"行为治理中罪责刑相适应原则的贯彻与偏离

"醉驾"治理中罪责刑相适应原则的贯彻与偏离也可以从立法与司法这两个层面展开。

在"醉驾"的立法方面,罪责刑相适应原则的贯彻主要是《刑法》第

[①] 参见白建军:《中国民众刑法偏好研究》,载《中国社会科学》2017年第1期。

133条之1的内容,除规范了罪行之外,还规范了刑罚的内容,即判处拘役,并处罚金。实际上,"醉驾"行为作为行政违法纳入刑事治理领域的显著代表,在没有其他危害后果的情况下,犯罪者所应承担的刑事责任理应较轻,拘役作为刑罚体系中最轻的限制自由刑,贴合"醉驾"犯罪应承担的刑事责任,在此意义上"醉驾"在刑事立法层面符合罪责刑相适应原则之要求。但是从另一方面来看,"醉驾"行为立法层面关于罪责刑相适应原则的偏离主要表现在对于"罪"的认定存在争议。根据国家质量监督检验检疫局发布的《车辆驾驶人员血液、呼气酒精含量阈值与检验》的规定,驾驶者的血液中酒精浓度大于或等于80mg/100mL即为醉酒驾驶行为,醉酒驾驶的驾驶者被检测其血液中酒精浓度达到80mg/100mL就构成本罪,这种依据刑法之外的相关规定来确定入罪标准的方式本身就容易招致非议,况且血液酒精含量的硬性单一标准也遭受较多诟病。围绕酒后驾驶行为"罪"的认定,虽然世界范围内也有依据血液酒精含量作为判定标准的,但是,较为妥善的方式还是综合判定,即将血液酒精含量作为判定"醉酒"状态的标准之一,以其他方式,诸如现场意识判定、走直线等来综合判断是否符合"酒驾"入罪标准。显然,综合判定方式更能体现罪责刑相适应原则。因为"酒驾"治理最主要的是预防对社会公共交通的危害,但个体对于酒精的耐受力存在区别,即便是行为人血液酒精含量达到80mg/100mL,但依然能够清晰冷静保持驾驶状态,也不会存在危害公共交通的风险,如果以此来要求其承担刑事责任,可能存在罪责刑不相适应的问题。

如前所述,罪责刑相适应原则最主要的体现还是刑事司法领域。在"醉驾"的司法方面,贯彻罪责刑相适应原则主要表现为"醉驾"案件治理中,司法机关采取"差别化处遇"的办案模式,坚决贯彻宽严相济刑事政策,认真落实少捕慎诉慎押司法政策。通过依法"慎诉",对血液酒精含量低、认罪认罚、不以行驶为目的的轻微醉酒驾驶行为,运用好不起诉制度,促进被不起诉人悔过自信,减少社会对抗。从严打击严重醉酒驾驶行为,有酒驾前科、逃逸等从重情节的,禁止适用缓刑。但与此同时,"醉驾"行为司法治理中较为显著的问题是罪责刑相适应原则的适用不够彻底。在"醉驾"案件中的主要表现在两个方面:其一是行政管理与刑事处罚的衔接不够通畅。例如,行政机关对于作不起诉处理的"醉驾"案件缺乏一定的行政惩处接续机制,导致"酒驾"的行政违法行为也逃避了制裁,显然不够合理。其二是刑事处罚体系鲜有考量犯罪随附后果,往往导致犯罪者承担超出刑事处罚的溢出责任,例如,因犯罪记录影响家庭及子女就业等问题,如此因为一次"酒驾"犯罪行为导致终生受限,还牵连家人的方式显然有失偏颇。

第二节 "醉驾"治理与无罪推定和程序法定原则

"醉驾"行为治理也离不开对刑事司法领域相关基本原则的探讨。在轻罪时代背景下,各类轻罪设置本身和法益的变化所导致的处罚范围的扩大,固然符合社会治理需求及刑事立法目的,但在司法领域也日渐滋生出新的隐忧。尤其是司法实务工作中,会存在因为是轻罪案件就突破无罪推定原则和程序法定原则的红线,这些倾向是在犯罪结构日益轻罪化背景下尤需重视和警惕的。本节重点关注无罪推定原则与程序法定原则在"醉驾"行为治理中的适用与挑战。

一、"醉驾"治理与无罪推定原则

无罪推定(Presumption of Innocence)是现代法治国家的一项重要刑事司法原则,被称为刑事法治领域的一颗王冠上的明珠。无罪推定原则是现代法治国家刑事司法通行的一项重要原则,是国际公约确认和保护的基本人权,也是联合国在刑事司法领域制定和推行的最低限度标准之一。应当说,无论是在任何时代背景下,无罪推定原则都是刑事司法领域应当一以贯之的基本原则。但在轻罪治理时代,这一原则在贯彻与落实时却容易产生一定偏离,本部分重点以"醉驾"案件为切入点讨论无罪推定原则的内涵及其在醉驾行为治理中的贯彻与偏离。

(一)刑事司法中无罪推定原则的内涵

无罪推定原则已为联合国人权公约和现代法治国家所确定,并逐渐为世界各国刑事诉讼法典所规定。从价值层面来看,无罪推定原则的价值主要体现在几个方面:其一,推进实现控辩平等格局,尤其是确认了被追诉方的诉讼主体地位;其二,保障了被追诉人行使诉讼权利的空间;其三,促进了程序法治思维的进步。在社会日益多元化的背景下,法律需要积极回应社会的需求,体现社会治理的正当性,法治作为以法律为基础的社会规则自治范式,为寻找社会的基本共识提供了一个鲜明方向。① 不过,世界范围内关于无罪推定原则的内涵存在不同的观点看法,尤其以法系的区分为界。英美法系国家日益趋向于认为无罪推定原则实际上是一种证明责任分配原则,即控诉方应当承担将犯罪证明到刑事诉讼证明标准要求的程度。除此之外,不包括其他含义。② 大陆法系国家则趋向于认为无罪推定原则,既包括证明责任分配意义上的内涵,也具有作为犯罪嫌疑人和被告人之自由壁垒的功能。③ 由此看来,无罪推定理念虽然是普遍接受的,但关于其内涵的讨论仍旧是开放的。

根据联合国人权事务委员会第 13 号一般性意见,无罪推定原则的本质含义主要包括几个方面:控方承担举证责任;证明标准为排除合理

---

① 参见于浩:《当代中国语境下的法治思维》,载《北方法学》2014 年第 3 期。
② 参见易延友:《论无罪推定的涵义与刑事诉讼法的完善》,载《政法论坛》2012 年第 1 期。
③ 参见陈光中、张佳华、肖沛全:《论无罪推定原则及其在中国的适用》,载《法学杂志》2013 年第 10 期。

怀疑;疑案中应作出有利于被控人的结论;被控人应该享有一系列体现无罪推定精神的诉讼权利;公共机构不能预断案件的结果。[1] 这说明除证明责任分配的内涵之外,主要讨论了三个具体内涵:首先,达到排除合理怀疑证明标准。无罪推定原则要求"有罪证明"应当达到法律规定的证明标准,如果不能达到法定的证明标准,就不能确定任何人有罪。所谓排除合理怀疑,是指要求事实裁判者对被告人有罪不存在任何符合常理的怀疑,即有一种坚定的信念。其次,被刑事指控者被证实有罪之前应被"推定"无罪。所谓推定,即根据已知的或已证的某个事实或一组事实,得出一个事实存在的法律推理或假设。受刑事指控者被推定无罪并不意味着其在实际上无罪,而只是在刑事诉讼过程中使其处于无罪的地位,要求控方通过提供证据等推翻该推定。最后,存疑案件的处理应有利于被指控人。在无罪推定原则的要求下,存疑有利于被指控人包含两层意思:一是案件在有罪无罪存疑时,应当作出无罪判决,亦即"疑罪从无";二是在案件定罪确定的前提下,罪重罪轻存疑时,应当作出罪轻判决,此即"罪重罪轻从轻"。

中国刑事诉讼学界围绕中国刑事司法是否应当引入无罪推定原则,以及当前刑事诉讼中是否存在无罪推定原则的规定,一定时期内存在较多不同观点。时至今日,较为通行的观点是"中国刑事诉讼中并没有关于无罪推定原则的具体规定,但具有无罪推定原则的精神"[2]。这种无罪推定原则的精神主要体现在《刑事诉讼法》第 12 条:"未经人民法院依法判决,对任何人都不得确定有罪。"但是,反对者认为,以此条文为无罪推定原则的背书,显得有些牵强,该条文的实质解释主要在于强调人民法院定罪权的唯一性,而非对于被追诉人"无罪身份"的承认和关注,而且

---

[1] 《联合国人权事务委员会第 13 号一般性意见》,载中国人权网,https://www.humanrights.cn/html/2014/2_1009/1899.html,2023 年 5 月 2 日访问。

[2] 参见陈光中、张佳华、肖沛权:《论无罪推定原则及其在中国的适用》,载《法学杂志》2013 年第 10 期。

"不得确定有罪"的说法,也与"推定为无罪"存在实质差异。这种貌合神离似的规范表述,无异于"隔靴搔痒",不能触及国际刑事司法关于无罪推定原则的实质。我们认为,中国刑事立法中基本上贯彻了无罪推定原则精神,因为,根据我国《刑事诉讼法》规定,被刑事追诉之人具有诉讼主体的地位,赋予并保障其合法权益。此外,还体现在如下方面。

其一,关于证明责任分配。2012年《刑事诉讼法》的修改在原第49条(现第51条)规定,公诉案件中证明被告人有罪的责任由检察院承担,自诉案件中则由自诉人承担。2019年12月30日起开始施行的《人民检察院刑事诉讼规则》第61条中也明确规定:"公诉案件中被告人有罪的举证责任由人民检察院承担。"据此可见,在我国刑事诉讼证明责任分配方面,自2012年起就是与无罪推定原则的理念相契合的。其二,关于证明标准方面。无罪推定原则的衍生含义,除了要求证明被追诉人有罪的责任由公权力机关承担,还对证明标准提出了较为严苛的要求,即要达到"高度盖然性"标准。对此,我国《刑事诉讼法》第55条和《人民检察院刑事诉讼规则》第63条,对"证据确实、充分"进行了详尽的规范解释,达到了一种较高标准的要求。其三,"疑罪从无"理念的落实。我国《刑事诉讼法》虽然没有落实无罪推定原则,但是对系属于其内涵之下的"疑罪从无"理念有一定的规范。《刑事诉讼法》第200条第3款规定:"证据不足,不能认定被告人有罪的,应当作出证据不足、指控的犯罪不能成立的无罪判决。"当然,疑罪的概念是复杂的,不仅是证据方面,还涉及事实认定等方面①,但第200条的规定无疑为疑罪从无的落实提供了规范层面的可依靠性,具有重要意义。

坦诚地说,中国刑事司法制度中还并未全面落实无罪推定原则,只是在辩护制度、证据制度等诸多方面体现了无罪推定原则精神。即便如

---

① 参见杨宇冠、郭志远:《如何理解和把握"疑罪从无"》,载《检察日报》2006年6月20日,第3版。

此,应在刑事司法中贯彻无罪推定原则已经是一种基本共识,这不仅是我国刑事法治领域文明程度的显现,也对实现法治治理现代化,进而实现社会治理现代化大有裨益。

(二)"醉驾"治理中无罪推定原则的贯彻与偏离

在"醉驾"案件的司法治理中无罪推定原则的贯彻主要体现在几个诉讼程序阶段,例如侦查阶段关于强制措施的适用、取证方面达到排除合理怀疑标准、审查起诉阶段存疑不起诉等。但在这些阶段中,存在偏离无罪推定原则要求之情形。

"醉驾"行为治理中刑事强制措施的适用可能存在偏离无罪推定原则关于赋予被追诉人主体地位之要求。依据《刑法》及《刑事诉讼法》的相关规定,对呼气酒精测试达到醉酒标准的犯罪嫌疑人,公安机关对其可进行刑事传唤并进行血液酒精含量检测,并根据案情对其采取适当的强制措施。对被采取刑事拘留强制措施的犯罪嫌疑人、被告人,公安机关、人民检察院、人民法院无法在刑事拘留期限内完成侦查、起诉、审判工作的,应当变更为取保候审或者监视居住。决定取保候审或监视居住的,依法由公安机关执行。被取保候审或者监视居住的犯罪嫌疑人、被告人在传讯、开庭审判时不到案,或者违反刑事诉讼法关于取保候审或者监视居住的相关规定,情节严重的,可以依法提请或者决定予以逮捕。强制措施的适用应当贯彻无罪推定理念,以合目的性和合比例性为基本原则。但在现实的"酒驾"案件强制措施的适用中存在偶有违法适用逮捕强制措施以及滥用刑事拘留强制措施的现象普遍存在的情况,这无疑偏离了无罪推定原则中保障被追诉人诉讼主体地位之要求。

"醉驾"行为治理中取证程序及证明标准层面可能存在偏离无罪推定原则关于控方承担举证责任之要求。应当说,我国"醉驾"案件绝大多数来源于清醒测试检查,但目前我国并不承认根据人体平衡试验的结果来认定"醉酒"状态,缺乏其他的辅助判断标准,仅依据血液酒精含量来认定,呈现唯酒精含量标准之趋势。况且在司法实务中,缺乏关于强制取证的适用条件及适用程序的规范。如此一来,实践中实际上很难在取证程序层面贯彻无罪推定思想。在排除合理怀疑层面,"醉驾"案件中主要是对醉酒状态的评价,虽然当前规范了血液酒精含量标准,具有较强的证明能力,但此种以酒精含量作为唯一标准的方式并不够妥善,较为合理的方式是引入其他证据,充分发挥其他证据对血液酒精含量鉴定意见的补强和证伪,以此来强化控方的举证强度,贯彻无罪推定理念。

"醉驾"行为治理中存疑不起诉的适用效果不够良好,在一定程度上偏离了无罪推定原则关于疑罪从无之要求。"醉驾"案件中存疑不起诉的适用是贯彻无罪推定原则的有力体现。存疑不起诉的法定情形是定罪证据前后矛盾,某些必要的犯罪事实缺乏直接证据,就现有的证据得出的这些结论,还存在着其他的可能性,而且这种可能性没有被排除,意味着证据上存在着疑点,存疑案件只能作不起诉处理,否则就会造成冤假错案。但是目前的司法实践中几乎鲜有关于"醉驾"案件存疑不起诉的适用,究其缘由,在于我国在"醉驾"案件证据体系方面采取较为单一的标准,但如前所述,这种单一标准似乎难以与排除合理怀疑之标准相契合,如何突破醉驾案件司法证明难点,建构综合判断体系认定"醉酒"状态,提高"醉驾"案件存疑不起诉的适用率将是今后应当考虑的重要问题。

二、"醉驾"治理与程序法定原则

程序法定是刑事诉讼中规制国家刑罚权的刑事程序法治原则。在现代法治国家,《刑法》中的罪刑法定原则和《刑事诉讼法》中的程序法定原则有着共同的精神构造。应当说,程序法定原则是基于人类对于在暴政、专制社会下因恣意的刑事追诉失去自由、尊严与权利保障的痛苦经历的反思而产生的,具有重要的意义,在现代刑事司法领域也是应当坚守的阵地。本部分重点以"醉驾"治理为切入点探讨程序法定原则的内涵及其在醉驾治理中的贯彻。

(一)刑事司法中程序法定原则的内涵

程序法定原则是指刑事诉讼程序的基本规则和程序必须经过国家立法机构制定并以法律形式确立,任何单位和个人都不得擅自设定、变更或者违反。这个原则的制定是为了保障公民权利和防止滥用公权力。在刑事诉讼中必须确保在程序上得到公正和合法的对待。刑事诉讼程序法定原则的确立,对于维护司法公正和保障公民权利具有重要的意义。有观点认为,程序法定原则作为《刑事诉讼法》的首位原则、"帝王"原则,构成了现代程序法的基石,其地位如同罪刑法定原则之于刑法典。程序法定原则包含了正当程序原则的内容,应当是正当程序原则的上位原则。[①] 但也有反对者认为,从逻辑上看,正当程序原则与程序法定原则应该是交叉关系而非包容性的种属关系。尽管从方便法的适用角度看,可以将程序是否合法当作程序是否正当的外观标准,但是并不具有逻辑的必然性,只是具有归纳上的高盖然性。[②] 虽然可能在首位原则方面存在争议,但程序法定原则包含了两层含义这一点是被广泛接纳的。一是立法方面的要求,即刑事诉讼程序应当由法律事先明确规定,也即形式要件;二是实质方面的要求,即不仅要求程序的合法性,而且要求程序的正当性,即规范诉讼程序的刑事诉讼法本身必须具有社会正当性。据此来看,刑事司法中程序法定原则的内涵可以从两个方面来考察。

首先,程序法定原则的形式法定。所谓形式法定是指,关于刑事诉讼的程序,应当由国家的法律规定。这里的法律是指狭义的法律,即由反映民意的国家立法机关制定的法律。程序法定原则必然排除其他非

---

① 参见万毅、林喜芬:《现代刑事诉讼法的"帝王"原则:程序法定原则重述》,载《当代法学》2006年第1期。
② 参见江涌:《"程序法定原则"不能成立吗——兼与黄士元博士商榷》,载《政治与法律》2007年第4期。

法律性规范以及机构内部规约性纪律的适用。而且,刑事程序应当由法律预先作出规定。这意味着不得针对特定案件或者特定人员事后设立刑事程序,以保证所有案件、所有当事人受到公平的待遇。① 刑事诉讼中的程序法定原则,渊源于宪法层面上的"法律保留"原则。从宏观上来讲,就是指国家对经济社会和公民自由的干预,必须得到法律的授权。程序法定原则在立法中具体体现为限权性规范与授权性规范。限权性规范也可被称为义务性规范,主要包括职权设定规范和程序操作性规范。前者最典型的是《刑事诉讼法》中对公、检、法三机关的管辖权设定,后者如刑事诉讼法中对庭审流程的规定。授权性程序规范有四种基本类型:其一,限制性授权规范,通常表现为为国家机关设定法定职权;其二,概括性授权规范,该类规范在诉讼行为的条件设置上赋予一定的弹性,允许法律适用时考量各种因素进行裁量;其三,空白授权规范,某种程度上是一种绝对授权;其四,选择性操作规范,主要是为诉讼主体提供若干种可选择的手段或程序处理方案。

其次,程序法定原则的实质正当。根据美国学者和联邦最高法院的解释,正当法律程序可分为"实体性正当程序"和"程序性正当程序",前者的主要内容聚焦于法律规范本身,意指用以限制和剥夺公民生命、自由及财产的法律必须是正当的、合理的,符合公平正义理念;后者的主要内容聚焦于法律程序的行使,意指用以解决纠纷与争端的法律程序应当是规范的、公正的、合理的。② 实质意义上的程序法定原则主要意在确保程序的正当性。因为,单纯强调形式的合法性而忽略实质合法性极易滑向"恶法亦法"、"恶法"所定之程序亦须谨守的立场。因此,程序法定原则的形式合法性必须寻求实质合法性的补充和支援,而程序法定原则本

---

① 参见宋英辉:《刑事诉讼原理》,法律出版社2003年版,第70页。
② 参见陈瑞华:《刑事诉讼的前沿问题(第五版)》(上册),中国人民大学出版社2015年版,第209—210页。

身亦必须仰赖"正当程序"理念的支撑和辅助。从程序本位主义观点来看,法律程序的正当性或程序正义的合理性应该从程序对人的尊严和自主性等价值的保障方面首先得到证明,它在保障实体正义方面的有用性和工具性价值被视为第二位的价值。① 据此来看,程序法定原则的实质正当需要以程序规范满足实质程序正义理念为要求,而满足实质程序正义理念需要考虑两个因素,首先是人权保障要求,其次是程序具有良善的工具价值。

(二)"醉驾"治理中程序法定原则的贯彻与偏离

"醉驾"行为的治理中程序法定原则的贯彻与偏离可以从规范层面和司法层面来考察。规范层面的主要表现是司法解释及地方性规范文件对办理"醉驾"案件的指引,司法操作层面的主要表现是程序法定原则贯彻不彻底或者无视或缺乏对程序法定原则的坚持而形成的适用偏离。

首先,从规范层面来看,"醉驾"案件治理主要以 2013 年最高人民法院、最高人民检察院和公安部联合发布的《关于办理醉酒驾驶机动车刑事案件适用法律若干问题的意见》为规范指引,在我国,此类规范性文件被认为是准立法规范,这成为全国办理"醉驾"案件的规范标准。而且在司法实践中,地方公检法机关也会在本辖区内结合地方司法实践情况颁布规范性文件。司法解释和地方规范性文件是程序法定原则在立法层面的贯彻标志。然而,从当下"醉驾"案件的相关规范性文件来看,实际上存在偏离程序法定原则的情况。具体而言主要有几个方面。其一,弱化限权性规范的刚性效力,可能存在扩张权力边界的情况。例如司法解释表示对醉酒驾驶机动车的犯罪嫌疑人、被告人,根据案件情况,可以拘留或者取保候审。但在部分地区的规范性文件中,"可以"的表述被"应

---

① 参见陈瑞华:《刑事诉讼的前沿问题(第五版)》(上册),中国人民大学出版社 2015 年版,第 216—217 页。

当"或者"一律"替代,导致实践中"醉驾"一律拘留的现象出现。其二,通过规范性文件创设法外制度的行为普遍化。在"醉驾"案件中尤为显著的是不起诉制度的适用,虽然不能否定不起诉制度客观上有积极的社会效果,但由于其突破了立法框架,造成了对程序法定原则的冲击,形成了"相同案件不相同处理"的不均衡司法状态。其三,未能为选择性规范或者指代性规范设定合理的解释边界。例如司法解释中对"道路"与"机动车"的解释,以适用道路交通安全法的有关规定为出口,存在一定的解释模糊性。

其次,从司法操作层面来看,在贯彻程序法定原则的过程中也存在裁量不当从而导致对被追诉者权利保护不利的现象。主要体现在几个方面。其一,"醉驾"行为治理中程序违法的纠错机制运行不畅,导致禁止性规范的刚性效力消减。例如在"醉驾"案件取证程序中,禁止违法取证的规范效力必须借助纠正违法取证机制才能得以实现,但遗憾的是,很多规范性文件中对于违法取证行为并未规定相关程序性后果,导致违法取证的纠错机制在现实中效力疲软,未发挥出理想的效能。其二,部分地方司法程序存在以隐性程序替代法定程序的现象,义务性规范被虚置。在部分地区"醉驾"案件办理中起到实质作用的不是法定程序,而是隐身于法定程序之外的其他程序。例如醉驾案件办理中检察机关滥用不起诉裁量权,人民法院滥用审判权与辩护方达成和解协议等方式,均严重偏离了程序法定原则的要求。

至于"醉驾"案件办理中具体的违反程序等问题,后文在"问题篇"中将展开论述。

第三节 起诉便宜主义与"醉驾"行为治理

在起诉原则上,我国以起诉法定主义为主,兼采起诉便宜主义。起诉法定主义指凡是认为有足够的证据证明确有犯罪事实,且具备起诉条件的,公诉机关必须起诉,检察官的起诉裁量权受到严格限制。在"醉驾"行为治理现代化背景下,基于对"醉驾"入罪的理性反思以及宽严相济刑事政策和少捕慎诉慎押刑事司法政策深入贯彻的需要,司法实践中逐步开始探索以相对不起诉作为"醉驾"行为出罪的有效方式。由此,起诉便宜主义逐渐被纳入"醉驾"行为治理的研究体系之中。在轻罪治理时代,为更好地实现社会治理现代化之目标,应当在坚持起诉法定与起诉便宜融合的基础上,更多地适用起诉便宜主义,以起诉便宜理念来软化较为僵硬的起诉法定原则。本节重点关注起诉便宜主义原则在"醉驾"行为治理中的适用及其限度。

一、起诉便宜主义的内涵

在刑事诉讼中,起诉具有发动审判的效力,不起诉则具有终结程序的效力。与此相对应,在刑事诉讼制度设置和理论研究中,则有起诉法定主义和起诉便宜主义之分。现代刑事诉讼更强调二元并存,二者相互补充,二者的融合推动着各国刑事起诉制度的改革。① 起诉法定主义,也称为起诉合法主义,是指检察机关依法负有追诉犯罪的义务,只要被追诉人的犯罪事实已经查清,证据确实、充分,依法应当受到刑事处罚,就必须向有管辖权的法院提起公诉。起诉便宜主义,又称起诉合理主义、起诉裁量主义,是指检察机关对于具备起诉条件的案件,可以斟酌决定是否起诉的原则。根据此原则,公诉方可以依据法律的授权,基于刑事惩戒的目的和权衡各种利益,对其所审查起诉的刑事案件,选择是否作出控诉以继续或停止刑事程序。②

---

① 参见汪建成:《论起诉法定主义与起诉便宜主义的调和》,载《中国人民大学学报》2000 年第 2 期。
② 参见陈岚:《论检察官的自由裁量权——兼析起诉便宜原则的确立及其适用》,载《中国法学》2000 年第 1 期。

起诉法定主义原则源于传统刑法的有罪必罚的报应刑理念,强调侧重刑法的一般预防功能,从法理层面来看,起诉法定主义也具有一定的价值,主要表现在几个方面。其一,有助于彰显法的权威性。起诉法定主义是刑事司法的一项基本准则,检察官通过严肃执法,对犯罪人提起公诉,能够充分维护法的权威性。其二,有助于防止检察人员肆意滥用公诉权。因为在控诉、审判职能分离之后,人民法院贯彻不告不理原则。如此一来,检察官是否正确行使公诉权直接影响刑罚权实现,起诉法定主义能够起到限制检察机关公诉权之目的。其三,有助于彰显法的公平公正性。公正、平等地适用法律是社会公众的法治需求,起诉法定主义要求检察官履行控诉职能时必须以法律为依据,对所有犯罪人一律提起公诉,否定任何特权行为,彰显了法的公平公正性。但是起诉法定主义这种有罪必罚的思维,常常将不适合刑罚处罚的犯罪嫌疑人推入繁杂冗长的诉讼程序,使一些本可以通过其他非刑罚方式得到改善的犯罪嫌疑人承受原能够避免的诉讼负担。正是基于如此考量,起诉便宜主义原则逐渐在刑事司法领域得到确立。

起诉便宜主义是基于诉讼经济原则以及刑事追诉的目的等方面考虑,而赋予检察官以较大自由裁量的权力,对某些刑事案件作出酌情裁量,起诉或缓予起诉的处分。其最本质的特征是注重国家公益以及刑罚的具体妥当性,尽可能地给犯罪人提供改过自新的机会,强调刑罚对犯罪人的特殊预防,积极配合刑事政策,避免不必要或不当的起诉,使刑事司法更为公正合理地运作。

从起诉裁量权的角度来看,检察机关裁量不起诉制度是裁量权行使的主要场域,它主要在于追求刑事追诉的合目的性和合理性,与绝对不起诉追求刑事追诉的合法性相区别,在实践中的表现主要是微罪不起诉、起诉保留(缓予起诉)、起诉犹豫附保护观察、放弃起诉等。当然,上述内容需要以被不起诉人实际已经构成犯罪为前提,否则将受绝对不起诉或法定不起诉制度所调整。近年来,"少捕慎诉慎押"的检察理念愈加频繁地进入公众视野,彰显着检察机关更加注重谦抑、审慎、善意的司法价值而避免机械司法和刑事打击扩大化的意识表达,其中酌定不起诉制度的有序运行正是这一理念的重要体现。① 从诉讼经济效益的角度来看,"便宜"体现在两个方面。一方面,"便宜"犯罪嫌疑人。不起诉裁量的适用能够避免一般起诉带给犯罪嫌疑人的诉讼负担,更大限度地促使有罪者悔过自新,尤其在实行缓起诉制度的国家,犯罪人能够约束自己的行为以防再犯而被再行起诉。同时也能避免短期自由刑给犯罪嫌疑人带来的诸多不利的犯罪随附后果。另一方面,"便宜"司法资源。裁量不起诉的适用能够大大减轻审判阶段的诉讼负担,进而有效地调配司法资源。尤其是在我国当下迈入轻罪治理时代之后,大量刑事案件属于轻微罪范畴,不起诉制度的适当运用将极大地缓解诉讼压力,减轻司法人员的工作负担。

二、"醉驾"案件不起诉制度的司法实践

在讨论"醉驾"案件不起诉制度的实践之前,确有必要关注一个前置性问题,即起诉便宜主义在"醉驾"犯罪治理中适用的正当性问题,这是"醉驾"案件不起诉制度实践的基础。

我们认为,在"醉驾"犯罪治理中适用起诉便宜主义符合当下司法实践的发展趋势,同时也符合社会治理现代化之需求。首先,在迈入轻罪治理时代的同时,刑事司法领域逐步确立了认罪认罚从宽制度,使得检察机关在刑事司法体系中越来越扮演着重要角色。有观点就认为,检察机关在认罪认罚从宽制度中扮演着国家追诉的执行者、案件移转的过滤者、诉讼程序的分流者、合法权益的保障者、诉讼活动的监督者五重角

---

① 参见郭烁:《少捕慎诉背景下裁量不起诉的比较法再探讨》,载《求是学刊》2022年第1期。

色,检察机关在刑事诉讼中的主导地位越发凸显。① 也有学者认为,认罪认罚从宽制度的推行无疑进一步强化了检察机关选择性不起诉的权力,尤其是从《刑事诉讼法》第182条的规定来看,检察机关不起诉的适用已经超出了轻罪范围,扩展到重罪案件。② 有学者还提出,附条件不起诉与认罪认罚从宽制度在价值功能方面具有契合性,认罪认罚从宽制度为附条件不起诉扩大适用于成年人案件提供了制度空间,附条件不起诉则为认罪认罚案件提供了新的非犯罪化的处理方式。③ 总之,刑事立法与刑事司法层面全面确立的认罪认罚从宽制度,肯定了检察机关在轻罪治理(当然包括"醉驾"犯罪的治理)中掌握起诉便宜权力的正当性基础。其次,从较为宏观的层面看,刑事实体层面轻罪时代的到来,要求刑事司法层面及时回应,以刑事程序机制应对轻罪治理现代化。其中较为重要的即是检察机关审查起诉阶段的繁简分流机制。应当说,检察机关的不起诉裁量权的扩张,意味着我国刑事法领域轻罪治理模式的转变,而轻罪治理模式的这种转变,顺应着社会治理现代化目标的设定。据此,在"醉驾"案件中开展不起诉制度实践是具有正当性基础的。

虽然"醉驾"自入刑以来取得了较为显著的实际成效,但随之而来的问题是危险驾驶罪案件数量持续攀升,并且一直在高位徘徊,不仅造成司法资源紧张,同时也加剧了基层司法机关"案多人少"的矛盾。而且司法实践中,绝大多数"醉驾"案件并没有造成实际损害,或者损害显著轻微,这样的"醉驾"者如果被判处拘役、被剥夺短期自由,会留下刑事犯罪记录、被贴上犯罪"标签",对其本人及其子女的工作、生活以及未来发展

---

① 参见贾宇:《认罪认罚从宽制度与检察官在刑事诉讼中的主导地位》,载《法学评论》2020年第3期。
② 参见周长军:《认罪认罚从宽制度推行中的选择性不起诉》,载《政法论丛》2019年第5期。
③ 参见何挺:《附条件不起诉扩大适用于成年人案件的新思考》,载《中国刑事法杂志》2019年第4期。

都将产生严重的负面影响,长此以往,将会不断地增加社会不稳定因素。因此,作为轻罪治理现代化的重要内容,在"醉驾"治理领域探索出罪机制是当下刑事司法迈向治理现代化的重要内容之一。而其中尤为重要的即是检察机关不起诉制度在"醉驾"案件办理中的运用。

我国《刑事诉讼法》在经过2018年修改之后,共确立了五类不起诉制度,即法定不起诉、存疑不起诉、相对不起诉、附条件不起诉以及特殊情况下的特别不起诉,形成较为全面的不起诉制度体系。从规范层面来看,适用于"醉驾"案件的不起诉制度是法定不起诉、存疑不起诉与相对不起诉,其中法定不起诉无法体现检察机关裁量权,存疑不起诉侧重于证据层面,在醉驾案件中也鲜有适用。符合起诉便宜主义、体现不起诉的裁量属性且能够适用于"醉驾"案件的,实际只有相对不起诉制度。相对不起诉的适用因此成为考察不起诉裁量权在"醉驾"案件中适用情况的重要指标。当然,在司法实践和理论研究领域,有观点主张应当扩张附条件不起诉的适用范围,将"醉驾"案件纳入附条件不起诉制度的适用范围,司法实践中确有部分地区的检察机关正探索建立"醉驾"案件附条件不起诉制度。因此,"醉驾"案件不起诉制度的司法实践主要可以从以下两个方面展开。

首先,"醉驾"案件中相对不起诉制度的适用。《关于常见犯罪的量刑指导意见(二)》中对危险驾驶罪作出规范:"对于醉酒驾驶机动车的被告人,应当综合考虑被告人的醉酒程度、机动车类型、车辆行驶道路、行车速度、是否造成实际损害以及认罪悔罪等情况,准确定罪量刑。对于情节显著轻微危害不大的,不予定罪处罚;犯罪情节轻微不需要判处刑罚的,可以免予刑事处罚。"在此解释发布前后,各地司法机关相继制定了有关处理"醉驾"案件的地方性指导性文件,大多对"醉驾"案件不起诉裁量权进行了相应规范。尤为明显的就是明确了"醉驾"不起诉或免予刑事处罚的酒精含量标准,使之更具有可操作性。较为典型的是浙江省高级人民法院、省人民检察院、省公安厅于2019年印发的《关于办理"醉驾"案件若干问题的会议纪要》,其中不仅对酒精含量标准作出相关规范,还根据驾驶车辆的不同设定不同的血液酒精含量标准。例如,醉酒驾驶汽车,酒精含量在170mg/100mL以下的,认罪悔罪,无从重情节,犯罪情节轻微的,可以不起诉或者免予刑事处罚;酒精含量在100mg/100mL以下的,且无从重情节,危害不大的,可以认为是情节显著轻微,不移送审查起诉。而醉酒驾驶摩托车的血液酒精含量标准则是酒精含量在200mg/100mL以下的,可以不起诉或者免予刑事处罚;酒精含量在180mg/100mL以下的,可以认为是情节显著轻微,不移送审查起诉。还有湖南省公检法机关于2022年印发的《关于办理醉酒驾驶机动车刑事案件若干问题的会议纪要》中明确规定,血液酒精含量在200mg/100mL以下的可以适用缓刑,酒精含量在160mg/100mL以下的,可以不起诉或者免予刑事处罚。应当说,检察机关相对不起诉裁量权的合理运用对"醉驾"案件程序分流而言发挥了积极作用,可以使行为人免受定罪处理,摆脱刑罚的附随后果,充分兼顾了刑法的人道性和谦抑性,取得了较为显著的治理效果。

当然,"醉驾"案件相对不起诉制度的适用也存在一定的问题,主要体现在两个方面。其一,各地"醉驾"规范的标准迥异,不起诉裁量权在"醉驾"案件中的适用出现严重不平衡。在各地的规范性文件中,一个较为显著的问题是,关于"血液酒精含量标准""道路""机动车""缓刑标准"等的相关规范并不统一,甚至存在较大差别。在不起诉层面最为关键的就是血液酒精含量,囿于我国地方各地的经济文化水平参差不齐,血液酒精含量标准存在差异也是必然情况,甚至一个地区在不同时期的不起诉血液酒精含量标准也存在差异。但如此差异就会导致在全国范围内出现"同案不同判"的现象,影响法的公平公正。其二,存在"一放了之"的问题,缺乏惩戒、矫正及教育改造的随附机制,同时与行政监督管理的衔接也不够通畅。在适用"醉驾"相对不起诉的案件中,检察机关往往只对行为人进行训诫、责令具结悔过、赔礼道歉等,并没有设定矫正及教育改造等随附机制,导致行为人产生犯罪也没有过多影响之思维,增加"醉驾"犯罪的再犯风险。此外,当前检察机关与行政机关关于不起诉之后的行政监管措施的衔接也不够通畅,这就会导致在无罪处理后,"醉驾"者竟然不被处以任何的罚款、行政拘留或者吊销驾驶执照的行政处罚,这显然不符合"醉驾"治理现代化理念。

其次,"醉驾"案件中附条件不起诉制度的探索。为克服对"醉驾"行为人适用相对不起诉所带来的制度困境,"醉驾"治理开始走向一种多元化的协同治理模式。司法实践中,部分检察机关创造性的将附条件不起诉制度运用于"醉驾"案件当中,取得了显著成效。例如,浙江省瑞安市人民检察院开展的"醉驾不起诉+爱心顺风车公益组织服务"治理模式以及福建省福安市人民检察机关创立的"醉驾不起诉+交通志愿服务考察机制"治理模式。区别于传统刑事司法犯罪控制模式主要强调惩罚功能,此类附加条件的不起诉制度,能够广泛调动多方主体和社会资源共同参与犯罪治理,有利于协调参与各方利益关系,可以对犯罪行为人起到特殊预防、复归社会和惩罚性等功能,对被害人和社区起到修复性、一般预防和公益性等功能,对国家起到诉讼经济、整合犯罪治理体系、维护特殊利益等功能。附条件不起诉制度所能承载的多元功能契合了我国轻罪治理模式的转型。当然,附条件不起诉制度的上述多元功能之间有时会存在冲突,应根据一定的功能优位关系进行权衡,以达到犯罪治理效果的最优化。可以从几个方面作为权衡选择的参考。其一,犯罪治理理念的核心关切是犯罪预防,故应将对行为人的特殊预防作为制度首要追求功能;其二,惩罚性和一般预防并非制度首要追求的功能,而是为了避免不起诉决定导致的罪行与责任失调而配备的调整性功能;其三,诉讼经济、整合犯罪治理体系、公益性功能同样并非附条件不起诉首要并积极追求的功能,只能作为制度运行的附属功能。

第二篇

问题篇

问题意识是法学研究的基础，是法学研究得以展开的前提。以问题意识为导向，才能体现法学理论研究对法治实践的敏感度及涵摄力。"醉驾"治理的研究以此为基础，才能真正构建符合中国特色"醉驾"治理的制度体系。因此，在分析基本原理之后，问题篇重点关注"醉驾"治理中的诸多具体问题。本篇包括四个方面的内容，即"醉驾"行为治理的实践情况、"醉驾"行为治理的实体问题、"醉驾"行为治理的程序问题以及"醉驾"行为治理的综合问题。实践情况一章，收集了相关实践案例，继而从入罪与量刑两个维度展开考察和评析。实体问题一章，重点从入罪标准、"但书"条款的适用、缓刑与免刑的适用以及刑行治理衔接等几个方面，对相关问题展开讨论。程序问题一章，重点关注强制措施适用、司法证明问题、程序简化问题以及行政与刑事处理的程序衔接问题。综合问题分析一章，是在肯定以往对"醉驾"治理成效的基础上，对其治理的边际效应及存在的隐患进行分析，并审视当下逐渐变化中的"醉驾"治理情况。总的来说，本篇主要聚焦于我国当前"醉驾"治理方式之问题，梳理现实问题并探讨原因，这也是后文对策研究之前提。

第四章 "醉驾"行为治理的实践情况

"醉驾"入刑10余年来,通过刑事手段积极治理醉驾犯罪,在积累了大量的司法实践经验的同时,也暴露出了规范与实践方面的诸多问题,反映了司法工作面临制度与观念的新旧碰撞。本章以公开的数据以及具有典型性的案例和地方实践调研获取的相关典型案例为研究对象,从司法实践的角度,重点对"醉驾"实践中入罪以及量刑问题展开分析和讨论。

在"醉驾"的入罪层面,问题集中表现在几个方面,即罪名适用方面,主要是故意与过失和危险驾驶罪与其他犯罪关系的认定问题;道路与电动车属性的认定问题,是实践中表现更为明显且具体的问题,因其直接影响罪行成立与否的判断,因此在实践中常常是争议之焦点;当下判断"醉酒"状态的单一评价客观标准的合理性问题,则是特别需要反思的问题。

在"醉驾"的量刑层面,集中表现在共犯认定、自首认定以及缓刑和免予刑事处罚的适用三个方面。共犯认定层面的主要问题是,不仅车辆所有者、同乘者、劝酒者等均有可能构成共犯,而且构成"醉酒"型危险驾驶罪共犯的前提是共犯行为人必须存在共同犯罪的通谋及客观上的实行行为;在自首认定当中,应当明确"醉驾"型危险驾驶罪的基本犯为醉驾,如实供述醉驾行为即如实供述了基本犯的主要犯罪事实;危险驾驶罪的缓刑与免予处罚适用并没有具体规定,多采取犯罪情节较轻、主观恶性较小、被告人认罪悔罪、没有交通事故或者事故后果不严重等理由,主要是从行为人的主观层面来表示其醉驾意愿的恶性程度的大小。

第一节　实践案例来源及评析

"醉驾"入刑后不久,我国"醉驾"型危险驾驶罪的案件呈现不断上升的态势,自2019年开始,危险驾驶案件超越盗窃案件,在全部一审刑事案件的占比中位列第一(约24.6%),数量为31.9万件,比排在第二位的盗窃案件多11.1万件,比排在第三位的故意伤害案件多22.2万件。[①] 以"危险驾驶罪"为关键词在"北大法宝法律数据库"检索并经过人工筛选,查询到相关数据和具有典型意义的29件案例(包括指导案例、典型案例、公报案例、参阅案例、参考案例)[②],并结合课题组在温州市检察机关调研获取的相关典型案例,我们最终选取了37个"醉驾"案件作为分析样本(详见表一、表二),对目前"醉驾"入刑的司法实践状况以及存在的问题进行分析。

[①]　参见敦宁:《醉驾治理的司法困境及其破解之策》,载《法商研究》2021年第4期。
[②]　数据来源:北大法宝法律数据库,https://www.pkulaw.com/case? Keywords=%E9%86%89%E9%A9%BE+%E5%8D%B1%E9%99%A9%E9%A9%BE%E9%A9%B6&SearchKeywordType=Title&M;小包公智能类案检索,https://www.xiaobaogong.com/home.html#/case/result,2023年5月7日访问。

表一　法律案例数据库获取案例

案件名称	酒精含量 mg/mL	伤亡情况	案发时间	案发地点	一审判决	二审判决	有无逃逸	量刑情节	案件争点
黎景全以危险方法危害公共安全案	369.9	二死一伤	2006.9.16	佛山	死刑	无期徒刑		认罪态度好	二次冲撞过的认定 /主观罪过的认定
孙伟铭以危险方法危害公共安全案	135.8	四死一伤	2008.5.28	成都	死刑	无期徒刑	有	无证驾驶	主观罪过的认定/重复危害行为
李井强、朱家亮以危险方法危害公共安全罪	100	一死四伤	2011.1.15	涟水	李有期徒刑13年/朱有期徒刑10年			李自首,朱认罪	甄别罪名/共犯的认定/二次撞击
黄建忠危险驾驶案	143		2011.5.1	苏州	拘役1个月并处罚金			他人报警,留在现场	自动投案的认定
王树宝危险驾驶案	140.5		2011.5.1	南京	拘役2个月并处罚金				未当场查获被告人醉驾且"零口供"
罗代智危险驾驶案	193.2		2011.5.15	北海	拘役5个月并处罚金		有	拒不承认/取得被害人谅解	量刑的把握

续表

案件名称	酒精含量 mg/mL	伤亡情况	案发时间	案发地点	一审判决	二审判决	有无逃逸	量刑情节	案件争点
廖开田危险驾驶罪	大于300		2011.6.11	上思	拘役3个月并处罚金	维持原判		挪车	在开放式管理的小区道路挪车
谢忠德危险驾驶罪	144.7		2011.7.11	北京	拘役2个月并处罚金			自首	农村的乡间小道
吴晓明危险驾驶罪	89.4		2011.7.27	深圳	免于刑事处罚			凌晨	情急之下醉酒驾车
魏海涛危险驾驶罪	96		2011.7.4	秦皇岛	拘役1个月并处罚金	拘役1个月缓刑2个月并处罚金		案发前夜喝酒/大雾天/取得对方谅解	缓刑的适用
张长友危险驾驶案	154.4		2012.1.25	杭州	拘役2个月15日并处罚金	无		自愿认罪	超标电动自行车
唐浩彬危险驾驶罪	206.7		2012.10.28	重庆	拘役4个月并处罚金	发回重审（撤诉）			醉酒后挪车
林某危险驾驶罪	179		2012.10.4		拘役2个月并处罚金				超标电动自行车

续表

案件名称	酒精含量 mg/mL	伤亡情况	案发时间	案发地点	一审判决	二审判决	有无逃逸	量刑情节	案件争点
孙林海危险驾驶罪案	161		2012.12.27	无锡	拘役2个月并处罚金	维持原判	有	拒绝配合并阻挠	阻挠酒精检测的醉酒状态认定/瑕疵证据
于岗妨害公务、危险驾驶案	206		2012.12.8	无锡	拘役6个月并处罚金				拒不配合检查行为的罪数判断
郑帮巧危险驾驶案	105.5		2012.8.17	重庆	免予刑事处罚			自己重伤	单纯的自损行为
陈茂跃危险驾驶罪	106.5（呼气）		2013.6.5	温州	拘役2个月15日并处罚金	维持原判		将血液标本调换污染	仅有呼气酒精测试结果
徐俊响危险驾驶案	217		2014.12.27	台州	拘役3个月并处罚金			认罪态度较好	自首
温明志、李正平等交通肇事案	116.1、87.2	四死一伤	2014.6.11	重庆	温有期徒刑5年/李有期徒刑3年缓刑4年		有		主观罪过的认定，区分交通肇事罪和危险驾驶罪
罗泽胜危险驾驶案	97.2		2015.10.29	重庆	拘役2个月缓刑3个月并处罚金		有	自愿认罪	"醉驾"逃逸后又自首

续表

案件名称	酒精含量 mg/mL	伤亡情况	案发时间	案发地点	一审判决	二审判决	有无逃逸	量刑情节	案件争点
吴卫东危险驾驶案	106		2015.9.16	东台	拘役1个月缓刑2个月并处罚金	维持原判		坦白	含有酒精的药水致使醉酒
张晓堤危险驾驶案	153.4		2016.11.18	深圳	拘役2个月并处罚金	维持原判	有	被害人出具谅解书	量刑
浙江衢州中院裁定祝云危险驾驶案	173（呼气）		2016.9.3	江山	拘役3个月并处罚金	发回重审（撤诉）			血液样本送检时，仅靠呼气结果
郑谰寻衅滋事案	204		2017.1.14	北京	以危险方法危害公共安全，有期徒刑3年	改判寻衅滋事，有期徒刑2年		取得被害人谅解	醉酒后强驾他人车辆引发事故的行为认定
江文祥危险驾驶案	152		2017.8.12	宜兴	拘役1个月15日并处罚金	维持原判		无证驾驶	无证驾驶行为与醉驾
陈祖勇危险驾驶案	223		2018.12.7	江阴	紧急避险，不负刑事责任				为送亲属就医"醉驾"的紧急避险
黄开雄、林丽虎等危险驾驶案	134.7		2019.7.31	广州	黄拘役1个月/林拘役1个月缓刑2个月并处罚金	纠正黄刑期，扣除实际已羁押为19日		认罪认罚	共犯的认定/行政处罚与刑事处罚的折抵

表二　温州市检察机关调研获取的典型案例①

案件名称	酒精含量 mg/mL	案发时间	案发地点	处理结果	案件争点
陈某某危险驾驶案	188	2022.7.11	C县		无证微型客车认定及量刑
兰某某危险驾驶案	127	2022.3.16	L市	不构成危险驾驶罪	叉车是否属机动车辆
郑某某危险驾驶罪	126（呼气），148	2020.4.13	Y县	存疑不诉	停车期间喝酒，驾车时未达到标准
黄某某危险驾驶案	275	2021.6.10	L市	以危险驾驶罪起诉	隔夜酒的醉酒驾驶行为
黄某某危险驾驶案	119（呼气），160	2022.8.8	O区	构成危险驾驶罪，不起诉	尚未驾驶到道路上的醉酒行为是否构成危险驾驶罪
赵某某危险驾驶案	223			成立共犯，追诉林某某危险驾驶罪	教唆"醉驾"行为是否构成危险驾驶罪
林某某危险驾驶案	291	2022.11.16	C县	成立共犯，追诉曾某某危险驾驶罪	同车人员在旁指挥是否构成共犯
尤某某危险驾驶案	168	2022.8.27		以危险驾驶罪起诉	"醉驾"顶包行为能否作不起诉或缓刑处理
丙某危险驾驶案	85				"醉驾"逃逸的认定
A某危险驾驶案	85	2020.11.6			"醉驾"案件的刑行衔接问题

① 因地方调研获取案例部分信息尚未公开，部分案例情况未知，因此对案例部分信息内容作不公开处理。

表一的内容主要是已公开的典型案例,以"黎景全醉酒驾车案"和"孙伟铭醉酒驾车案"作为考察起点,以醉驾入刑前后的实践案例为重点对象,主要分析"醉驾"刚入刑时存在的问题。以近5年的"醉驾"案件办理中存在的司法实践难点进行收尾。表二的内容主要聚焦于地方的司法实践,尤其是检察机关办理"醉驾"案件的相关情况。通过对这37个案例进行社会识别和学术识别,其中涉及"醉驾"认定相关的有12件,与机动车认定相关的有4件,与酒精测试相关的有5件,与量刑相关的有11件,与刑行衔接问题相关的1件。由这些梳理可以发现,在"醉驾"案件中可能产生争议的大部分集中于这几个方面的问题。因此,下文将从定罪与量刑的几个典型问题对此进行具体分析。

第二节 "醉驾"入罪问题的案例研析

通过对上述案例的综合考察分析,从入罪的角度来看,主要聚焦几个方面。即罪名的适用、道路的认定、超标电动自行车的属性认定以及醉酒标准及醉酒证据的适用这几个方面的问题。下文将结合上述案例的具体情况,对"醉驾"入罪的相关问题展开分析讨论。

一、罪名适用的相关问题

根据我国国家质量监督检验检疫局发布的《车辆驾驶人员血液、呼气酒精含量阈值与检验》(GB 19522—2010)的规定:"饮酒驾车是指车辆驾驶人员血液中的酒精含量大于或者等于20mg/100mL,小于80mg/100mL的驾驶行为;醉酒驾车是指车辆驾驶人员血液中的酒精含量大于或者等于80mg/100mL的驾驶行为。"2011年5月1日《刑法修正案(八)》正式实施后,将醉酒驾驶机动车行为以危险驾驶罪追究刑事责任,意味着醉酒驾驶机动车即使没有造成严重后果也被提升为由刑法调整的行为。

  学界对于本罪的主观罪过主要集中在故意与过失之争,折中说和严格责任的呼声甚微。有学者认为"醉驾"型危险驾驶罪之主观罪过为故意,即明知自己饮酒后不能安全驾驶机动车而依然驾驶,对公共安全法益受侵害的危险性持希望或放任的态度。拟制的间接故意,即根据"醉驾"造成法益侵害危险的盖然性,只要行为人对"醉驾"有认识,就推定行为人对法益侵害的危险性持放任态度,从而认定间接故意。也有观点认为对"醉驾"型危险驾驶罪的主观构成要件的判断要区分存在论的认定与规范论的评价,无论存在论范畴内的"醉驾"是处于故意还是处于过失的心理事实,都应规范地统一评价为过失。① 还有学者认为,在间接故意与自信过失之间还存在一个中间状态,即在考察行为人对危险结果的意欲因素存在灰色地带。② 同时《刑法修正案(八)》又规定:"醉酒驾驶机动车又构成其他犯罪的,依照处罚较重的规定定罪处罚。"这意味着如果醉酒驾车肇事的,根据行为人的主观罪过,可能成立交通肇事罪或者以危险方法危害公共安全罪。

  关于危险驾驶罪与其他犯罪的关系,目前在司法实务中存在诸多分歧。以温明志、李正平交通肇事罪为例,司法判决是将交通肇事作为危险驾驶的加重结果进行认定:"李正平明知温明志醉酒且无驾驶证的情况下仍将车倒出并交予温明志驾驶,系故意为温明志危险驾驶提供帮助的行为,与温明志构成危险驾驶罪的共犯。同时,温明志的过失行为造成重大交通事故,发生了危险驾驶外的重结果,且这一结果与李正平的帮助行为存在因果联系。故二人本应构成危险驾驶罪结果加重犯的共犯,只是对于危险驾驶罪的结果加重犯而言,我国《刑法》将其另设置为

---

  ① 参见梁根林:《"醉驾"入刑后的定罪困扰与省思》,载《法学》2013年第2期。
  ② 参见徐苗:《"醉驾型"危险驾驶罪之主观罪过研究》,载《中南大学学报(社会科学版)》2013年第2期。

交通肇事罪这一罪名,故最终李正平亦构成交通肇事罪。"①而在李井强、朱家亮以危险方法危害公共安全罪的判罚中,情况又不一样,"李井强首次撞伤三人后,无视其先行为义务而置被撞人员安危于不顾,仍继续驾车企图离开现场,继而撞向路边小店,致一死亡一重伤,说明其心态非为轻信能够避免危害结果的发生,而主观上是对不特定多数人的生命、健康或重大财产的危害结果持放任态度,即具有危害公共安全的间接故意。因此,其行为已构成以危险方法危害公共安全罪。"②由此可见,交通肇事罪与以危险方法危害公共安全罪的一个主要区分是过失与故意。那么,基于醉酒驾驶行为造成的危害结果的心态又该如何认定?

以现有的"醉驾"型危险驾驶罪来讲,其本应属于抽象危险犯的概念,即有醉驾行为就被立法推定为危险状态已经存在。如果不对此进行限缩或者允许反证,行为人的醉酒行为就是明知自己醉酒驾车会对公共安全造成威胁,而由此造成的后果应为间接故意所致,即在"醉驾"型危险驾驶罪的基础上加重的只可能是以危险方法危害公共安全罪而不可能是交通肇事罪。醉酒驾驶和酒后驾驶的区别在于醉酒是大量饮酒所致的精神障碍③,酒后驾驶还可能有预见危险后果但过于自信的过失,但从饮酒变醉酒这一过程已经是从过于自信的过失转向放任危险的间接故意,在放任醉酒的基础上危险驾驶的行为仅仅用过失实属不妥。但是全部认定以危险方法危害公共安全罪是否合理呢?我们认为,危险驾驶罪的拟制间接故意相当于一个维度,当普通的"醉驾"造成交通事故与"醉驾"故意驾车杀人和酒后驾驶造成重大事故放在一起,对此难以把

---

① 参见胡胜:《温明志等交通肇事案——车主纵容他人醉酒驾驶发生事故构成交通肇事罪》,载《人民司法案例》2017年第5期。
② 参见马作彪:《李井强等以危险方法危害公共安全案——指使醉驾者逃逸危害公共安全构成以危险方法危害公共安全罪共犯》,载《人民司法案例》2011年第18期。
③ 此处所讨论的醉酒为通常意义上的生理性醉酒,病理性醉酒和酒精依赖不在讨论范围内。

握。如果要成立"醉驾"型危险驾驶罪的交通肇事罪,就要有过失存在的空间,需要对目前的"醉驾"型危险驾驶罪的抽象危险概念进行限缩,将"醉驾"行为并非一律都构成犯罪作为出罪的路径,可以以《刑法》第13条"但书"为出罪依据,"立法者已经根据'但书'的指引,以暗示罪量要素的方式,将罪量要素规定在法条之中"。① 或者对"抽象危险"作一种实质判断,可以依据"但书"规定对本罪保护的客体作实质解释并允许反证,对有优势证据证明没有法益侵害危险的"醉驾"予以出罪化。②

二、道路认定的相关问题

最高人民法院、最高人民检察院和公安部在2013年联合发布的《关于办理醉酒驾驶机动车刑事案件适用法律若干问题的意见》指出,前款规定的"道路""机动车"适用《道路交通安全法》的有关规定。而在《道路交通安全法》中第119条对"道路"的定义是"公路、城市道路和虽在单位管辖范围但允许社会机动车通行的地方,包括广场、公共停车场等用于公众通行的场所"。

由此可见,对道路的含义更多的是强调"公共"属性,即使是在单位管辖范围内只要允许社会机动车通行也是符合"公共"属性的,因此像廖开田危险驾驶案中的开放式小区和谢忠德危险驾驶案中的乡间小道,都符合对道路的定义。谢忠德一案中北京市公安局顺义分局交通支队为"公共性"出具了相关证明,"谢忠德危险驾驶案发地为空旷地,可以通行社会车辆,根据《道路交通安全法》第119条第1项的规定,符合道路的范畴"。③ 在调研实践中,也存在关于停车场酒驾的认定,以黄某某危险

---

① 参见梁根林:《"醉驾"入刑后的定罪困扰与省思》,载《法学》2013年第2期。
② 参见徐苗:《"醉驾一律入罪"的出罪路径探析》,载《武汉科技大学学报(人文社科版)》2013年第2期。
③ 参见温小洁:《谢忠德危险驾驶案——对危险驾驶罪状中的"道路"如何理解》,载《刑事审判参考》2012年第2集·总第85集,法律出版社2012年版。

驾驶案为例,其主观上想驶出停车场,因出口有交警巡查,遂予以放弃,对于这种尚未驾驶到道路上的醉酒行为是否构成危险驾驶罪的判定存在两种观点。一种观点认为,不构成危险驾驶罪。2019年浙江省公检法机关发布的《关于办理"醉驾"案件若干问题的会议纪要》规定:"醉酒在公共停车场等公众通行的场所挪动车位的,不属于刑法第133条之1规定的"在道路上醉酒驾驶机动车"。根据《道路交通安全法》,虽然公共停车场属于"道路"的范畴,但是该会议纪要将醉酒在公共停车场挪动车位的行为评价为情节显著轻微,危害不大的情形,不认定为犯罪行为。结合本案,黄某某主观上是要驶出停车场后上路驾驶,但由于客观不能而放弃这一想法;客观上黄某某的行为与醉酒在公共停车场内挪动车位的外在表现一致。黄某某的行为也应当属于情节显著轻微,危害不大的情形,不应当作犯罪处理,更符合会议纪要的精神和刑法的谦抑性。另一种观点则认为,构成危险驾驶罪。依据《道路交通安全法》关于"道路"的规定,其包括广场、公共停车场等用于通行的场所。结合本案,黄某某主观上想驶出停车场后继续在道路上驾驶,但因发现交警并未驶离停车场,与浙江省公检法机关会议纪要规定的不属于"在道路上醉酒驾驶机动车"的情形不同,应当认定黄某某构成危险驾驶罪,但犯罪情节轻微,可作相对不起诉。

那么,如何证明"道路"的"公共性"?例如,人烟稀少的乡村,往往一条泥泞的小道尽头只有一两户人家,平时也仅这两户人家通行,那么它是否具有"公共属性",考虑到可能会有走亲访友的情况发生,是否需要对具体情节进行区分,还是说"走的多了都是路"?再比如,2016年中共中央、国务院发布了《关于进一步加强城市规划建设管理工作的若干意见》,提出"原则上不再建设封闭住宅小区。已建成的住宅小区和单位大院要逐步打开,实现内部道路公共化"。内部道路公共化意味着公共性和非公共性双重属性,那么半开放半封闭式的小区道路该如何认定,有的小区采取登记车牌号,有的采取受访业主同意,有的缴纳停车费用即可,走亲访友的有特定目标和范围,那么登记车牌号的外卖及快递车辆是否属于社会车辆通行?换言之,"醉驾"案件发生时双重属性是否需要具体区分?我们认为,无论是乡间小道还是半封闭式小区,只要是道路就有其公共范围界定,应当在边界处进行明示。

三、电动车认定的相关问题

《道路交通安全法》第119条第3款规定:"机动车是指以动力装置驱动或者牵引,上道路行驶的供人员乘用或者用于运送物品以及进行工程专项作业的轮式车辆。"常见的机动车有汽车、摩托车、拖拉机等。同时,该条第4款还规定:"非机动车是指以人力或者畜力驱动,上道路行驶的交通工具,以及虽有动力装置驱动但设计最高时速、空车质量、外形尺寸符合有关国家标准的残疾人机动轮椅车、电动自行车等交通工具。"国家标准《电动自行车安全技术规范》(GB 17761—2018)(以下简称"电动自行车国标")规定,电驱动行驶时,最高设计车速不超过25km/h;电助动行驶时,车速超过25km/h,电动机不得提供动力输出;装配完整的电动自行车的整车质量小于或等于55kg。目前,电动自行车在日常生活中十分普遍,生产厂家在出厂时都会安装限速装置,但是这一限速装置可以进行拆卸,甚至有销售人员在出售电动自行车时以此作为卖点,买车附送拆卸服务。而超速电动自行车在速度的危险性上与摩托车无异,如果还超重,与轻便摩托车并没有质的区别。

在调研的司法实践中,还存在关于无证微型客车及叉车的认定问题。例如在陈某某危险驾驶案中,陈某某驾驶的是无号牌、无车架号码、无电机号码的微型客车。根据《机动车运行安全技术条件》(国家标准GB 7258—2017)的规定,电动汽车是指纯电动汽车、混合动力(电动)汽车和燃料电池电动汽车的总称。国家标准《电动汽车术语》(GB/T 19596—2017)对纯电动汽车的定义为,电动机的驱动电能来源于车载可充电储电池或其他能量储存装置。本案应纳入机动车管理范畴,其操作类似于小型汽车自动挡。另据公共安全行业标准《道路交通管理 机动车类型》（GA 802—2019）对微型载客汽车的定义，车长小于或等于3500mm且内燃机气缸总排量小于或等于1000mL（对纯电动汽车为驱动电机总峰值功率小于或等于15kW）的载客汽车。该车符合上述微型载客汽车定义要求，故其车辆类型为微型客车。又如，在兰某某危险驾驶案中，兰某某酒后驾驶一辆无牌叉车。但根据国家质量监督检验检疫总局、中国国家标准化管理委员会发布的国家标准《机动车运行安全技术条件》（GB 7258—2017）的规定，叉车不属于道路机动车辆，鉴于其外形和结构的特殊性，不适于在道路上行驶和使用。但《道路交通管理 机动车类型》（GB802—2019）中进一步规定，对叉车等以动力驱动的非道路车辆，上道路行驶发生道路交通事故时，符合《道路交通安全法》中机动车的定义，应认定为机动车，无须确定其车辆类型。本案中，因其未发生交通事故，不能认定叉车属于机动车，故兰某某不构成危险驾驶罪。

因此在司法实践中，电动车的认定属于难题，一种意见认为超标电动自行车属于机动车，因为其危险性达到了危险驾驶罪所规范的危险程度。以张长友危险驾驶案为例，"经浙江出入境检验检疫鉴定所鉴定，被告人张长友驾驶的电动自行车实测车速为30km/h，空载重量为73kg，属于电驱动两轮轻便摩托车类型"，因此"属于机动车范畴，构成危险驾驶罪"。而且"醉驾"型危险驾驶罪所要规范的就是对道路上其他不特定多数人的生命健康和财产安全有较大抽象危险的行为，从目的上来看，就是为了守护道路运输的正常秩序。但是还有一种意见认为，如果将超标电动自行车认定为机动车是对"机动车"概念的扩大解释，也不符合民众的一般认识。将超标电动自行车认定为机动车，是否意味着其可以与摩托车一样行驶在机动车道，对此产生的管理成本、处罚效果可想而知。我们认为，超标电动自行车本身就是一种违规，应从源头解决问题，未来做到和机动车一样的严格生产管理，和改装车一样杜绝超标电动自行车上路。而目前看来，由于超标电动自行车数量不在少数，考虑到行政管理成本、犯罪打击层面和民众对此的违法性认识不强,对超标电动自行车的"醉驾"型危险驾驶罪认定需要综合考虑醉酒程度、电动车鉴定意见以及实害结果等多方面因素。

四、醉酒标准及证据体系的相关问题

在判断醉酒的标准上,目前我国司法实践和理论均采用客观标准说,即"参照普通个人对酒精耐受力大小规定统一的酒精含量阈值"[①]。从追诉的角度来看,采取统一的客观标准可以节约司法资源,而且刑法本身是针对一般案件而非个案,本意还是通过规范对驾驶人员行为予以正确引导。我国的客观标准采取的是绝对标准,即达到80mg/100mL即构成危险驾驶罪。但是这一单一的数值标准的合理性值得商榷。虽然,每个人的酒精耐受度存在差异,有的人一杯啤酒已经出现神志不清,有的人可能半斤白酒还镇定自若。而相关研究表明,从开始摄入酒精时计算,人体内血液中酒精浓度随时间推移呈类似正态分布的样态。在通常情况下(如一次不间断饮酒的情况),饮酒后15~90分钟人体内的血液酒精浓度会达到峰值,此后便随着人体酒精代谢过程逐渐下降。[②] 换句话说,人在驾驶活动时的血液酒精浓度与被检测时的血液酒精浓度是不一致的,可能是处于峰值,也可能是回落状态。对于烂醉如泥的行为人来说没有什么大的影响,但是对于在80mg/100mL临界值的行为人来说无疑是两重天。例如在调研中发现,郑某某危险驾驶罪案件就较为典型。郑某某酒精呼气检测为126mg/100mL,经理化检验,郑某某的血液中检出乙醇成分,其含量为148mg/100mL。但嫌疑人辩解其在停车时又喝了白酒,前面驾车时酒精含量未必达到"醉驾"标准。在补充证据均无

---

① 参见郭小亮:《"醉酒型"危险驾驶罪客观方面的基本问题》,载《河南警察学院学报》2014年第2期。
② 参见孔祥承、聂友伦:《醉驾案件中醉酒标准认定之思考》,载《行政与法》2020年第3期。

法直接推翻郑某某在车上有再次饮酒的可能性时,检察机关应作出有利于郑某某的认定,故承办人建议本案作存疑不起诉处理。如此看来,单纯以一个数值来区分"酒驾"和"醉驾",不考虑行为人自身的意识状态,并不妥当。更具合理性的判断,可考虑采取绝对标准和相对标准相结合的方式,如现场呼气检测达到醉驾数值,立即对行为人进行现场清醒测试,包括单腿站立、直行转弯等,再进行血液测试等综合方式,以确定其是否属于"醉驾"。

除了酒精类饮料外,日常生活中还存在一些水果、食物、药品等,行为人食用后可能会因为生化反应使得其血液酒精含量在不知情的情况下达到醉驾标准。如吴卫东危险驾驶案中,其两次血样中检出乙醇含量分别为121mg/100mL、106mg/100mL,对此辩护人意见主要为"案发当天喝了含有乙醇的藿香正气水",而法院审理认为,"本案中有证据证实吴卫东案发当天中午饮酒,当晚被民警查获……其辩解当天服用了含有乙醇的藿香正气水,根据刑法规定、立法原意、相关司法文件规定及精神,不影响对其以危险驾驶罪定罪处罚"。如果吴卫东当天并未饮酒,仅服用藿香正气水导致体内乙醇浓度超值,能否构成危险驾驶罪?在基本常识范畴内,对含有酒精的食物应认定明知,但是服用量和血液酒精浓度的换算需要进行鉴定,像名字中就带有"酒""醉""糟"等字眼的酒水和食物,以及特定场所(酒吧)售卖的饮料(长岛冰茶、爱尔兰咖啡等)。而对于藿香正气水、蛋黄派、荔枝等日常生活中并不留意但确有乙醇成分的,需要根据具体案件情况分析其明知与否,呼气测试结果如果超标可以进行血液酒精浓度检测。

此外,《关于公安机关办理醉酒驾驶机动车犯罪案件的指导意见》(以下简称《指导意见》)规定:"对涉嫌醉酒驾驶机动车、当事人对呼气酒精测试结果有异议,或者拒绝配合呼气酒精测试等方法测试以及涉嫌饮酒后、醉酒驾驶机动车发生交通事故的,应当立即提取血样检验血液酒精含量。"《指导意见》还规定:"当事人经呼气酒精测试达到醉酒驾驶机动车标准,在提取血样前脱逃的,应当以呼气酒精含量为依据立案侦查。犯罪嫌疑人在公安机关依法检查时,为逃避法律追究,在呼气酒精含量检验或者抽取血样前又饮酒,经检验其血液酒精含量达到本意见第一条规定的醉酒标准的,应当认定为醉酒。"由此可见,单独呼气酒精测试结果只能作为"醉驾"案立案侦查依据而非定案证据使用;单独血液酒精含量测试结果可以作为定罪证据使用,且并不违反《刑事诉讼法》中孤证不立原则,但其客观性与合法性必须经过排除合理怀疑;既无呼气酒精测试也无血液酒精含量测试结果时,仅凭旁证不能认定"醉驾"犯罪成立。① 那么在没有血液样本仅有呼气测试结果的情况下,该如何认定"醉驾"型危险驾驶罪?以陈茂跃危险驾驶案为例,"被告人陈茂跃授意其亲属帮助其逃避处罚,将待检血样调包,从而导致血液酒精测试结果失效,应当承当程序上的不利后果——呼气酒精测试结果取代血液酒精测试结果作为认定醉驾酒精含量的定罪证据使用"②,换言之,如果因为"醉驾"行为人之过错,而导致无法取得酒精测试结果的情况下,呼气酒精测试结果能够取代血液酒精测试结果作为认定醉驾酒精含量的定罪证据使用。而在孙林海危险驾驶案中,孙林海拒绝配合执法并阻挠呼气测试,呼气酒精含量检验结果证明孙林海具有醉酒驾驶的嫌疑,此时孙林海即具有配合交警完成相关侦查工作的义务,但其却逃跑了,并辩称逃跑过程中又喝酒御寒,其再次饮酒后的不利后果也应由本人承担,即随后进行的血液酒精含量检验仍然可以作为证据,用以证明行为人构成危险驾驶罪。③ 而王树宝危险驾驶案与前两个相比又有不同,尽管血液酒

---

① 参见刘艳红:《醉酒犯罪血液酒精含量鉴定证据客观性与合法性之判断》,载《法学论坛》2014 年第 5 期。
② 参见夏宁安:《醉驾人过错导致血液酒精测试结果缺失时呼气酒精测试结果的证据效力》,载《人民司法案例》2013 年第 24 期。
③ 参见徐振华等:《孙林海危险驾驶案——行为人拒绝配合交警进行酒精检测情形下的司法认定》,载《刑事审判参考》2014 年第 2 集·总第 97 集,法律出版社 2014 年版。

精含量鉴定为140mg/100mL,但是王树宝辩称,其在停车之后才到附近摊点喝酒,酒后也未驾驶机动车,其行为不构成犯罪。对未当场查获"醉驾"且"零口供"的案件,此时仅凭血液酒精浓度并不能形成完整的证据链,本案中虽然没有当场查获,但是有多名目击证人及车辆定位系统等证据补充形成完整的证据链。

我们认为,在"醉驾"型危险驾驶案件中,血液酒精浓度无疑是定罪的重要证据,但这仅仅能证明检测时行为人处在"醉酒"状态,还需要结合该状态下有"驾驶"的证据,如道路临时检查、交通事故发生后报警等执法仪的记录、车辆自身的行车记录仪、相关目击证人证言等。有一种可能,即如果血液酒精浓度证据存在瑕疵,但对结果的实质性没有太大影响的,可以对瑕疵证据进行补正和说明,并不影响对醉酒状态的认定。如陈茂跃危险驾驶案中检材虽然过期但是鉴定意见表明结果仍然可用,或者孙林海危险驾驶案中血液样本在送检记录上存在矛盾,进行补正后对结果没有影响。还有一种可能,血液酒精浓度证据被污染或者不存在,根据具体情况进行分析:如果被污染是因为行为人的阻挠,应由其承担不利后果,结合酒精呼气结果推定其为醉驾;如果是侦查机关自身导致忘记或者超过期限做的血液酒精浓度测试,仅有呼气结果测试并不能作为定罪依据,应当结合其他证据做到"案件事实清楚、证据确实充分",对行为人进行处罚或者"疑罪从无"。

第三节 "醉驾"量刑问题的案例研析

在《刑法修正案(八)》出台前,虽然"醉驾"但没有造成实质性侵害后果的行为一般被认定为交通违法行为,其制裁措施多为拘留、吊销驾驶证或者罚款。"醉驾"入刑是我国在"酒驾""醉驾"肇事案件多发、频发背景下采取的重要立法举措,被认为既体现了我国严惩醉驾的法律精神,也体现了宽严相济的刑事政策精神——入刑体现了"重重",对其最低刑罚配置拘役刑,体现了"轻轻"。《关于常见犯罪的量刑指导意见(二)(试行)》中关于危险驾驶罪的量刑意见指出,司法机关在处理醉酒驾驶案件时,应当全面考量案件发生时,行为人的醉酒程度、所驾驶机动车类型、车辆行驶道路、行车速度、是否造成实际损害以及认罪悔罪等情况,准确定罪量刑。在目前司法实践中,"醉驾"案件认罪认罚适用较多,选取的37个案件中仅有两例案件行为人拒不承认(罗代智案、孙林海案)"醉驾"犯罪,其余均因悔罪、认罪、自首、坦白等不同情节适用从宽从轻处罚,因此本部分主要关注以下几个与量刑相关的问题,即共犯的认定、自首的认定和缓刑及免予刑事处罚的适用。

一、危险驾驶罪共犯认定的相关问题

醉酒驾驶行为虽然为一人所为,但是车辆所有者、同乘者、劝酒者等均有可能构成共犯。构成"醉酒"型危险驾驶罪共同犯罪的前提是共犯行为人必须存在共同犯罪的通谋及客观上的实行行为。醉酒危险驾驶罪的共犯有以下情形:第一种是基于教唆引起他人实施醉酒危险驾驶的犯意。第二种是基于帮助而强化他人醉酒危险驾驶的犯意。第三种情形是原驾驶者与实施醉酒驾驶行为人之间系领导或上下级关系,原驾驶者指使或强令对方开车。①

第一种教唆犯,如李井强等以危险方法危害公共安全案中,事故发生后,李井强即刹车减速,被告人朱加亮见状对李井强说:"三哥,赶紧跑。"并指着路右边的水泥路叫李某某开车向南逃跑。可以看出,在第一次撞击事故发生后,李井强已经减速刹车,但朱加亮在一旁的语言教唆使其选择逃逸,并在之后造成了二次撞击事故。如果说第一次碰撞还能理解为过于自信的过失,之后的逃逸及第二次碰撞应当认定为故意,且

---

① 参见龚帆:《醉驾中共同犯罪的认定》,载《人民司法案例》2020年第23期。

有教唆的共同犯罪。又如，在赵某某危险驾驶案中，根据视听资料、被告人赵某的供述、证人张某的证言等证据可以证实林某明知赵某饮酒，发现前方有执勤交警设卡酒驾临检时，要求赵某与其交换位置并驾车，对于上述事实能够做到有确实、充分的证据证实。教唆犯是以劝说、利诱、授意等方法将自己的犯罪意图灌输给本无犯罪意图的人，使他人接受自己的犯罪意图，已到达犯罪的目的。本案中林某明知赵某饮酒，但仍怂恿、授意赵某驾驶机动车，而后赵某驾驶车辆，二人成立危险驾驶的共同犯罪。我们认为，教唆犯不一定是同乘者，但同乘者应当认定为教唆犯。理由如下：由于危险驾驶罪是危险犯，因此作为共犯实施的实行行为，只要客观上增加了构成要件结果的危险即已构成。换句话说，正是由于同乘者的乘坐，使得"醉驾"行为人对醉酒驾驶行为的动机强化。醉酒驾驶行为人与同乘者的关系可以分为：（1）醉驾行为人本身没有驾驶打算，因同乘者的要求而全程"醉驾"的应认定为共犯；（2）"醉驾"行为人已经"醉驾"，途中接送了同乘者，同乘那段可以认定为共犯；（3）先由同乘者驾驶，后由"醉驾"行为人驾驶也应认定为共犯。

第二种帮助犯，如黄开雄等危险驾驶案中，林丽虎明知黄开雄饮酒仍允许其驾驶自己的车辆，对其提供了驾驶工具的帮助。这与郑瀛寻衅滋事案不同，郑瀛醉酒后强驾他人车辆引发的事故，不应当追究车辆所有人的责任。有观点认为，危险驾驶罪是危险犯，作为车辆的所有者不直接醉酒驾驶的，不应作为共犯予以认定，否则打击面过大，有违刑法的谦抑原则。"如果刑法为化解社会的风险而过于扩张甚至突破罪刑法定主义、责任主义等法治刑法的底线，是不可取的。"①对于车辆所有者的责任应当区分看待，如果在实质上是对"醉驾"风险的增加，那么应当认定其为帮助犯。对于驾驶工具的帮助，需要注意两点：一是明知，明知行

---

① 参见陈兴良：《"风险社会"与风险刑法：双重视角的考察》，载《法商研究》2011年第3期。

为人已经处于醉酒状态或者明知行为人即将醉酒驾驶；二是同意，即在明知的情况下仍然同意行为人驾驶自己的车辆。例如在林某某危险驾驶案中即是如此，根据曾某某、林某某的陈述，至少可以认定林某某开始是没有驾驶意图的，是曾某某把他叫醒，并且在曾某某明知对方喝酒的情况下，仍然同意将车辆交由林某某驾驶，对林某某的醉酒驾驶有加强作用。曾某某属于明知林某某系醉酒，有提供车辆及暗示的行为，是林某某醉驾的主要原因，因此，曾某某应当认定为危险驾驶罪的共犯。

二、危险驾驶罪中自首认定的相关问题

《刑法》第67条对自首有较为详尽的规定："犯罪以后自动投案，如实供述自己的罪行的，是自首。对于自首的犯罪分子，可以从轻或者减轻处罚。其中，犯罪较轻的，可以免除处罚。被采取强制措施的犯罪嫌疑人、被告人和正在服刑的罪犯，如实供述司法机关还未掌握的本人其他罪行的，以自首论。犯罪嫌疑人虽不具有前两款规定的自首情节，但是如实供述自己罪行的，可以从轻处罚；因其如实供述自己罪行，避免特别严重后果发生的，可以减轻处罚。"2010年最高人民法院《关于处理自首和立功若干具体问题的意见》（以下简称《自首意见》）中的相关规定列明，犯罪嫌疑人自动投案的种类包括以下两种情形：一种是犯罪后主动报案，虽未表明自己是作案人，但没有逃离现场，在司法机关询问时交代自己罪行的；另一种是明知他人报案而在现场等待，抓捕时无拒捕行为，供认犯罪事实的。

以徐俊响危险驾驶案为例，被告人徐俊响明知他人报警而在现场等候，后被接警赶到的交警传唤到案并如实供述犯罪事实，完全符合自首的情节。司法实践中，关于"醉驾"案件中自首能否成立的争议焦点是在被临时检查且没有发生交通事故的情况下，"醉驾"行为人能否构成自首？我们主张只要行为人没有采取反抗、阻挠，将自己置于司法机关控制之下，并如实供述罪行的可以认定为自首。这里对如实供述自己罪行的概念需要作一个界定,对"醉驾"行为如实供述,但否认逃逸行为的能否构成自首是否适用从宽,又或者在醉驾逃逸后自首的是否应当限制从宽处罚?以罗泽胜危险驾驶案为例,事故发生后,罗泽胜见其子哭闹不止,在与对方协商后,以带其子前往就医为由离开现场,途中见其子无大碍遂在附近农户家休息。后接到民警电话通知自行前往城口县公安局交巡警大队接受调查。法院裁判认为,"'醉驾'型危险驾驶罪案中,当事人必须进行酒精测试。而随着人体的新陈代谢,酒精含量会随着时间的推移而不断降低。此外,也不排除行为人在事故现场之外采取措施人工降低酒精含量之可能。对于醉酒驾驶后借故逃离现场的,即使事后自动投案,在量刑时亦应综合逃离原因以及逃离时间,对被告人限制从宽处罚。"

实际上,"醉驾"型危险驾驶罪的基本犯为"醉驾",如实供述"醉驾"行为即如实供述了基本犯的主要犯罪事实,但逃逸属于加重犯(情节)的主要犯罪事实。按照《自首意见》关于同种数罪的自首规定,要比较"已交代的犯罪事实与未交代的犯罪事实之间的情节轻重或犯罪数额大小"。《刑法》第133条交通肇事罪中,交通肇事的基本犯最高刑是3年,而逃逸的加重犯处3年以上7年以下,逃逸致人死亡的处7年以上有期徒刑。由此也可以看出,如实供述逃逸与否与行为人的量刑有莫大关系。因此,若行为人只供述"醉驾"行为而未供述逃逸行为的,应当认定"基本犯自首",承认基本犯但否认加重构成犯的罪行,属于没有如实供述全部的主要犯罪事实,不是一个完整、全面的自首。[①] 可以对其如实供述部分进行从宽处罚,但对未供述部分要进行限制从宽。

三、危险驾驶罪中缓刑及免予刑事处罚的适用问题

"醉驾"入刑10余年来,已经超越盗窃罪成为第一大罪。对危险驾

---

① 车浩:《车浩评余金平案:基本犯自首、认罪认罚的合指控性与抗诉求刑轻重不明》,载微信公众号"中国法律评论",https://mp.weixin.qq.com/s/ttkmlHiIfdSCf2kQ4UJftg,2020年4月21日访问。

驶罪而言,显然刑罚所针对的并非是危险的结果而是危险的行为,更进一步说,对行为人施以刑罚制裁并非是因为行为人制造了对法益的危险,而是为了阻止行为人(乃至其他人)可能制造这种危险。虽然从理论上讲,人们对"醉驾"是否应当一律入罪存在较大的分歧,但是从司法实践来看,醉驾不必一律入罪早已成为事实。①《关于常见犯罪的量刑指导意见(二)(试行)》中对危险驾驶罪作出明确规范,要求"对于醉酒驾驶机动车的被告人,应当综合考虑被告人的醉酒程度、机动车类型、车辆行驶道路、行车速度、是否造成实际损害以及认罪悔罪等情况,准确定罪量刑。对情节显著轻微危害不大的,不予定罪处罚。犯罪情节轻微不需要判处刑罚的,可以免予刑事处罚"。因此,对醉酒驾驶行为人采取不起诉或免予刑事处罚的无罪处理,有罪处理前提下的缓刑轻刑处理,符合对轻微罪案件进行宽缓化的刑事政策之要求。

司法实践中,对危险驾驶罪的缓刑适用并没有具体规定,多采取犯罪情节较轻、主观恶性较小、被告人认罪悔罪、没有交通事故或者事故后果不严重等理由,主要是从行为人的主观层面来表示其醉驾意愿的恶性小。以魏海涛危险驾驶罪为例,魏海涛属于"隔夜醉驾",且案发时间在凌晨,路上车少人稀,而且魏海涛在发现雾大能见度较低时,为防止发生交通事故而主动停车,体现出其具有防范交通事故危险的主观意愿。再者以陈祖勇危险驾驶罪为例,无锡中院经审查认为,案发时陈祖勇认识到其妻子正在面临生命危险,出于不得已而醉酒驾驶损害另一法益,在必要限度内实施避险行为,构成紧急避险,不负刑事责任。以具体情节来实体出罪,是对当前"醉驾"型危险驾驶罪的冲击,这与立法原意相违背。当然,实践中也有认定恶意较大的情形,例如在尤某某危险驾驶案中,事故发生后,犯罪嫌疑人尤某某电话联系邹某某让其到事故现场报

---

① 从浙江省的司法实践来看,不起诉是醉驾出罪的重要形式之一。参见张芸、孙涓:《醉驾型危险驾驶刑事案件多发原因及司法防控》,载《人民检察》2016年第19期。

警并冒充车辆驾驶员,尤某某此种让他人为其顶包的行为,显示其主观恶性较大,不适宜不诉,并且不适宜缓刑。

全国人大法律委员会在向全国人大常委会的报告中解释说明,"原规定(有情节恶劣的限制)处罚涵盖面太窄,与要求严惩醉驾的民意相违背",如果规定醉驾必须情节恶劣才构成犯罪,那么将误导民众会觉得法律越改越松。但是值得思考的是,"醉驾"入刑已经 10 余年,当初"乱世用重典"严惩醉驾的浪潮已经逐渐平稳,"喝酒不开车,开车不喝酒"基本成为社会共识。在此情况下,"醉驾"一律入刑在实体法上仍然没有出罪路径,实践中"一刀切"的政策又如何"让人民群众在每一项法律制度、每一个执法决定、每一宗司法案件中都感受到公平正义"?我们认为,正如习近平法治思想所要求的"运用法治方式,有效应对挑战、防范风险,综合利用立法、执法、司法等手段开展斗争;强调不断提高运用法治思维和法治方式深化改革、推动发展、化解矛盾、维护稳定、应对风险的能力","醉驾"治理应当防在前、罚其次、刑最后。

除了加强宣传教育,可以采取"酒精锁"进行预防,对酒驾进行严格行政处罚,对进入刑事层面的醉驾行为,需要通过司法适用层面的谦抑性来化解,以《刑法》第 13 条"但书"规定为出口,情节显著轻微危害不大的,不认为是犯罪,从社会危害性上对危险驾驶罪所要保护的法益进行实质解读,对抽象危险犯加以限缩。此外,还要强化"醉驾"治理领域行刑衔接机制。例如,在温州市检察机关的实践调研中,A 某危险驾驶案就显示出"醉驾"案件行刑衔接机制运行不畅问题。A 某在 2020 年 11 月 6 日因醉驾被移送 Y 市人民检察院审查起诉,但在审查其前科劣迹时发现,其曾于 2020 年 6 月"醉酒"驾驶(酒精含量已达 85mg/100mL,已涉嫌"醉驾"但因情节轻微不移送审查起诉),但公安机关未对其作出行政处罚决定,其前科核实证明中显示该起"醉驾"事实为"行政未裁决"。因此办案人员在对其同年 11 月的"醉驾"事实进行量刑时,不能认定其具有"曾因酒后驾驶三年内被追究"的从重处罚情节。经询问公安机关经办人,其称向犯罪嫌疑人发出了违法告知单,要求其15日内自行前往处理,再对其作出行政处罚决定并执行,但若犯罪嫌疑人一直未处理,则该条"未裁决"会一直"高高挂起",公安机关不会进行强制性处理。此种因公安机关未及时对"醉驾"前案撤案后作行政处罚决定,导致在对"醉驾"现案进行量刑时,无法认定其具有"曾因酒后驾驶三年内被追究"的从重处罚情况在实践中时有发生。因此,强化行刑衔接机制也是"醉驾"治理中的重要环节。

第五章 "醉驾"行为治理的实体问题之考量

"醉驾一律入刑"是办理醉驾案件初期实践的基本样态,司法实务人员仅仅凭借驾车人血液中的酒精含量标准即可确定其是否属于"醉驾"犯罪,无须判断"醉驾"行为可能造成的社会危险性的差异,并且几乎一律判处实刑,既排除了《刑法》第13条"但书"规定的适用,有悖于犯罪的实质在于严重的社会危害性的基本原则以及抽象危险犯的基本原理,又无视《刑法》第37条"免刑"规定以及关于缓刑规定的适用,以致使"醉驾"这样的轻微犯罪失去了采用非刑罚方法处理的可能性。"醉驾"行为治理的实体问题因此亟待妥善处理。基于此,本部分主要探讨研究了五个方面的内容,即实质入罪标准、"但书"条款的适用、缓刑与免刑的适用、实体问题之表现以及刑行治理的衔接。

"醉驾"的入罪以血液酒精浓度80mg/100mL作为"一刀切"式的标准,不仅在刑事政策效果上是可疑的,其正当性更是存在疑问。"但书"条款能否在"醉驾"案件中适用存在两种对立的观点,在对两种观点分析解构的基础上,我们认为,规定在《刑法》总则中的"但书"条款当然应适用于作为抽象危险犯的"醉驾"型危险驾驶罪。缓刑与免刑在"醉驾"治理中存在适用率偏低之问题,底层逻辑是醉驾最高刑为拘役,大面积适用缓刑和免刑,可能降低危险驾驶罪条款的威慑力,但根据宽严相济的刑事政策和罪责刑相适应的基本原则,应当给予"醉驾"这种轻微的抽象危险犯相较于其他犯罪更多的宽宥,实现"轻轻重重"。实践中"醉驾"型危险驾驶罪呈现高定罪率、高实刑率及低缓刑和免刑适用率的现象,应予重视。除此之外,实践中还存在被不起诉、免予刑事处罚或不作为犯罪处理的"醉驾"行为人逃避了行政管控的情况,对于刑行衔接不良之问题应当予以高度关注。为避免未予刑事处罚的行为人因此逃脱法网,从而严重影响对"醉驾"行为的严格管控,应在加强刑行衔接的同时,积极考虑对"醉驾"行为引入相应的非刑罚处置方式。

第一节 实质入罪标准:从形式普遍到实质个别

本节所要讨论的主要问题是,根据血液酒精浓度 80mg/100mL 来判断行为人是否醉酒,其合理性与正当性问题。我们认为,80mg/100mL 的入罪标准不仅在刑事政策效果上是可疑的,即经此标准大幅度增加了"醉驾"入刑的数量,而且,从刑事实体法的角度来看,此标准的正当性也存在疑问。这一判断主要基于以下三个理由。

第一,80mg/100mL 这一标准将导致对醉驾中的"醉"和《刑法》第 18 条第 4 款中的"醉"理解不一致。"醉"的表达并非只存在于《刑法》第 133 条之 1 第 2 项之中,还存在于《刑法》第 18 条第 4 款"醉酒的人犯罪,应当负刑事责任"这一规定中。第 4 项"醉酒的人犯罪……"和第 1 项"精神病人"相并列,所言及的情形是共同的,即行为人没有责任能力,无辨认或控制能力。但醉酒的人犯罪在刑法上依旧要被科处刑事责任,理由就是"原因自由行为理论"。虽然行为人在实施犯罪时因醉酒而无辨认或控制能力,但其在饮酒时即实施原因行为时在辨认能力、控制能力上并无瑕疵,故为填补处罚漏洞而应当处罚。基于此可知,《刑法》第 18 条中的"醉酒"是指行为人因饮酒而陷入不能辨认或控制自己行为的状态中。亦即,《刑法》第 18 条中的"醉酒"是一种实质的、个别的判断,指行为人在个案中因酒精而具体陷入到了不能辨认或控制自己行为的状态之中。由此可知,《刑法》总则中的"醉酒"判断并没有采取血液酒精含量80mg/100mL这一普遍的、"一刀切"的标准。如此便会产生疑问，既然总则中的"醉酒"之判断依据为实质的、具体的标准，为何在《刑法》第133条之1第2项中"醉酒"之判断却采取形式的、普遍的标准呢？二者之间存在断裂。

第二，以血液酒精浓度80mg/100mL来界定醉酒，存在违反罪刑法定原则的嫌疑。根据罪刑法定原则，刑法条文、概念的解释不应超出国民的预期可能性，否则便是为法律所不容许的类推解释。那么，普通公民在看到"醉酒驾驶机动车"这一表述时，内心所想到底为何呢？此时出现在人们心目中的形象，恐怕也是某人因饮酒而不能辨认或控制自己行为。对于那些酒量较好，即便血液酒精浓度达至80mg/100mL，却完全没有丧失辨认或控制能力的人，在一般人看来，是无法将其界定为醉酒驾驶机动车的。而对于那些酒量较差，即便血液酒精浓度没有达到80mg/100mL，却已丧失辨认或控制能力的人，以一般人的视角观之，也属醉酒了。所以，如此简单地以血液酒精浓度80mg/100mL来界定醉酒，没有充分考虑到个体在酒精耐受度上的不同，不契合大众的基本认知，因此存在一定正当性疑问。

第三，血液酒精含量80mg/100mL标准还存在刑行界限的合理性问题。这一标准最先源于公安部委托国家有关部门于2004年制定的《车辆驾驶人员血液、呼气酒精含量阀值与检验》中的相关规定，关于"醉驾"的司法解释将其继受过来。如此一来，一个行政处罚的标准一跃成为刑事处罚的标准，这样的做法显然是刑行不分的体现。正如黎宏教授所说，"行政法在维持社会秩序的时候，偏重的是便捷、高效，行政不法多数时候是一种形式违反或者单纯的不服从，所以在醉酒问题上，划定统一标准是正常的，也便于实现禁止醉驾的目的；但刑法在维持社会秩序时，注重保护法益和保障人权的平衡,可以说更多的是偏向后者。"①也就是说,行政法和刑法各有自身的目的,前者更多的关注管理和效率,而后者则要考虑刑法的公平正义。"一刀切"的 80mg/100mL 在行政法上无疑是具有合理性的,方便高效率的管理,但在刑法中则是不妥当的。因为,在个案中完全可能存在的是"车辆驾驶人员每百毫升血液中的酒精含量虽然大于或者等于 80 毫克,但由于行为人的体质对酒精的耐受力强,如果根本不影响其驾驶,也作为危险驾驶罪处理的话,危险驾驶罪的保护法益就不是公共安全,而是禁止醉酒驾驶的行政命令了,这是应当避免的"②。

基于以上理由,我们认为,所谓的"醉"是指因饮酒而不能辨认或控制自己的驾驶行为。醉酒的判断标准应当是个别的、实质的。关键的是,应当具体地判断行为人是否丧失了安全驾驶的能力,故可能存在的是,虽已超过 80mg/100mL,却依旧能够正常驾驶,此时不属于醉酒;虽未达 80mg/100mL,却已陷入不能自控的状态,当然是醉酒。在现阶段"醉驾"数量飙升的司法现状下,结合以上考虑,比较妥帖的做法是:以血液酒精含量 80mg/100mL 为参考,再结合行为人醉驾时的具体事实来加以判断,如当场通过步行回转、单体直立等人体平衡实验来进行评价。假如行为人出现"口齿不清,步态蹒跚"等症状,即便血液酒精含量没有 80mg/100mL 的,也应判定为醉酒;相反,如果酒精含量大于或者等于 80mg,但"口齿清晰,步态正常"等,不宜将其认定为醉酒驾驶。

---

① 参见黎宏:《论抽象危险犯危险判断的经验法则之建构与适用》,载《政治与法律》2013 年第 8 期。

② 同上。

第二节 "醉驾"案件"但书"条款的适用证成

关于"醉驾是否一律定罪"的问题，部分学者援引《刑法》第 13 条"但书"之规定，即"情节显著轻微、危害不大"，作为醉驾型危险驾驶罪的出罪理由。根据此说，醉酒驾驶的行为人（血液浓度达到了 80mg/100mL），依旧有可能因"情节显著轻微、危害不大"而出罪。《关于常见犯罪的量刑指导意见（二）（试行）》也对这一见解表达了支持性态度："对于（醉驾）情节轻微危害不大的，不予定罪处罚；犯罪情节轻微不需要判处刑罚的，可以免予刑事处罚。"2019 年，浙江省公检法机关也针对此出台了具体的规定，其《关于办理"醉驾"案件若干问题的会议纪要》第 2 条规定："酒精含量在 100mg/100mL 以下，且无 8 种从重情节，危害不大的，可以认为是情节显著轻微，不移送审查起诉。"第 3 条规定："醉酒驾驶摩托车，认罪悔罪，符合缓刑适用条件的，可以依法适用缓刑。没有造成他人轻伤及以上后果，认罪悔罪，酒精含量在 200mg/100mL 以下，犯罪情节轻微的，可以不起诉或者免予刑事处罚；其中，酒精含量在 180mg/100mL 以下，危害不大的，可以认为是情节显著轻微，不移送审查起诉。"浙江醉驾新规的出台，引起了不少学者的关注，也招致了不少的批评。本节主要梳理"情节显著轻微、危害不大"在醉驾型危险驾驶罪中适用的反对观点与支持观点，以为之后从规范层面建构和完善"醉驾"行为治理提供智识支持。

一、反对"但书"适用的观点

主张完全拒斥"但书"在醉驾中进行适用的见解，在学界有不小的影响力。主要观点有以下三种。

第一种观点认为，《刑法》第 13 条的"但书"不应是个罪独立的出罪事由。此观点的代表性学者为张明楷教授。他认为:"只能以行为不符合构成要件或者不具备其他犯罪成立条件为由宣告无罪,而不能直接根据'但书'宣告无罪。""犯罪概念不是认定犯罪的具体标准,同样,《刑法》第13条的'但书'也不是宣告无罪的具体标准。"①此观点的核心逻辑是,犯罪构成是定罪的唯一依据,即定罪的充分必要条件:构成犯罪是因为符合犯罪构成,而不构成犯罪则是因为没有充足的犯罪构成。而不能说,某一行为完全符合某一犯罪的犯罪构成,却又因为"情节显著轻微危害不大"而出罪。否则相当于在犯罪构成之外,留了一个出罪的"后门",会使犯罪构成丧失定罪唯一标准的地位。不少学者反对在"醉驾"中适用"但书"条款,所依据的正是上述理由。他们不只是在"醉驾"中反对"情节显著轻微、危害不大"的适用,而是在所有犯罪中都反对"但书"第13条作为独立的出罪理由。例如,梁根林教授提到,在醉驾中"只要能够认定醉驾行为该当在道路上醉酒驾驶机动车构成要件的,除非存在阻却违法或者阻却责任的特定事由,即得认定为危险驾驶罪",而不得一方面承认行为该当"在道路上醉酒驾驶机动车"的构成要件,另一方面又以"情节显著轻微,危害不大"为由对该行为予以出罪。②陈兴良教授也持相类似的见解。其认为"将但书规定作为出罪的总括性根据,存在着遮蔽通过对构成要件、违法性和有责性的犯罪成立条件进行法理解释而形成开放性出罪事由之弊","认为醉驾行为可以通过但书规定出罪,在逻辑上是有问题的。"③这一见解可谓"釜底抽薪",在学界也收获了不少支持者。此说具有一定道理,在逻辑上也是自洽的。一方面,犯罪构成尤其是其中的构成要件应当进行实质的理解,符合构成要件或者犯罪构成的,都是有严重社会危害性的行为,故而不可能在符合构成要件和

---

① 参见张明楷:《刑法学》,法律出版社2016年版,第91页。
② 参见梁根林:《醉驾型危险驾驶罪的若干理论与实践问题》,载《法学》2013年第3期。
③ 参见陈兴良:《但书规定的法理考察》,载《法学家》2014年第4期。

犯罪构成之后,又说此行为情节显著、轻微危害不大。

第二种观点强调"醉驾"型危险驾驶罪是抽象危险犯,其中并无"情节严重""情节恶劣""后果严重""多次"等典型的罪量表述,但书13条难以介入"醉驾型"危险驾驶罪中发挥作用。例如,有学者指出,"从醉驾型危险驾驶罪的罪状表述来看,醉驾型危险驾驶罪是危险犯,其成立不以情节严重或情节恶劣为要件。只要醉驾者实施了醉驾行为,原则上就可以推定其醉驾行为对公共安全造成潜在的现实危险,即构成醉驾型危险驾驶罪",故而"醉驾型危险驾驶罪排斥但书的适用"。① 赵秉志教授也持相类似观点,"作为一个抽象危险犯,醉驾行为入刑时,立法者已经把情节显著轻微,危害不大的情形排除在外,作为刑法中的类型化的醉驾行为都应当具有严重的社会危害性。"②此外,"醉驾"型危险驾驶罪是抽象危险犯,其中不含罪量要素,也是立法者明确的意思。参与立法工作的有关人员指出:"对在草案审议中有人提出对醉驾增加情节严重的限制条件的建议,经公安部、国务院法制办等部门研究后认为,醉酒驾车的标准是明确的,与一般酒后驾车的区分界限清晰,并已执行多年,实践中没有发生什么大的问题。如果再增加规定情节严重等限制条件,具体执行中难以把握,也不利于预防和惩治这类犯罪,建议维持草案的规定,立法采纳了这个意见。"③由此可知,根据立法者的本意,醉驾型危险驾驶罪是全无罪量要素的纯粹抽象危险犯。如果将"但书"第13条适用到醉驾之中,便是实质上篡改了《刑法》第133之1第2项的规定,使条文内容从"在道路上醉酒驾驶机动车的,处拘役"变为"在道路上醉酒驾驶机动车的,情节严重的,处拘役"。

第三种观点强调,虽然但书是刑法总论中的规定,但不可认为刑法

---

① 参见谢望原、何龙:《醉驾型危险驾驶罪若干问题探究》,《法商研究》2013年第4期。
② 参见赵秉志:《危险驾驶罪的研析与思考》,载《政治与法律》2011年第8期。
③ 参见黄太云:《〈刑法修正案(八)〉解读(二)》,载《人民检察》2011年第7期。

总论中的规定必然可适用于刑法分则的所有罪名。"作为刑法分则规定的"醉驾"型危险驾驶罪并不当然属于刑法总则第13条"但书"的适用对象。刑法总则与分则不是简单的一般与特殊、抽象与具体的关系,刑法总则为共通性规定,刑法分则为特殊性规定;刑法总则不仅指导刑法分则,而且补充刑法分则;刑法分则的理解和适用离不开刑法总则,但刑法分则本身也有独立的价值,不能要求刑法分则的规定都完全符合刑法总则的规定。如果醉驾者的行为完全符合刑法分则第133条之1的规定,那么就构成危险驾驶罪,这是尊重罪刑法定原则的必然结果,而不能再根据1997年《刑法》第13条"但书"的规定宣告无罪;否则,刑法分则规定的犯罪构成要件就丧失了其应有的意义。"①也有学者指出:"从刑法分则的具体规定分析,'情节显著轻微危害不大的,不认为是犯罪'这一刑法总则的规定,执法中并不能完全适用于全部分则条文,甚至有相当一部分分则条文不能适用,或者说不能在执法中机械地适用于全部分则条文。这样说是因为根据犯罪性质的严重性和基于立法者在立法时已对一些犯罪行为的社会危害性进行了充分的考虑,对于这些犯罪已经不能简单套用或者不宜再适用'情节显著轻微危害不大的,不认为是犯罪的规定。"②根据上述观点,立法者选择抽象危险犯的方式来设立"醉驾"型危险驾驶罪便是作出了如下的权衡和决定,即只要在道路上醉酒驾驶的便是情节严重危害较大,值得处罚的行为,总论中第13条规定的"但书"条款无适用的理由。

二、反对论的问题及对肯定论的证立

上述反对"但书"条款在"醉驾"型危险驾驶罪中适用的见解虽有一

---

① 参见赵秉志:《危险驾驶罪的研析与思考》,载《政治与法律》2011年第8期。
② 参见王尚新:《关于刑法情节显著轻微规定的思考》,载《法学研究》2001年第5期。

定道理,但仔细分析却是站不住脚的。

先就第一个反对理由进行评述。在我国司法实践中,"但书"条款作为独立的出罪事由在判决和司法解释中,都被全面肯定。"司法解释和司法个案认为可以援引但书作为个罪的出罪事由。"① 例如,在《刑事审判参考》总第 13 集第 87 号案例"文某盗窃案"和著名的"蒲某王某故意杀人案"中,"情节显著轻微,危害不大"都被作为直接的出罪理由。再就司法解释来看,2010 年 3 月 15 日,最高人民法院、最高人民检察院、公安部、司法部印发的《关于依法惩治拐卖妇女儿童犯罪的意见》第 17 条规定:"不是出于非法获利目的,而是迫于生活困难,或者受重男轻女思想影响,私自将没有独立生活能力的子女送给他人抚养,包括收取少量'营养费''感谢费'的,属于民间送养行为,不能以拐卖妇女、儿童罪论处。对私自送养导致子女身心健康受到严重损害,或者具有其他恶劣情节,符合遗弃罪特征的,可以遗弃罪论处;情节显著轻微危害不大的,可由公安机关依法予以行政处罚。"《最高人民法院关于审理未成年人刑事案件具体应用法律若干问题的解释》第 6 条规定:"已满 14 周岁不满 16 周岁的人偶尔与幼女发生性行为,情节轻微,未造成严重后果的,不认为是犯罪。"在司法实践全面承认"但书"作为个案独立出罪事由的背景下,全然否定"但书"的出罪机能,是不务实的,也难以得到实务界的支持。

而且,将"但书"条款作为出罪依据在中国的司法语境中确有现实意义。在我国学界和司法实务中,积极的罪刑法定原则观有相当市场。所谓的积极罪刑法定原则是对《刑法》第 3 条前半段规定"法律规定为犯罪行为的,依照法律定罪处刑"的解读。何秉松教授认为,《刑法》第 3 条前半段"法律明文规定为犯罪行为的,依照法律定罪处刑",体现的是积极

---

① 参见陈兴良:《但书规定的法理考察》,载《法学家》2014 年第 4 期。

的罪刑法定原则,它从积极方面要求正确运用刑罚权,惩罚犯罪,保护人民。① 在这一积极罪刑法定原则观念的影响下,我国司法实务存在不敢出罪的问题,即认为出罪也要法定。故而,司法者在个案中想出罪时,总是试图找到一个规范依据,而"但书"条款便是充当出罪规范依据的角色。虽然,积极罪刑法定观和出罪必须法定的观点,在应然层面存在可质疑之处,但不能否认,它们已深植于中国司法实践之中,在此现状一时难以改变的情况下,肯定"但书"条款作为独立出罪事由是一条可行的、务实的思路。

第二个反对理由强调的是,"醉驾"型危险驾驶罪是抽象危险犯,其中并无罪量要素存在,故排斥"但书"条款的适用。然而,抽象危险犯真的一定排斥"但书"的适用吗?我们对此持否定态度。所谓的抽象危险犯,是指行为本身具有危险而被禁止的犯罪类型,与以发生具体危险状态为成立要件的具体危险犯不同,抽象危险并未在法条中作明文规定,而是只要实施法定危险行为即充足犯罪构成。② 抽象危险犯中的危险是一种"拟制的危险"或者"推定的危险":为了更好地保护法益,而将某一个在一般人看来具有导致特定行为通常危险性的行为直接作为可罚性的起点,而不必等该行为引起具体危险或结果再予以处罚。这种构成要件的设置,是一种对于法益的提前而周延的保护,亦是对法益保护的前置化措施。③

对于抽象危险犯中的"危险"二字,存在两种不同的理解。第一种理解是对危险进行形式的解读:抽象危险犯中的危险,只需以行为人有无实施刑法所规定的行为加以形式判断即已足,而不必在考虑行为时的各

---

① 参见何秉松:《刑法教科书(上卷)》,中国法制出版社 2000 年版,第 63—68 页。持支持观点的,参见曲新久主编:《刑法学》,中国政法大学出版社 2008 年版,第 35 页。
② 参见黎宏:《论抽象危险犯危险判断的经验法则之建构与适用——以抽象危险犯立法模式与传统法益侵害说的平衡和协调为目标》,载《政治与法律》2013 年第 8 期。
③ 参见王皇玉:《论贩卖毒品罪》,载《政大法学评论》第 84 期。

个具体事实之后再进行实质判断。① 根据此说,只要行为符合构成要件便是被拟制为有危险,而不管该行为在客观现实上是否真的制造了危险。我国台湾地区学者林东茂教授便持此说:"抽象危险犯是指,立法上假定,特定的行为方式出现,危险状态即伴随而生;具体个案纵然不生危险,亦不许反证推翻。例如,血液中或呼气中的酒精含量超过一定程度而开车,立法上推测为危险状态已经出现,不再就个案判断;纵然驾驶人酒量过人,亦无改于犯罪的成立。"② 与此相对,另一种观点则从实质的角度来理解危险。此说一方面承认法官可以根据某一符合抽象危险犯构成要件的行为推断构成犯罪;另一方面又允许反证,即允许被告人证明在当时的具体情况下,自己的行为确实不同于普通情况下的类似行为,确实能够证明该行为不产生侵害客体的具体危险。③ 一旦反证成立,便可排除抽象危险犯的成立。相对而言,实质说更为合理,也和法益保护原则更为契合。若纯粹根据形式说来认定抽象危险犯中的危险,有架空法益保护原则的危险。例如,"醉驾"型危险驾驶罪的保护法益是公共安全,即不特定多数人的人身财产法益。而根据形式说,在一个废弃的道路上驾驶机动车的,也应该定罪,因为危险是拟制的且不可反证的,只要构成要件充足便是有危险的。但就个案而言,行为人的行为根本没有侵害法益,也不可能给不特定多数人的人身、财产造成危险,故不应成立犯罪。根据实质说,抽象危险犯中的危险可进一步解读为"推定的危险"。即在抽象危险犯中,只要行为人的行为充足了构成要件,司法者便可推定危险存在,但这一推定系可反驳的推定,如果行为人可举出反证证明,在具体个案中行为人的行为例外地没有危及法益之可能,此时便可反驳

---

① 参见马克昌主编:《犯罪通论》,武汉大学出版社1999年版,第201页。
② 参见林东茂:《刑法综览》,中国人民大学出版社2009年版,第51页。
③ 参见鲜铁可:《新刑法中的危险犯》,中国检察出版社1998年版,第105页。

司法者的推定,排除抽象危险犯的成立。① 由此可知,抽象危险犯的设立,本质上会关涉到举证责任的分配问题,即将客观危险不存在的举证责任例外交由行为人来承担。如此,也便能更清楚地明白抽象危险犯和具体危险犯的差别:在具体危险犯的场合,由于对法益侵害危险的程度要求比较高,同时作为构成要件的行为未必具有那么高的危险,因此需要公诉机关积极证明危险的具体存在;而在抽象危险犯的场合,由于对法益侵害危险的程度要求较低,同时作为构成要件的行为本身一般类型性地具有这种程度的危险,因此只要行为人实施了立法预定的相应行为就推定客观上存在相应的危险,不需要公诉机关再去证明危险的存在,这既是基于诉讼经济考虑的结果,也是追求实质正义的重要表现。②

明白抽象危险犯的原理之后,便不难知道,"但书"条款在抽象危险犯中也有适用的余地。以"醉驾"型危险驾驶罪为例来说明,"醉驾"型危险驾驶罪这一抽象危险犯的处罚理由是醉酒驾驶制造了法律禁止的道路安全风险。这种风险就是醉酒驾驶犯罪构成所内含的社会危害;这种风险的度量经由立法推定已经超过了情节显著轻微危害不大指向的刑法所能容忍的社会危害度量。所以,实施醉酒驾驶行为原则上构成危险驾驶罪,不仅是根据刑法规范表面意思形成的形式判断结论,也是符合醉酒驾驶犯罪构成实质解释的实然命题。③ 进一步的问题在于,是否存在例外的情形,即行为人醉酒驾驶却例外没有对道路安全造成威胁呢?完全可能。典型的情形为:行为人在一个台风天,晚上醉酒驾驶机动车,所经过之处人迹罕至,几乎没有车辆经过;再如,行为人酒后准备

---

① 关于推定的概念,以及可反驳的推定和不可反驳的推定之区分,参见劳东燕:《认真对待刑事推定》,载《法学研究》2007年第2期。
② 参见付立庆:《应否允许抽象危险犯反证问题研究》,载《法商研究》2013年第6期。
③ 参见谢杰:《但书是对抽象危险犯进行适用性限制的唯一依据》,载《法学》2011年第7期。

开车,打开车门发动钥匙之后,便开了 30 米,将车开到路边,呼呼睡去。在类似情形中,行为人虽然醉酒驾驶,但却在个案中并未真实地引发危险。此时行为人便可反证推翻立法者关于"醉驾"便会危害公共安全的风险推定,抽象危险犯因此不成立。这种拟制的风险没有落地为实际的风险之情形,便是适用"但书"条款的罅隙。

第三个理由也有疑问。刑法总则的规定和刑法分则的规定之间是"一般"和"特殊"的关系,即刑法总则之中的规定是为了立法简洁而抽取的公因式。根据此种理解,总则的规定自然应辐射至刑法分则中的相关规定之中。典型的如《刑法》总则第 14 条规定了故意定义,这一条便应适用于分则中所有的故意犯罪。相类似的,第 13 条是《刑法》总则有关犯罪的规定,其自然也应该辐射至刑法分则中所有犯罪之上。这不是《刑法》总则对《刑法》分则的破坏,而是《刑法》总则和分则关系的自然逻辑。即便分则罪名中没有设置罪量要素,但也不妨碍上述结论。因为"但书"条款是有关犯罪理解的规定,而无罪量要素的犯罪也是犯罪,自然也应和"但书"条款相适契。

基于以上分析,我们认为,规定在《刑法》总则中的"但书"条款可适用至作为抽象危险犯的"醉驾"型危险驾驶罪。后文将在对策篇对此展开建构论述。

第三节 "醉驾"案件中缓刑与免刑的适用

此部分重点关注缓刑和免刑在"醉驾"型危险驾驶罪中的适用。在理论界和实务界,都有严格控制"醉驾"中适用缓刑、免刑的见解。例如,赵秉志教授提出,"醉驾本来刑罚就很轻,缓刑或免刑将会极大地削弱刑法的威慑力,影响社会效果"①,"醉驾入刑不仅是醉驾行为受到犯罪宣告,同时也需给予刑罚;只有让醉驾者感受到痛苦成本,才能有效预防醉驾的公共风险"②。相类似的论调,在司法实务中也颇为常见。"从增设危险驾驶罪的立法精神和案件处理的社会效果看,适用缓刑或免予处罚不是很妥当","对危险驾驶者适用缓刑或者免刑,无异于对危险驾驶者的放纵","缓刑、免刑将导致惩罚力度比酒驾的行政处罚还轻,这既不符合逻辑也不符合公平观念"。③ 以上理论界和实务界的观点,具有一定的代表性,是缓刑和免刑在醉驾中无法全面铺开的观念障碍,值得我们重视,并须提供充足的破除理由。

首先就第一个理由予以分析。其无非是在说"醉驾本来刑罚就很轻,缓刑或免刑将会极大削弱刑法的威慑力,影响社会效果"。根据此种逻辑,轻罪便不应当适用缓刑和免刑。然而,问题在于,根据《刑法》第72条,缓刑适用的对象本来便是"刑罚较轻"的罪,即被判3年有期徒刑和拘役的轻罪;相类似的,免刑的适用条件是虽然构成犯罪,但情节轻微的行为。也就是说,缓刑和免刑的适用对象本来主要便是轻罪。所以,没有说要在轻罪中慎用缓刑和免刑的道理。

其次,"缓刑、免刑将导致惩罚力度比酒驾的行政处罚还轻,这既不符合逻辑也不符合公平观念"这一说法也是不甚妥当的。首先要注意区分的是,缓刑与免刑并不等同于不作为犯罪处理,犯罪的非刑罚效果,诸如一些执业的禁止等,依旧会在行为人身上发生。而这些非刑罚后果在很多时候是非常严重的,甚至会影响行为人的一生。故而不能简单地说免刑与缓刑的惩罚力度比酒驾都要轻。上述观点没有很好地理解刑罚

---

① 参见赵秉志、袁彬:《醉驾入刑诸问题新探讨》,载《法学杂志》2012年第8期。
② 参见何跃军:《法官如何解释法律:基于三年醉驾入刑实践的反思》,载《宁波大学学报(人文社科版)》2015年第2期。
③ 姜瀛:《我国醉驾的"严罚化"境遇及其结构性反思》,载《当代法学》2019年第2期。

和治安管理处罚之间是存在质的差别的。

最后,"从增设危险驾驶罪的立法精神和案件处理的社会效果来看,适用缓刑或免予处罚不是很妥当"之论也难以成立。缓刑和免刑是刑法总论中有关量刑的一般性规定,原则上适用于刑法分则中所有具体罪名的刑罚裁量。只要符合缓刑和免刑的条件,那么所有罪名都有适用的余地,无论其是抽象危险犯、具体危险犯、结果犯等。而且,按照一般的刑法原理即罪责刑相适应原理,越是轻微犯罪越有适用缓刑和免刑的可能性,方才是正确的。

上述排斥缓刑与免刑在"醉驾"中适用的理由都有一个共同点,便是危险驾驶罪是轻罪,最多只能判拘役。由此可能引发的担忧是,既然"醉驾"的刑罚配置已经如此轻微了,再对其大面积适用免刑、缓刑,恐怕会降低危险驾驶罪条款的威慑力。这恐怕是主张"醉驾一律判刑"的底层逻辑之所在。然而,这一底层逻辑并不自洽。正确的观念恰好应当倒过来,因给"醉驾"配置的刑罚较轻,至多为拘役,故而由此可确定,立法者将此定位为轻罪(而且是我国刑法典中最为轻微的犯罪)。既然如此,根据宽严相济的刑事政策和罪责刑相适应的基本原则,应当给予"醉驾"相较于其他犯罪更多的宽宥,而非相反。对此,或许会有质疑者认为,立法者将"醉驾"从普通的行政违法行为擢升为刑事犯罪,便意味着从严治理"醉驾"的决心和用意。这样的解读是不恰当的。确实,将"醉驾"定性为刑事犯罪,是有从严治理之考量,但既然它已经进入到犯罪圈,便应该和其他罪名进行比较。既然它相较于其他犯罪是更为轻微的犯罪,即社会危害性较小的,那么司法者在进行刑事评价的时候,便应契合"醉驾"的轻微罪质的特征,而不应将其错误地想象为社会危害性极大的,需要予以严厉打击的罪名。

第四节 "醉驾"行为治理实体问题之表现

根据新近的数据统计,"醉驾型危险驾驶罪已超越盗窃罪,成为我国第一大罪"。之所以如此,一个很重要的原因,是《刑法》第133条之1第2项规定过于刚性。一方面,"醉驾"型危险驾驶罪是抽象危险犯。根据抽象危险犯的法理,只要行为人实施了构成要件行为,便已构罪,法官无须在个案中结合案件事实具体判断行为是否真的制造了危险。而且,根据部分学者的观点,即便行为人的醉驾行为在个案中并未在客观上制造危险,也不能否定抽象危险犯的成立。另一方面,在《刑法》第133条之1第2项中,并无类似情节严重,情节恶劣或者多次等罪量要素的规定。这两方面决定了"醉驾"型危险驾驶罪的出罪空间相对逼仄,只要行为人的血液酒精含量达到80mg/100mL,如无例外,便构成危险驾驶罪。这一情况被学者称为"醉驾一律定罪"。公安部和最高检的立场与此相近,公安部的立场是对醉驾一律予以刑事立案,最高人民检察院也表示,凡醉驾事实清楚、证据充分的一律起诉。

除了因在实体规则层面出罪空间逼仄导致了"醉驾"型危险驾驶的高定罪率之外,在司法实践中,另一个值得注意的现象是"醉驾"型危险驾驶罪实刑率较高,缓刑和免刑适用率较低。在"醉驾"新立之时,"最高人民法院对全国22个省市的抽样调查显示,在醉酒驾车案件中法院适用缓刑率为21%,低于29%的缓刑平均适用率"[①]。北京、浙江、上海等地的缓刑适用尤为严格,在2011年5月1日至2012年8月25日期间,北京市第一中级人民法院下辖的8个区(县)总计审结320件"醉驾"案

---

① 2012年9月3日,在北京举行的"醉驾和超速司法解释及相关问题研讨会"上,最高人民法院刑五庭的曾琳法官提供了这一数据。

件,判处实刑 320 人,缓刑、免刑数均为 0。在"醉驾"入刑 1 年内,浙江省同期对危险驾驶罪适用缓刑率仅为 11.9%,在杭州、温州、绍兴等地几乎不适用缓刑。江苏省虽整体略高一些,但也仅为 16.17%。当然也有醉驾量刑比较轻缓的地方,例如,广州市 2011 年 5 月 1 日至 2012 年 2 月 29 日期间,两级人民法院审结"醉驾"案件 495 件,其中判处实刑 246 人,适用缓刑 246 人,免刑 3 人,缓刑率为 49.7%。[①] 在广东省中山市,2011 年 5 月 1 日至 2012 年 2 月 10 日期间,两级法院共受理"醉驾"案件 651 件(652 人),其中适用缓刑 287 人,免刑 1 人,缓刑率达 44.0%。深圳市 2011 年 5 月 1 日至 2012 年 3 月期间,两级法院共审结危险驾驶案件 349 件(349 人),其中适用缓刑 253 人,免刑 1 人,缓刑率达 72.49%。此外,有研究指出,在醉驾入刑 1 年间,广东、安徽、重庆、云南等适用缓刑率的比率超过 40%,部分城市缓刑的比例高达 73%。由上述数据可知,在"醉驾"入刑初期阶段,全国对"醉驾"的处罚呈现参差不齐的样态。既有以北京、浙江为代表的严罚模式;也有以广东、深圳为代表的轻缓模式。但整体来看,严罚模式得到了更多舆论支持,而轻缓模式则遭到了不少批评。

值得注意的是,近些年来,一些地区对醉驾从严处罚的基本立场有所松动。根据调研显示,在 2016 年 1 月至 8 月期间,上海市各基层法院办理"醉驾"案件总数达 957 件,其中适用缓刑的案件有 469 件,缓刑率明显提高,达到 49%。沈阳市各地区在"醉驾"案件处理上也表现出轻缓化迹象,2015 年缓刑适用率达 10.5%,2016 年达 21%,较"醉驾"入刑之初已有明显改变。同时,以广东省为代表的采取轻缓模式的地区,依然保持着轻缓化的制裁理念。只有北京市保持着严罚"醉驾"的高压态势,2011 年至 2015 年期间,北京市"醉驾"案件适用缓刑数量仅为 107

---

① 参见谢望原、何龙:《"醉驾型"危险驾驶罪若干问题研究》,载《法商研究》2013 年第 4 期。

件。浙江省是查处"酒驾"的大省,自"醉驾"入刑10年来,浙江共查处酒驾99.9万起,查处总量居全国首位。对比浙江省2012年和2017年有关醉驾的《座谈会纪要》可知,缓刑的适用门槛也有所降低。原先规定:"缓刑只对酒精含量在120mg/100mL以下,无以下从重情节、且认罪的被告人适用:(1)造成他人重伤或者死亡,尚未构成交通肇事罪的;(2)在高速公路上醉酒驾驶的;(3)醉酒驾驶营运客车(公交车)、危险品运输车、校车、单位员工接送车、中(重)型货车等机动车的;(4)醉酒在城市道路上驾驶工程运输车的;(5)造成他人轻伤且负有主要责任的;(6)无驾驶汽车资格醉酒驾驶汽车的;(7)明知是无牌证或者已报废的汽车而驾驶的;(8)在被查处时逃跑,或者抗拒检查,或者让人顶替的;(9)在诉讼期间拒不到案或者逃跑的;(10)曾因酒后、醉酒驾驶机动车被处罚的。对酒精含量在120mg/100mL以上的,或者具有前款10种从重情节的被告人,不适用缓刑。""免予刑事处罚(不起诉)原则上只对酒精含量90mg/100mL以下,无上述10种从重情节且认罪的被告人适用。"而2017年新规定则指出,"醉酒驾驶汽车,无上述8种从重情节,且认罪悔罪,符合缓刑适用条件的,可以依法适用缓刑。""醉酒驾驶摩托车,认罪悔罪,符合缓刑适用条件的,可以依法适用缓刑。"两相比较可知,浙江省新规不再将血液酒精含量作为缓刑免刑适用的唯一硬性条件。

第五节 "醉驾"治理中刑行治理衔接问题

在"醉驾"治理的实体层面还存在的显著问题是行政治理与刑事治理的衔接不畅问题,此种衔接不畅需要站在喝酒后驾驶治理的整体维度之上来观察。在思考衔接问题之前,我们首先需要关注一个前置性问题,即入罪的"醉驾"行为是否包含一般的酒后驾驶违法行为。有观点认为,犯罪是与行政不法在行为的质和量上都存在着不同的行为。但两者适用范围的区分从根本上说是以行为的社会危害性为基准的,具有相当的社会危害性的行为立法者自当将其规定为犯罪处以刑罚,否则则按一般的行政违法予以行政处罚。① 实际上,此种说法是从行为应当以刑罚调整还是行政处罚来调整角度分析的,并没有触及问题的实质。我们认为,在酒后驾驶的治理范畴中,入罪的"醉驾"形态必然包含了一般的酒后驾驶行政违法形态,行政违法形态是基本,"醉驾"是一般酒后驾驶的升级,不能因为升级就否认基础的形态,只是因为由行政处罚调整为刑事处罚就否定醉酒驾驶行为本身包含了一般酒后驾驶的违法因素。这一前置性问题是"醉驾"治理中刑行治理衔接的本质和关键。

根据部分调研的实践情况来看,存在"醉驾"案件刑事出罪之后,行政监管衔接不畅,导致醉酒驾驶的行为人既没有受到刑事处罚,又没有受到行政处罚的情况,相较于单纯的酒后驾驶而言,甚至"醉驾"受到的实际处罚还要更轻一些,这显然不符合社会治理之需求,这一问题在"醉驾"行为治理开展出罪机制探索之后表现得尤为明显。应当明确的是,行政处罚是对行政不法的制裁,而刑罚处罚是对犯罪的制裁。随着当前阶段,各地规范性文件对"醉驾"案件治理态度逐渐放缓,各类相对不起诉实践及附条件不起诉制度在"醉驾"案件中得到开展,"醉驾"案件出罪机制成为新的潮流。然而,应当重视的是,"醉驾"出罪之后,绝对不能放任不管。本着上述对前置性问题的探讨态度,我们认为确有必要在"醉驾"出罪之后,加强行政监管的衔接,对酒后驾驶作行政处罚。因为从本质上来看,"醉驾"入罪相当于是对一般酒后驾驶违法行为的升级,那么"醉驾"出罪虽然不能简单地说是一种降级,但确实属于回归到一般酒后驾驶违法行为之处置。此时,行政监管若不能接续,实际就产生了法律漏洞,造成"醉驾""零处罚"的实践乱象。

---

① 参见苏凯:《酒后驾车案件的行政处罚与刑事处罚的衔接问题研究》,载《中国外资》2011 年第 4 期。

因此,对于"醉驾"行为治理的刑行衔接问题,应当站在酒后驾驶治理现代化的高度之上,秉持全面、多维的治理理念,强化行政管控的衔接,应当全力防止出现被不起诉、免予刑事处罚或不作为犯罪处理的"醉驾"行为人逃出法网,通过严密的行政管制和各种有效的非刑罚处置(处罚)方法,实现对"醉驾"行为的全面、有效且符合现代法治需求的管控。

我们重点关注刑行衔接的非刑法处罚方式。它作为刑事责任的一种承担方式,主要是指对免予刑事处罚的犯罪人实施的刑事制裁措施。它是在对刑罚理念进行深刻反思基础上产生的,与刑罚制度并列存在。非刑罚处罚是传统刑罚手段的必要补充或替代措施,用来处理构成犯罪行为的方式。其功能不仅仅是惩治犯罪分子,还包括教育、改造和恢复被害人受损利益。其更强调对犯罪分子的教化和被害人权益的恢复,是报应刑刑罚观念向教育刑观念转变的成果。非刑罚处罚不仅仅是为了惩罚,更重要的是通过教育改造,促使犯罪分子认识到自己的错误,回归社会。非刑罚处罚深刻体现了刑法的谦抑性和经济性,更加注重社会的教化和积极的预防效果。非刑罚处罚以教育、民事和行政措施作为对犯罪人的制裁方法,这些刑罚之外的处置措施被赋予了刑事否定评价的内涵,在免予刑事处罚的前提下起到了刑事制裁的效果。非刑罚处罚措施是罪责刑相适应原则的深刻贯彻,当行为人实施的具体犯罪行为情节轻微,虽然依据刑法规定能够被认定为特定的犯罪,但其应承担的刑事责任极其轻微,如果处以刑法规定的刑罚措施依然显得过重时,则非刑罚处罚措施的适用则成为必要,非刑罚处罚措施的性质决定了其与轻微刑事责任程度相当,更好地体现罪责刑相适应的理念。

一般认为,非刑罚处罚的法律渊源来自《刑法》第37条后半段的规定,即免予刑事处罚的,可以根据案件的不同情况,予以训诫或者责令具结悔过、赔礼道歉、赔偿损失,或者由主管部门予以行政处罚或者行政处分。对此,从司法层面来看,《刑事诉讼法》第177条以及《人民检察院刑事诉讼规则》第373条均有类似的规定。各地检察机关一般会结合案件具体情况,贯彻规范要求。在司法实践中,除运用规范措施之外,还有部分机关积极探索社区公益服务、参加法治教育、提供劳务修复犯罪损害、督促涉案企业合规整改等多种措施。实践中运用非刑罚处分措施主要体现为两种方式,一种是对不起诉、免刑、缓刑的案件,检察机关通过检察建议的形式衔接行政处罚、政务处分或者其他处分,检察机关可以建议相关机关和组织予以处罚。另一种是对不起诉、免刑、缓刑的案件同时对行为人附加相关义务。例如,对犯罪嫌疑人进行训诫、责令具结悔过,预防其再犯;对有被害人的案件,检察机关责令犯罪嫌疑人赔礼道歉、赔偿损失;环境资源犯罪案件中要求犯罪嫌疑人补植复绿、增殖放流,从事城市保洁、环保宣传等公益服务;交通肇事、危险驾驶案件中要求犯罪嫌疑人履行交通疏导、交规宣传等公益劳动,涉企犯罪案件中要求企业进行合规整改,等等。

具体到"醉驾"治理层面,我们认为,增加关于"不起诉、免刑、缓刑"之后的非刑罚处罚措施,是刑行有效衔接的现代法治应有的思维和处置。这主要体现在几个方面。其一,非刑罚处罚是贯彻宽严相济刑事政策要求的体现。宽严相济作为当前阶段我国的基本刑事政策应当一以贯之,在"醉驾"治理中适用非刑罚处罚是宽严相济刑事政策中"宽"的体现。一般而言,在"醉驾"案件中能够不起诉、免予处罚或者适用缓刑的,基本上是血液酒精含量不高,且情节较轻、危害性不大,无其他危害结果,对于此种案件以非刑罚处罚的方式处理,能够体现出宽缓化倾向。其二,"醉驾"案件的轻微案件性质决定了非刑罚方式更加与之契合。虽然"醉驾"行为对道路安全和社会秩序造成了一定的威胁,但在刑事犯罪体系中,较之其他犯罪而言,性质通常较为轻微。非刑罚处罚方式能够更加灵活地应对轻微"醉驾"案件,同时更加注重预防和教育的角度。司法实践中常见的"醉驾"案件非刑罚处罚措施主要有以下几类:(1)行政处罚,即采取行政处罚方式,如罚款、吊销驾驶证、驾驶资格证暂扣等,对"醉驾"行为进行惩戒和约束,同时降低对个人刑事处罚的影响;(2)社会服务和康复措施,即针对醉驾行为者,可以通过令其参加酒精教育课程、交通安全宣传活动、强制康复治疗等方式,促使其认识到"醉驾"行为的危害性,提供改正和纠正的机会;(3)普法宣传和教育,即通过加强酒后驾驶的宣传教育,提高公众对"醉驾"行为的认知和警觉性,培养负责任的饮酒文化,预防和减少"醉驾"行为的发生;(4)社会监督和舆论引导,即借助社会监督和舆论引导,通过公开曝光"醉驾"案件、舆论谴责等方式,加强对"醉驾"行为的社会道德约束和压力,促使广大群众形成共同的价值观念。其三,从社会治理现代化的价值追求来看,"醉驾"案件非刑罚处罚措施更有助于犯罪者回归社会,促进社会和谐稳定。非刑罚处罚方式相较于刑罚处罚方式最大的特点是"非犯罪者标签性",即以非刑罚方式处罚轻微"醉驾"行为不会给行为人留下"犯罪者标签",这在当前我国刑事犯罪的犯罪随附后果制度并未完全确立的背景下尤为重要。因为如前所述,一旦犯罪者被打上犯罪标签,就会产生超乎意料的犯罪随附后果,增添社会的不稳定因素。在此层面来看,以非刑罚处罚措施制裁轻微酒驾犯罪符合社会治理现代化的要求,有助于促进社会和谐稳定。

第六章 "醉驾"行为治理的程序问题之研判

以往对"醉驾"行为治理的关注主要集中在刑事实体法层面的问题,相对忽视其中的程序问题。而从诉讼程序的角度审视"醉驾"行为治理的问题,具有独特且不可或缺的意义。立法层面的"唯血液酒精含量"论使"醉驾"案件的证据收集、审查、认定均围绕血液酒精含量及鉴定意见展开,证据体系相对简单且僵化。加之打击"醉驾"行为的刑事政策一直处于严厉、高压态势,在办案资源紧缺、证据体系简化、刑事政策严厉、刑事辩护几乎无缘由展开等多重作用力下,实践中"醉驾"案件办理程序问题同样应当予以重视。

其一是"醉驾"案件强制措施的适用问题,主要表现为适用刑事拘留强制措施的现象普遍存在以及部分地区开展的"一律刑拘"工作机制,甚至违法适用逮捕强制措施的情况时有发生。其二是"醉驾"案件的司法证明问题,集中体现在证据体系较为简单且僵化、程序规范过于粗糙、检测妨碍行为应对措施略显乏力三个方面。其三是"醉驾"案件的程序简化问题,主要是刑拘直诉、一步到庭、集中审理等办案模式,即便是在轻罪治理体系下适用相对简易的诉讼程序,根据程序法定原则,也应当恪守程序的基本底线,尤为重要的是,保障律师参与和提供有效辩护空间。其四是"醉驾"案件行政处理与刑事处理衔接的程序问题,主要表现为不够罪的"酒驾"行为及"醉驾"出罪之后的行政监管措施不够到位。刑行衔接程序的问题严重将影响对酒后驾驶的严格管控。

第一节 "醉驾"案件的强制措施适用问题

刑事强制措施是国家为了保障刑事诉讼活动顺利进行,授权刑事司法机关对犯罪嫌疑人、被告人采取的限制其一定程度人身自由的方法。基于无罪推定原则的要求,刑事司法机关适用强制措施应当合法、合理、合比例,尽量避免强制措施对犯罪嫌疑人、被告人造成的侵扰。但在"醉驾"案件中强制措施的适用却存在诸多问题,主要表现在以下两个方面。

一、违法适用逮捕强制措施的情况时有发生

从《刑法》第133条之1的规定来看,危险驾驶罪的最高刑罚是拘役6个月,并处罚金。而《刑事诉讼法》第81条规定,一般逮捕需要满足的刑罚要件是"可能判处徒刑以上刑罚"。因此,原则上是不能对"醉驾"案件的犯罪嫌疑人适用逮捕措施的。根据《刑事诉讼法》第81条第4款的规定和《关于办理醉酒驾驶机动车刑事案件适用法律若干问题的意见》(以下简称《意见》)第7条规定,"醉驾"案件犯罪嫌疑人、被告人只有在违反取保候审、监视居住规定,情节严重的情况下,才可以予以逮捕,这属于"变更逮捕"。然而在司法实践中,刑事司法机关违法适用逮捕强制措施的情况时有发生。

具体来看,刑事司法机关办理"醉驾"案件过程中违法适用逮捕措施的情况有两种。其一,检察机关违法批准逮捕。如吉林省公主岭市李某某危险驾驶一案,2017年11月18日,李某某无证酒后驾驶无号牌电动三轮车与一辆重型货车追尾相撞,经抽血检验,李某某血液酒精含量为218.69mg/100mL。李某某于2017年12月3日被刑事拘留,同年12月

14日被逮捕,2018年1月24日被判处拘役4个月,缓刑6个月。① 其二,法院违法决定逮捕。如新疆生产建设兵团金银川垦区孙某某危险驾驶一案,2021年6月8日,孙某某酒后驾驶普通两轮摩托车,被执勤民警当场查获,经鉴定,其血液酒精含量为207.76mg/100mL。孙某某于6月9日被刑事拘留,同年6月16日经新疆生产建设兵团金银川垦区人民法院决定逮捕。刑事司法机关违法适用逮捕的原因主要是为了防止犯罪嫌疑人、被告人脱逃。据了解,许多地区基于"严打醉驾行为"的刑事政策考量,提出了限期办理"醉驾"案件的规定。为了保证"醉驾"案件的按期办结,刑事司法机关往往不愿意对"醉驾"犯罪嫌疑人、被告人适用取保候审,而采用监视居住又会大量耗费人力、物力等司法资源。权衡之下,逮捕对刑事司法机关来说依然是最"便捷"的强制措施。

二、滥用刑事拘留强制措施的现象普遍存在

由于"醉驾"案件适用逮捕措施明显违法,所以刑事司法机关对此相对谨慎,转而希望通过刑事拘留达到在诉讼过程中尽可能延长剥夺犯罪嫌疑人、被告人人身自由的时间之目的。

一方面,刑事拘留延长至7日的情况已经成为实践常态,且带有惩罚性目的。《刑事诉讼法》第91条规定:"公安机关对被拘留的人,认为需要逮捕的,应当在拘留后的三日以内,提请人民检察院审查批准。在特殊情况下,提请审查批准的时间可以延长一日至四日。"据此,有司法人员和学者认为"醉驾"案件的刑事拘留期限为7天(3+4),也有学者认为"醉驾"案件合理的期限应该是3天。② 但实际上,两种理解都不够合理。从法条来看,"拘留三天"以及"延长一日至四日"都存在一个对应

---

① 参见李某某危险驾驶案,吉林省公主岭市人民法院一审刑事判决书(2018)吉0381刑初20号。

② 参见王志祥:《醉驾犯罪司法争议问题新论——浙江最新醉驾司法文件六大变化述评》,载《河北法学》2020年第3期。

条件,即"认为需要逮捕",而从"醉驾"案件的最高刑期和逮捕的刑罚要件来看,醉驾案件原本就不得适用逮捕,故也不能适用刑事拘留的期限是3日或7日的规定。刑事拘留的期限应当契合其法定条件和制度目的。从法定条件来看,刑事拘留需要满足身份要件(即"现行犯或者重大嫌疑分子")和妨碍诉讼进行要件(如犯罪后企图自杀、逃跑或者在逃的;有毁灭、伪造证据或者串供可能的;不讲真实姓名、住址,身份不明的等)。从制度目的来看,刑事拘留是为了防止犯罪嫌疑人再犯、毁灭转移证据、逃跑等所采取的一种应急性强制措施。对于"醉驾"案件而言,保障证据收集、固定是刑事拘留的主要目的。在"醉驾"案件中,绝大多数证据都是可以现场取得的,如醉酒驾车的录像、呼气酒精含量检验记录、同车人的证言、当事人的血样提取登记表、机动车驾驶证、简易程序处理道路交通事故认定书、到案经过、接受刑事案件登记表等。只有血液酒精含量检验报告需要1至3日的时间,但检材是在现场取得的,也就是说,犯罪嫌疑人配合抽取血样后即无毁坏、转移证据的风险。由此可见,对"醉驾"案件犯罪嫌疑人适用刑事拘留措施长达7日,是不符合法律所规定的适用条件的。

实践中,公安机关对于"醉驾"案件适用7日的刑事拘留措施,此种做法虽然符合《刑事诉讼法》第82条,但该条规定的是"可以"先行拘留,而非"应当"或"一律"先行拘留,因此,"醉驾"案件中的常态化先行拘留,存在"以拘代罚"之嫌。主要是因为目前"行刑衔接"不当,容易造成"行重刑轻"的处罚结果倒挂的情况。根据《道路交通安全法》的规定,酒后驾驶行为人可能受到拘留加罚款的行政处罚。反观"醉驾"行为人,有的最终会获得相对不起诉、免予刑事处罚或判处缓刑的结果。根据《人民检察院刑事诉讼规则(试行)》的规定,对于犯罪情节轻微不需要判处刑罚的,可以免予刑事处罚,但是可以根据案件的不同情况,予以训诫或者责令具结悔过、赔礼道歉、赔偿损失,或者由主管部门予以行政处罚或者行政处分。但由于法律规定的行刑衔接不明确、检察机关和公安机关之间衔接不畅,导致对"醉驾"不起诉的后续处分跟不上,"醉驾"案件的相对不起诉人可能未受到行政拘留或罚款,实际违法成本反而低于酒后驾驶,法律后果失衡。总体而言,部分"醉驾"行为人在刑事诉讼环节羁押时间较少或未被羁押,这与酒驾行政处罚的拘留加罚款相比,呈现出"行重刑轻"处罚倒置局面。①

因此,公安机关普遍采用惩罚性适用刑事拘留的手段来平衡这种"结果倒挂"。"以拘代罚"的另一方面是因为这种行为不具有明显的程序性违法后果。因为《国家赔偿法》第 19 条规定:"依照刑事诉讼法第 15 条规定不追究刑事责任的人被羁押的,国家不承担赔偿责任。"此外,刑事拘留的目的异化也会为权力寻租滋生空间。例如,在相似的情况下,有的犯罪嫌疑人抓获当日便被取保候审,而有的犯罪嫌疑人则被刑事拘留后 3 至 7 日不等,期限长短全由公安机关办案人员决定。

另一方面,许多地区为了快速办理"醉驾"案件,采取"刑拘直诉"机制,要求公检法三机关在刑事拘留期限内接力办案,这种做法对《刑事诉讼法》所规定的办案程序,形成强烈冲击。如安徽省宿州市公检法三机关曾联合出台规定:"醉酒驾驶机动车案件事实清楚、证据确实充分,犯罪嫌疑人、被告人认罪认罚的,在依照法定程序、保障当事人诉讼权益、确保办案质量的前提下,可以适用刑拘直诉机制。公安机关、人民检察院经审查后决定适用刑拘直诉程序的,刑事拘留时间可以延长至 7 日。公安机关拘留后应通知人民检察院,并在 2 日内侦查终结移送人民检察院审查起诉;人民检察院受理后应当将受案情况通知人民法院,并在 2 日内审结向人民法院提起公诉;人民法院一般在 3 日内审结,并当庭宣判。在刑事拘留期限内无法办结的,应当及时变更强制措施,并在法律规定期限内完成侦查、起诉、审判工作。"虽然这是为了迅速办理案件,避

---

① 参见王敏远:《"醉驾"型危险驾驶罪综合治理的实证研究——以浙江省司法实践为样本》,载《法学》2020 年第 3 期。

免出现超期羁押的考虑,但这种做法在法理上是站不住脚的。第一,刑事拘留只能由公安机关适用,检察院、法院借用公安机关的拘留期限办案属于主体不合法。第二,限定办案期限,将不利于被告人辩护权的保障。据报道,河南省平顶山市舞钢市曾在一天内办理完案件的侦查、审查起诉和审判工作。试想,在如此匆忙的时间里,被告人有何机会进行充足的辩护准备?另外有些地区虽未规定三机关在刑拘期限内接力办案,但也提出了较短的办案期限,如青岛胶南市公安局、人民检察院和人民法院就"醉驾"案件召开专题研究会议,出台实施细则,规定对现场被查获的涉嫌醉驾犯罪嫌疑人一律采取刑事拘留强制措施,三部门依法快速进行刑事诉讼,并在1个月内作出判决。在这种情况下同样存在可能忽视被告人辩护权保障的问题。

更重要的是,许多地区出台的"一律刑拘"规定,事实上架空了刑事拘留的法定条件,于法无据。2019年浙江省公检法机关发布的《关于办理"醉驾"案件若干问题的会议纪要》(以下简称《会议纪要》)规定"经呼气测试或抽血检测,血液酒精含量在80mg/100mL以上的,公安机关应当予以刑事拘留。但遇本人需要紧急就医等紧急事由不宜立即执行刑事拘留的,可以暂缓执行刑事拘留"。相比较而言,2013年的《意见》中并没有要求一律刑拘,而只是将拘留规定为可供选择适用的强制措施。

"一律刑拘"的规定具有一定的实践意义,这种做法不仅可以平衡"行刑处罚倒挂"问题,而且,强化"醉驾"入刑的法律威慑力,提高教育意义与犯罪预防功能。但是,我们认为"一律刑拘"的规定的合理性在学理和法理上还值得仔细考证。其一,有悖上位法的内容。如前所述,《刑事诉讼法》第82条规定了先行拘留的对象条件和要件条件,因此,浙江省2019年的《会议纪要》和其他关于"一律刑拘"的规定实际上架空了刑事拘留的法定条件,是突破刑事法有关规定的。其二,挤压了取保候审的适用空间。"一律刑拘"规定出台之后,使一些本可以取保候审的犯罪嫌疑人被刑事拘留,取保候审的时间后移。其三,"一律刑拘"会极大增加看守所的羁押压力,对其在羁押空间方面是否满足需要提出了强有力的挑战。

第二节 "醉驾"案件的司法证明问题

从司法实践来看,"醉驾"案件的司法证明难点集中体现在证据体系相对简化、程序规范过于粗糙、检测妨碍行为应对措施略显乏力三个方面。

一、"醉驾"案件证据体系相对简化

从实体法上看,醉酒型危险驾驶罪的客观构成要件有三个方面:醉酒、在道路上、驾驶机动车。这三个方面中,"驾驶机动车"和"道路"的认定分歧主要体现在规范层面,有些地方性规定与相关司法解释存在冲突,①在此不展开讨论。对于"醉酒"的实体法解释分歧会直接影响"醉驾"案件的证据体系。

纵观国外的立法体例,对"醉酒"的认定存在三种模式。第一,体内

---

① 如浙江省高级人民法院、浙江省人民检察院、浙江省公安厅 2017 年印发的《关于办理"醉驾"案件的会议纪要》中规定,"道路"是指公路、城市道路和虽在单位管辖范围但允许社会机动车通行的地方,包括广场、公共停车场等用于公众通行的场所,不包括居民小区、学校校园、机关企事业单位内等不允许机动车自由通行的通道及专用停车场。据此,"对于醉酒在广场、公共停车场等公众通行的场所挪动车位的,或者由他人驾驶至居民小区门口后接替驾驶进入居民小区,或者驾驶出公共停车场、居民小区后即交由他人驾驶的,可以不作为犯罪处理"。然而,《道路交通法》对"道路"的认定有所不同。《道路交通法》并没有规定"道路"不包括"居民小区、学校校园、机关企事业单位内等不允许机动车自由通行的通道及专用停车场"。另外,2013 年最高人民法院、最高人民检察院、公安部联合印发的《关于办理醉酒驾驶机动车刑事案件适用法律若干问题的意见》也采用《道路交通法》对"道路"的解释。有学者评价浙江省对"道路"的解释"拓宽了"醉驾"案件的实体出罪通道,但也存在违背上位解释和上位法的问题"。参见王志祥:《醉驾犯罪司法争议问题新论——浙江最新醉驾司法文件六大变化述评》,载《河北法学》2020 年第 3 期。

酒精含量模式,即根据体内酒精含量检测值来判断是否构成"醉酒",这种模式也被称为"斯堪的纳维亚模式"。① 挪威、瑞典以及我国采用的就是这种模式。进一步说,我国采用的是"血液酒精含量模式",即血液酒精含量是体内酒精含量的唯一表征。《意见》第1条规定:"在道路上驾驶机动车,血液酒精含量达到80mg/100mL以上的,属于醉酒驾驶机动车,以危险驾驶罪定罪处罚。"第6条规定:"血液酒精含量检验鉴定意见是认定犯罪嫌疑人是否醉酒的依据。犯罪嫌疑人经呼气酒精含量检验达到本意见第一条规定的醉酒标准,在抽取血样之前脱逃的,可以以呼气酒精含量检验结果作为认定其醉酒的依据。"最高人民检察院副检察长陈国庆对此作出解释:《意见》采用的是2004年《车辆驾驶人员血液、呼吸酒精含量阈值与检验》中的标准,该标准是经过调查研究、多方论证的结果,具有较强的科学性,且实践操作多年,已得到社会的广泛认可。② 可以说,《意见》通过法律拟制的手段将血液酒精含量达到80mg/100mL以上拟制为"醉酒"状态,血液酒精含量鉴定意见成为证明"醉酒"状态的唯一证据。这种模式的优势在于能够减轻侦查机关和公诉机关的证明义务,便于司法实践人员把握,具有统一、简化标准的效应。其劣势在于忽略不同生物体之间的酒精代谢能力存在明显的差异,采用"一刀切"很可能使一些喝了酒但对驾驶能力(即不具有发生实害危险可能性)毫无影响的人被定罪量刑。另外,也很难应对难以准确获取血液样本的情况,如犯罪嫌疑人通过逃逸、暴力反抗等方式拒绝抽取血样或通过饮水、饮酒等方式干扰血液酒精检测结果。

第二,驾驶能力受损模式,即通过具体判断驾驶人的驾驶能力是否实际受到损害来认定"醉酒"状态。美国一些州采用的就是这种模式。

---

① 参见施立栋、余凌云:《醉驾案件办理的疑难问题与解决方案——兼评三机关〈醉驾司法解释〉》,载《北方法学》2015年第1期。
② 参见陈国庆、韩耀元、吴峤滨:《〈关于办理醉酒驾驶机动车刑事案件适用法律若干问题的意见〉理解与适用》,载《人民检察》2014年第5期。

在美国。单有血液酒精含量鉴定意见并不能证明犯罪嫌疑人达到"醉酒"状态,还需要有其他证据证明"影响驾驶能力",如美国采用的直行和转弯测试(WAT)、单腿站立测试(OLS)、水平眼球震颤测试(HGN)等。以驾驶能力受损作为认定"醉驾"状态的实质标准,会降低呼吸酒精测试报告、血液酒精含量鉴定意见在"醉驾"案件证据体系中的地位,需要有其他能够证明因醉酒影响驾驶能力的证据。这种模式缺乏易适用的统一客观标准,但能够平衡行为人个体差异,实现实质公平。

第三,体内酒精含量和驾驶能力受损的折中模式。在折中模式中,又存在两种不同的做法。其一,体内酒精含量测试与驾驶能力受损测试并列适用的情况。如《加拿大刑事法典》规定:"在下列规定的情况下,驾驶机动车或者船只的,或者协助驾驶航空器或者铁路设施的,或者照料或者控制机动车、船只、航空器或者铁路设施的,无论该交通工具是否在转动中,构成犯罪。(a)驾驶机动车、船只、航空器或者铁路设施的能力受到酒精或者药物妨碍的;(b)饮酒导致其每100mL血液中酒精含量超过80mg。据此,加拿大可以通过身体协调性测试或呼气酒精测试来判断驾驶人是否处于"醉酒",只要满足其中一项即可认定。其二,体内酒精含量测试与驾驶能力受损测试分列适用的情况。如德国根据酒精含量值的高低,区分了"绝对的无驾驶能力"与"相对的无驾驶能力"两种情形:当血液酒精含量达到1.1‰以上时,可以依据酒精含量检测值直接认定其构成犯罪,法官无须再调查其他诸如驾驶人的驾驶经验、酒精耐受度等证据;而当血液中酒精含量介于0.3‰—1.1‰时,酒精含量不再是认定醉驾事实的唯一依据,法院还需要结合其他证据,在个案情形判定驾驶人的行为是否对公共安全造成了具体危险,进而决定其是否构成犯罪。[①]

[①] 参见施立栋、余凌云:《醉驾案件办理的疑难问题与解决方案——兼评三机关〈醉驾司法解释〉》,载《北方法学》2015年第1期。

由上可见,认定"醉酒"的模式不同,其证据体系也不同,血液酒精含量鉴定意见的证据地位也不同,因此又会引发很多问题的争议。如仅有呼气酒精测试结果,而不存在血液酒精含量鉴定报告(或不准确)的情况下,能否认定"醉酒"状态?又如呼气酒精测试结果与血液酒精含量鉴定报告结论悬殊的情况下,如何认定?再如在缺乏呼气酒精测试结果和血液酒精含量鉴定结果的情况下,能否通过其他证据综合认定犯罪嫌疑人处于"醉酒"状态?

目前我国实务界主流观点同《意见》一致,通过客观量化标准作为"醉酒"状态的认定标准,这也就导致了目前"醉驾"案件证据体系的固定化、单一化。具体来说,第一,血液酒精含量鉴定意见在证据体系中居于核心地位,已成为"醉"与"非醉",也就是"罪"与"非罪"的基本的、决定性的要素。其余证据都仅是认定醉驾事实的补充性证据。第二,血液酒精含量鉴定结果具有"法定"且"最高"的证明力。公安部在2011年印发《公安机关办理醉酒驾驶刑事案件程序规定(试行)》征求意见稿,其中第34条即规定:"血液酒精含量检验鉴定结论与呼气酒精测试结果不一致,应当以血液酒精含量检验鉴定结论为准。"目前,我国实践中还未进行血液酒精含量鉴定结果之外的判定"醉驾"的方式,诸如直行和转弯测试、单腿站立测试、水平眼球震颤测试等驾驶能力测试等,也未采取尿液样本检测、呼吸样本检测等鉴定方式。试想,在血液酒精含量鉴定意见"唯我独尊"的情况下,引入这些测试,当这些测试和血液酒精含量鉴定意见不一致时,该如何取舍?这必然是未来司法需要重点关注的问题。第三,这种过度僵化证据体系之下,不考虑具体的犯罪情节,法官就会成为法律的"自动售货机",基本难以避免侦查决定审判的结局,很容易出现滥用刑法的现象,轻则可能加重刑事司法成本,重则导致刑法规定形同虚设,法治权威因此而消解。

当然,目前学界和实务界已开始注重对其他证据的收集,这是司法进步的体现。譬如浙江省2019年的《会议纪要》规定,"醉驾"犯罪案件应当移送下列证据及其相关案卷材料:(1)被告人的供述和辩解;(2)有证人的,能证明醉酒驾驶机动车的证言;(3)酒精呼气测试检验单和血液酒精含量报告单;(4)血样提取笔录或者提取登记表;(5)执法民警出具的查获经过说明;(6)现场查获的,查获时拍摄的被告人及其所驾驶车辆的照片或者视听资料;(7)其他与案件定罪量刑相关的证据材料(包括户籍证明或经与全国公安常住人员信息数据库比对一致的其他身份证明、驾驶证、行驶证、证明车辆行驶轨迹的相关材料、以前的交通违法情况、前科情况等)。此次《会议纪要》将"证明车辆行驶轨迹的相关材料"纳入诉讼证据的范围,在一定程度上是关注醉驾者个体的酒精耐受程度的体现,这在实体上有利于实现实质平等,在程序上有利于准确查明案件事实、准确适用排除合理怀疑证明标准和无罪推定原则。从常理而言,血液酒精含量鉴定意见因具有客观性、科学性等特点,在证明"醉酒"状态上的确具有其他证据所无法比拟的证明力,因此应当承认其在"醉驾"案件证据体系中具有优势地位。但不能将优势地位提升至唯一性地位,依然要注重其他证据对血液酒精含量鉴定意见的补强和证伪。

二、"醉驾"案件取证程序过于粗糙

"醉驾"入刑至今已有 10 余年之久,相关规定过于粗疏的问题也逐渐凸显出来,尤其是取证程序过于粗糙使得"醉驾"案件的司法证明常常陷入困境。公安部曾在 2014 年发布《公安机关办理醉酒驾驶刑事案件程序规定(试行)》,征求社会意见,但至今仍未正式实施。各地亦有相关规定,如山西省公安厅于 2014 年印发《山西省公安机关办理醉酒驾驶机动车刑事案件程序规定》(以下简称《山西省程序规定》)。为了实现司法证明的精细化目标,有必要对"醉驾"案件的取证程序进行深入探讨。

针对我国"醉驾"案件的取证程序,有学者提出"存在强制截停缺乏法定理由限制,清醒测试站的设置过于随意,缺乏法定审批程序,可能造成对公民权利的过度侵扰"等问题。① 此观点具有一定合理性,我国"醉驾"案件绝大多数来源于清醒测试站检查,此时并未进入刑事诉讼阶段,属于公安机关行政治理的范畴,因此不宜设定过于严苛的法定审批程序。

除此之外,我国"醉驾"案件的取证程序存在以下几方面的问题:

第一,缺乏标准的现场清醒测试。尽管我国《车辆驾驶人员血液、呼吸酒精含量阈值与检验》中以附录的形式规定了步行回转试验、单腿直立试验两项人体平衡试验,但在实践中几乎没有应用。一是因为这两种试验缺乏具体的程序性规范,司法人员不容易操作。二是该规定由质检总局、国家标委会发布,并不属于法律范畴,不能作为"醉驾"案件取证程序的规范性文件。三是受"醉酒"构成要件的实体法解释所影响,目前我国并不承认根据人体平衡试验的结果来认定"醉酒"状态。由此可见,要想在取证程序中引入现场清醒测试,还是应当从"醉酒"构成要件的认定模式入手。

第二,缺乏可替代的鉴定样本。纵观域外法治发达国家,体内酒精含量的鉴定样本有呼气样本、尿液样本以及血液样本三种类型,而我国实践中仅采用血液样本。主要还是因为相关规定均采用"唯血液酒精含量"模式来认定"醉酒"状态,以致呼气样本、尿液样本并不能成为法定的检材。事实上,我国《道路交通安全违法行为处理程序规定》中是允许用尿液样本替代血液样本的。② 但由于缺乏尿液样本替代血液样本的条件规定,以及缺乏尿液样本提取、检测、存储方面的程序性规范,导致尿样检测在实践中也几乎不曾使用。

第三,缺乏违法取证的后果性规定。虽然诸如《山西省程序规定》等

---

① 参见储陈城:《论中国醉驾认定的程序化建构》,载《甘肃行政学院学报》2014年第1期。

② 《道路交通安全违法行为处理程序规定》第34条规定,交通警察可以将醉酒驾驶人员带到医疗机构进行抽血或者提取尿样进行酒精测试。

地方性规范文件明确要求对取证行为进行录音录像。① 但实践中经常存在公安人员未开启执法记录仪或选择性开启执法记录仪的情况,且缺乏相关程序性后果。如安徽省涡阳县高某某危险驾驶一案,执法人员并未开启执法记录仪。辩护人提出辩护意见:"被告人高某某当晚饮酒后是否驾驶车辆,公诉机关和公安机关都没有查清该事实,证据既不确实也不充分,本案的询问也违反法定程序,内容互相矛盾,缺少必要的视听资料。"而法院认为:"本案现场因执法记录仪未开启,故不能提供现场录像,不影响案件事实的成立,对被告人高某某及其辩护人的辩解和辩护意见不予采纳。"② 只有在执法人员因未开启执法记录仪,致使法院错把危险驾驶罪认定为交通肇事罪,进而导致保险公司被骗保,造成重大财产损失的情况下,才可能追究执法人员玩忽职守罪。③ 由此可见,当前对违法取证行为缺乏程序性制裁的规定,只有在造成严重财产损失的情况下,追究其他实体性的惩罚。如此并不能倒逼执法人员严格遵守取证程序规定。

第四,缺乏强制取证的适用条件及适用程序规范。对于犯罪嫌疑人拒绝打开车窗进行呼气检测以及拒绝提供血样进行酒精含量检测的情况,能否赋予警察强制取证的权力,其限度为何?这些都缺乏相应的程序性规定,导致执法人员在面对上述情况时束手无策。

---

① 《山西省公安机关办理醉酒驾驶机动车刑事案件程序规定》第17条规定:"交通警察在道路上查处涉嫌醉酒驾驶机动车违法行为时,应当开启执法记录仪进行全程记录并通过现场拍照或者摄像等手段及时记录查获经过,照片或者录像应反映以下内容:(一)当事人停车接受交通警察检查的过程;(二)有当事人面貌特征的驾车情形;(三)所驾机动车号牌、车型、颜色等基本特征;(四)当事人接受呼气酒精检测的过程;(五)当事人抽取血样的过程;(六)有证人的,应当拍摄询问证人的情况;(七)能够反映查处过程的其他内容。"

② 参见高某某危险驾驶案,安徽省涡阳县人民法院(2014)涡刑初字第00203号一审刑事判决书。

③ 参见律某某玩忽职守案,天津市高级人民法院(2017)津刑终71号二审刑事裁定书。

第五,没有设置对于治疗状态下的醉酒驾驶人员的特殊应对程序。在发生交通事故的"醉驾"案件中,若"醉驾"行为人受伤严重,此时是否可以按照正常程序对其进行呼气酒精测试以及血液酒精测试?若"醉驾"行为人伤势严重,强制抽取血样可能会威胁其生命安全,此时该如何应对?

除上述提及的几项程序瑕疵之外,还有很多问题值得后续的关注和探讨。要根据实践反映出来的问题,不断精细取证程序,为后续司法证明的顺利进行奠定坚实的基础。

三、检测妨碍行为的应对措施略显乏力

妨碍酒精检测的行为可以概括为两类:一类是拒绝检测,如逃逸、停车后拒不打开车窗、车门或以威胁、殴打执法人员等方式拒绝配合酒精检测,此类情况面临的取证困境在于无法获得血液检测样本;另一类是干扰检测,如在查获后检测前再次饮酒或大量饮水,此类情况下得到的血液酒精含量检测结果与驾驶时的酒精含量存在出入,如何认定成为实践困境。

纵观我国其他法域和其他国家的做法,主要有以下几类应对措施:其一,赋予警察强制取证权。如我国台湾地区 2011 年"警察职权行使法"第 8 条规定:"警察对于已发生危害或依客观合理判断易生危害之交通工具,得予以拦停并采取下列措施:一、要求驾驶人或乘客出示相关证件或查证其身份;二、检查引擎、车身号码或其他足资识别之特征;三、要求驾驶人接受酒精浓度测试之检定。警察因前项交通工具之驾驶人或乘客有异常举动而合理怀疑其将有危害行为时,得强制其离车;有事实足认其有犯罪之虞者,并得检查交通工具。"其二,立法拟制为"醉驾"。如英国《道路交通法》第 6 条第 6 款规定:"没有合理理由未依法配合酒精含量初步检测的,被视为构成醉酒驾驶的犯罪行为。"《加拿大刑法典》第 254 条第 5 款规定:"没有合理理由未接受或者拒绝接受酒精含量测试的,即视为犯罪。"其三,为拒绝酒精检测行为单列一项罪名,如日本规定了"抗拒呼气检查罪",韩国规定了"拒绝酒精检测罪"。其四,利用科学标准进行酒精含量回溯性推算。例如德国采用0.15/mL/h 为个体血液中酒精消除率的标准进行回推算,加拿大和美国一些州则采用0.10/mL/h 为个体血液中酒精消除率的标准进行回推算。①

我国《意见》第 6 条规定:"犯罪嫌疑人经呼气酒精含量检验达到醉酒标准,在抽取血样之前脱逃的,可以以呼气酒精含量检验结果作为认定其醉酒的依据。犯罪嫌疑人在公安机关依法检查时,为逃避法律追究,在呼气酒精含量检验或者抽取血样前又饮酒,经检验其血液酒精含量达到醉酒标准的,应当认定为醉酒。"可见,《意见》采用的是"不利推定"的方案。事实上,在《意见》起草过程中,对此就存在争议,反对者认为以饮酒后的结果认定事实,无法实际证明犯罪嫌疑人此前驾车时确定达到醉酒状态,有推定犯罪之嫌。最终《意见》起草者基于加大对醉驾行为的打击力度的目的,且把接受检查时视为仍处于驾驶状态的理由,接受了"不利推定"方案。② 此外,亦有法院将此解释为"对于行为人拒绝配合交警进行酒精检测的情形,司法认定时应当通过简化、减低对侦查人员的证明要求,从而将因行为人原因导致的不利后果归由其本人承担"③。简单地说,这是不符合"无罪推定"和刑事诉讼证明责任分配原则的,所以还需要进行进一步的理论论证。

实践中,我国也有部分地区采取了强制取证的应对措施,如深圳、杭州、宁波等地的交警部门曾通过强制砸破车窗或邀请开锁匠开锁的方式,迫使驾驶人离车接受检查。但由于我国现行法律并未明确赋予执法

---

① 参见刘磊:《认定醉酒驾驶行为的抽象危险应排除合理怀疑——兼谈认定醉酒驾驶行为的证明方法及证明规则》,载《法商研究》2014 年第 4 期。
② 参见陈国庆、韩耀元、吴峤滨:《〈关于办理醉酒驾驶机动车刑事案件适用法律若干问题的意见〉理解与适用》,载《人民检察》2014 年第 5 期。
③ 参见孙林海危险驾驶案,载《刑事审判参考》(2014 年第 2 集·总第 97 集),法律出版社 2014 年版。

人员强制打开车窗、车门的权力,亦未明确规定强制破窗、破门的程序,故在实践中此类强制取证行为仍存在合法性、合理性的争议。

实践中,我国已有司法机关采用了"回推算"的方法来认定犯罪嫌疑人的血液酒精含量。如广东省广州市天河区李某某危险驾驶一案中,2017年9月12日凌晨4时35分许,被告人李某某饮酒后驾驶小型轿车发生交通事故并逃逸。同日14时许,李某某投案,呼气式酒精测试结果为31.8mg/100mL,血液酒精含量鉴定结果为10.5mg/100mL。事故发生时间与血液提取时间间隔11.58小时,司法机关根据GA/T 1073—2013标准附录B4.2,乙醇(酒精)在血液中的消除速率为0.10—0.12mg/(mL·h),认定案发时当事人血液酒精含量低限为126.3mg/100mL。

我国并未对拒绝酒精检测行为单列一项罪,而是通过妨碍公务罪加以规制。如河南省鄢陵县姜某酒后驾车引发交通事故,拒绝酒精测试,还和乘车人袁某一起殴打交警。最终,法院判处姜某犯妨害公务罪、危险驾驶罪,袁某犯妨害公务罪。① 利用妨碍公务罪来调整拒不配合酒精测试行为有其合法之处,但也有不足之处,即仅能针对积极地采取暴力抗法的行为而适用,无法针对消极的不作为而适用。故有学者提议修改妨碍公务罪,增加规定,以消极不作为方式妨碍公务,情节严重的,也构成犯罪。不过,此种规定并不符合刑法应具有的谦抑性特点,不宜将刑法调整的范围设置得过宽。

总体而言,针对检测妨碍行为,各地刑事司法机关已运用实践智慧产生了许多种应对措施。但由于相关应对措施缺乏立法支持、程序性规范以及理论论证,导致执法人员在实施相关举措时心存顾忌,实践中也备受质疑。

---

① 参见《醉驾不配合抽检还袭——河南两男子犯妨害公务罪被判刑》,载《人民法院报》2016年7月19日,第3版。

第三节 "醉驾"案件办理中程序简化问题

"醉驾"案件犯罪数量的急速增加给刑事司法领域带来极大的挑战，为实现司法资源的有效分配，减轻诉讼负担，各地纷纷探索"醉驾"案件办理的程序简化方式，这些新兴方式在一定程度上有助于消解繁重诉累，减轻司法工作人员诉讼压力，但同时也存在着违反程序法定原则的问题与风险，对此应当予以关注。

一、"醉驾"案件现有程序简化措施之评述

概括来讲，从司法实践来看，简化"醉驾"案件办理主要有三种模式：刑拘直诉、一步到庭、集中审理。

有的地区公安机关、检察院、法院三机关联合打造"醉驾案件刑拘直诉办案模式"。刑拘直诉机制要求在 7 日刑拘期限内完成全部诉讼程序，采用"3-2-2""2-2-3"等期限分配方案。刑拘直诉模式大大缩短"醉驾"案件的办案期限，但并不当然彰显司法公正。首先，将三机关的职责压缩在侦查阶段的拘留期间内，是否符合刑诉法规定还需进一步斟酌。其次，刑拘直诉采用"一押到底"的方式，侵犯了那些无社会危险性，依法可适用取保候审的犯罪嫌疑人的合法权益。最后，极大缩短办案期限，犯罪嫌疑人并无充分时间进行辩护准备，侵犯了犯罪嫌疑人、被告人的辩护权。

对于"醉驾"案件，还有的地区曾尝试探索在执法案件管理中心设立快速审判法庭，即在一个地方进行侦查、起诉、审判，从而降低了多个地点来回诉讼的成本，减少了从各个机构交付材料的时间，并显著提高了诉讼效率。如青岛市即墨区法院在监区内创设"危险驾驶案件专审工作室"，一名法官、一名检察官、一名书记员每周二、四常驻专审工作室，值班律师全程在场,发诉、开庭、宣判、释放、执行"一条龙",实现了被告人从进所到审查起诉、审判再到执行的无缝衔接。① 北京市海淀区公安分局、检察院、法院、司法局在刑事速裁程序的基础上进一步探索,建立起48小时全流程速裁程序办理机制,利用该机制集中审理了3起"醉驾"案件,区公安分局在抓获犯罪嫌疑人次日即通知律师为3名犯罪嫌疑人提供法律帮助。② 律师会见了3名犯罪嫌疑人,并告知其速裁程序的特点和优势,讲明了通过适用速裁程序,可以最大限度地缩短被告人的羁押时间,争取从轻处理。尽管实践中此类办案模式都会安排律师为当事人提供法律帮助,但是否能够切实保障当事人的辩护权,不得而知。

此外,随着速裁程序、认罪认罚从宽制度的推进,各地均已开始探索"醉驾"案件的集中审理模式,即对于"醉驾"案件进行批量的侦查、起诉和审理,多案移送的对接方式已经替代繁杂的个案移送,减少了因案件材料移送烦琐造成的失误,也不会再因案件的移送耽误时间。据了解,北京市通州区人民法院曾将14起认罪认罚的危险驾驶案件集中审理并集中宣判,全程历时不超过20分钟,平均每个案件审理时间不超过2分钟。如此短暂的庭审时间,其庭审效果如何,确实需要深入思考。

二、"醉驾"案件程序简化的边界

"醉驾"案件的诉讼程序简化对于优化司法资源配置,缓解基层司法机关办案压力的价值自然无须多言,但诉讼程序简化不能以牺牲公正为代价,必须恪守底线。

实体方面,必须坚持案件事实清楚、证据确实充分的刑事证明标准。我国刑事诉讼素来坚持实质真实主义,在程序从简的同时要坚持证据裁

---

① 《青岛法院认罪认罚从宽制度改革试点经验被最高院推广》,载搜狐网,https://www.sohu.com/a/208691317_446544,2023年5月10日访问。
② 《北京海淀法院刑事速裁再提速 48小时全流程审结醉驾案》,载中国青年网,http://news.youth.cn/jsxw/201705/t20170524_9863423.htm,2023年5月10日访问。

判原则,不能降低证明标准。认罪认罚从宽制度是我国简化刑事诉讼程序的重大改革,在推行该制度的过程中,最高人民法院、最高人民检察院等司法机关一再强调"不能因过于追求效率而降低证明标准"。① 所以说,"醉驾"案件的程序简化必须在保证案件事实清楚的基础上进行,即使是犯罪嫌疑人、被告人同意进行简化程序审理,也需要查清案件证据、事实,对于不能形成内心确信的案件,应坚持疑罪从无。至于是否达到刑事证明标准,则应由法官根据在案证据自由心证综合认定。在"醉驾"型危险驾驶罪的审理中,通过对全案证据的综合认识能否认定案件事实达到"排除合理怀疑"的程度,从而进一步认定"案件事实清楚,证据确实、充分",此种判断权应当掌握于法官之手,由法官在对所有证据进行依法审查后作出裁量,进而判断是否达到判定被告人危险驾驶罪的证明标准而作出最终判决。

程序方面,必须切实保障犯罪嫌疑人、被告人的诉讼权利。简化"醉驾"案件办理程序,于犯罪嫌疑人、被告人而言就是放弃按照普通程序进行实质审理的权利。一方面,犯罪嫌疑人、被告人作为权利主体,必须为权利放弃作出明示同意,即"醉驾"案件的程序简化应尊重犯罪嫌疑人、被告人的程序选择权。办案机关必须依法告知其权利和义务,在详细释明的基础上由犯罪嫌疑人、被告人作出自由选择。另一方面,程序简化的同时必须为犯罪嫌疑人、被告人保留基础的诉讼权利,如质证权、获得律师帮助权。具体而言,即使是简化办理"醉驾"案件,司法机关应告知被告人有权委托辩护律师,若被告人要求委托辩护律师,则应为其保留必要的准备时间,不能适用刑拘直诉等限期办理机制。另外,被告人有权对血液酒精含量鉴定意见等证据进行质证,在符合法定条件的情况下,被告人有权申请重新鉴定。

---

① 参见胡云腾主编:《认罪认罚从宽制度的理解与适用》,人民法院出版社2018年版,第86页。

三、"醉驾"案件中的律师辩护问题

如前所述,"醉驾"案件的办理程序相对简化,一般会通过适用认罪认罚从宽的速裁程序处理。司法实践中,刑事速裁程序本身就存在程序绝对简化,被追诉人律师辩护权难以保障之问题,这在轻微型"醉驾"案件中表现得尤为明显。具体来看,主要表现在以下几个方面。

首先,"醉驾"案件中律师帮助权的落实方面。依据《刑法》与《刑事诉讼法》的相关规定,无其他危害后果型的"醉驾"案件法定最高刑为6个月以下拘役,刑事速裁程序是对事实清楚、被告人认罪认罚、依法可能判处一年有期徒刑以下刑罚的盗窃、危险驾驶等案件,由法官独任审判,不受规定的送达期限的限制,一般不进行法庭调查、法庭辩论,但在判决宣告前应当听取辩护人的意见和被告人的最后陈述意见。再结合《刑事诉讼法》第36条关于值班律师制度的规定,可以基本明确在"醉驾"案件中律师帮助权的保障一般是以值班律师参与的适用认罪认罚从宽的速裁程序方式予以落实。依据部分地区的实践数据来看,江西省樟树市人民检察院2021年"醉驾"案件适用认罪认罚从宽制度的有219人,适用率为98.2%,所有认罪认罚案件均有值班律师提供帮助,值班律师在场率达到100%。① 虽然不具有普遍代表意义,但这至少说明值班律师制度在保障"醉驾"案件被追诉人律师帮助权方面,具有相当重要的作用。

其次,"醉驾"案件中律师辩护的有效性与否方面。值班律师制度的确立引起了学界关于"有效辩护"及"有效法律帮助"的讨论。值班律师制度的建立,实现了刑事法律援助在案件范围上的全覆盖,有助于保障犯罪嫌疑人、被告人平等与及时获得律师帮助,但律师辩护的有效性则

---

① 参见人民资讯:《醉驾案平均办结时长缩短13.5天》,载新浪网,http://k.sina.com.cn/article_7517400647_1c0126e4705902vf33.html,2023年5月15日访问。

难以得到充分保障。① 但实际上,依据当下的相关规范,值班律师参与的案件无法达到有效辩护的标准,只能说是一种"有效法律帮助"的标准。但即便如此,"有效法律帮助"概念的确立,不仅对于规范和指导认罪认罚从宽制度实践中值班律师的职能和定位大有裨益,也在一定程度上推动了有效辩护制度在我国刑事司法领域中的发展。② 当然,具体到"醉驾"案件当中,高值班律师适用率意味着低辩护律师参与率,如此一来,"醉驾"行为人实际上获得的更多的是有效法律帮助,而非律师辩护帮助。以前述江西省樟树市为例,100%值班律师参与,意味着"醉驾"行为人的委托辩护率为0,这样显然不能满足"醉驾"案件律师辩护权保障之要求,存在被追诉人权利保障难以达到的问题。

最后,"醉驾"案件中无罪辩护的情况。无罪辩护是刑事辩护领域的重点内容,但是在认罪认罚从宽制度高适用率的背景下,其适用空间逐渐逼仄。学界也有关于在认罪认罚从宽案件中,辩护律师能否提出无罪辩护意见的争论。在刑事速裁程序的适用条件中,明确要求被追诉人认罪认罚,如此一来,"醉驾"案件中能否提出无罪辩护也成为争议焦点。我们认为,辩护人的独立诉讼地位,不仅是相对于公诉人、相对于人民法院,也是相对于被追诉人的独立,其当然享有独立提出无罪辩护意见的权利。在"醉驾"案件中,虽然入罪要件相对明确,主要是血液酒精含量达到80mg/100mL、驾驶的机动车以及违法所在的道路符合《道路交通安全法》的有关规定。但在证据方面依然要受刑事程序法的规制,比如证据应当满足法定条件,反之则不能作为证据使用。在司法实践中,"醉驾"案件无罪辩护的理由主要表现在执法程序违法、饮酒驾车基础事实不清、车辆非机动车、驾驶地点非道路、情节轻微五个方面。其中因侦查

---

① 熊秋红:《审判中心视野下的律师有效辩护》,载《当代法学》2017年第6期。
② 王敏远、胡铭、陶加培:《我国近年来刑事辩护制度实施报告》,载《法律适用》2022年第1期。

机关血液提取、保存、送检程序不合法,导致鉴定意见未被采纳,驾驶人从而无罪的情况最多,也显示出"醉驾"案件办理过程的恣意性与不规范性。总的来说,不能因为无罪辩护在"醉驾"案件中的空间较为逼仄就否定无罪辩护的适用,应当给予和保障辩护律师在"醉驾"案件中提出无罪辩护的权利。

第四节 "醉驾"案件行政与刑事处理的程序衔接问题

在饮酒后驾驶治理领域,当下的治理格局存在三种路径。其一,不满足"醉驾"血液酒精含量标准,即小于 80mg/100mL 的,应当属于酒后驾驶,由行政机关监管,依据《道路交通安全法》第 91 条的规定"饮酒后驾驶机动车的,处暂扣 6 个月机动车驾驶证,并处一千元以上二千元以下罚款。因饮酒后驾驶机动车被处罚,再次饮酒后驾驶机动车的,处 10 日以下拘留,并处一千元以上二千元以下罚款,吊销机动车驾驶证"作出行政处罚。其二,满足"醉驾"血液酒精含量标准,即超过 80mg/100mL 的,应当属于醉酒驾驶机动车,要依法追究刑事责任。依据《刑法》第 133 条之 1 的规定,判处刑事处罚。其三,虽然满足了"醉驾"的血液酒精含量标准,但是存在情节轻微或其他情形,检察机关作出不起诉或者免予刑事处罚的决定,致使"醉驾"行为人不必遭受刑事处罚。但需要以行政监管手段接管刑事出罪之后的酒后驾驶行为,对行为人作出行政处罚决定。

单独归属于行政管理与刑事处罚的酒后驾驶并不存在较大异议,只是在"醉驾"入刑初期,理论界对于通过刑事手段治理酒后驾驶的正当性存在争议。在入刑之前,酒后驾驶的治理相当于一个漏斗,大量的酒后驾驶通过行政监管的方式予以解决,只有少量的产生严重危害结果的案件进入刑事治理范畴。但在入刑之后,酒后驾驶的治理似乎发生了翻转,是一种"倒立的漏斗"形态,即少量的案件通过行政监管的方式予以解决,大量的案件涌入刑事治理范畴。从程序的角度来看,衔接不畅主要体现在两个方面,即部分案件办理时出现的行刑衔接"混乱",以及审后刑行衔接"空档"。

首先,从实践情况来看,在办理"醉驾"案件时存在行刑衔接混乱的情况。这主要是由于《刑法》与《道路交通法》对"醉驾""酒驾"的划分过于简单,只有达到一定的标准才会构成犯罪,而在实践中,由于行政调查与刑事侦查的重合性,存在不少龃龉。另外,公安交警部门具有执法与侦查的双重角色,其在侦查思路、取证方法上与处理普通刑事案件的侦查部门存在差异,这也会影响审前行刑衔接的顺畅进行。为了解决这些问题,需要建立完整的"醉驾"犯罪侦查取证机制,以确保在行政调查时能够获取满足刑事程序要求的证据。同时,公安机关需要遵守刑法的谦抑性标准,不得轻易冲破其界限,过度介入造成审前行刑衔接的混乱无序状态。在审前办理"醉驾"案件时,需要加强执法与侦查的分离,明确各自的职责,确保行政调查与刑事侦查能够有效衔接。通过明确相关衔接程序的法律规范来解决审前行刑衔接混乱的问题,比如将"醉驾"犯罪的划分标准更加明确化、细致化,以确保司法实践中的判断能够更加科学、准确。同时,也可以加强对公安机关的监管和规范,确保其在执法过程中不会过度介入。

其次,"醉驾"治理中在审后阶段也会出现刑行衔接的"空档"。《道路交通安全法》在"醉驾"入刑后随即划清"醉酒"驾驶与"酒后"驾驶的处置界限。立法层面仅规定两种不同的处罚方式,并未进一步规定两种不同性质处罚之间的衔接。由此导致部分案件中出现"刑轻行重"的情况。例如,作相对不起诉、免予刑事处罚或判处缓刑的行为人,在刑事诉讼环节羁押时间较少或未被羁押,又被判决无须缴纳罚金。单从这两方面来看,其遭受的制裁反比一般酒后驾驶行为更"轻微"。因此,从保障酒后驾驶治理维度的体系性角度来看,"醉驾"作为刑事司法调整之范畴当然不应也不能使行为人遭受比酒驾更轻的处罚。需要进一步研究和完善相关法律法规,确保在处罚时能够综合考虑案件的具体情况和犯罪的性质严重程度。同时,也需要更加注重对案件的个案化处理,确保刑罚与犯罪的实际危害程度相匹配,避免出现过轻或过重的情况。另外,司法机关也可以制定相应的司法解释或指导意见,明确刑罚与行政处罚的衔接方式和标准,以确保审判实践的一致性和公正性。行政机关与检察机关应当建立有效的信息共享机制,在"醉驾"出罪案件中行政机关应当以实现行政处罚及时接续为目标,填补"审后"刑行衔接之"空档",确保违法犯罪行为得到妥善处理。

综上所述,当前"醉驾"治理中存在着审前审后行政与刑事处理衔接的程序问题。为保证治理效果,确有必要进一步完善相关法律法规,保障审前行政调查和刑事侦查的顺利开展。在审前阶段,可考虑建立信息共享机制。公安机关、交通部门和司法机关之间应加强沟通和协调,确保在行政调查和刑事侦查过程中信息的顺畅流动,加强对涉嫌"醉驾"的行为人的调查和取证工作,为后续的刑事处罚提供必要的证据和信息。在审后阶段,公安交警部门和司法部门之间也需要加强协调,避免因职权分工不明而导致行政处罚和刑事制裁之间的冲突和矛盾。公安交警部门应及时向司法部门提供相关案件信息和证据,司法部门应妥善处理涉及行政处罚和刑事制裁的问题,确保衔接顺畅。通过协同作战、信息共享和加强专业能力建设,可以进一步提高"醉驾"治理的效果,实现"醉驾"治理现代化。

第七章 "醉驾"行为治理的评估与综合分析

在"醉驾"入刑的强力助推下,"酒后不开车、开车不喝酒"已经成为社会共识。10余年来,酒后驾车造成严重交通事故的势头得到遏制,成效显著。然而,相关统计数据表明,"醉驾"案件除了在"醉驾"入刑初期有所遏制,之后,"醉驾"案件数量大幅反弹且久增不降,长期处于高位,以致于从2019年开始超过盗窃罪成为我国的"第一大罪"。这个现象不仅引发了包括司法负荷沉重等在内的实践问题,并且使"醉驾"入刑的治理模式产生了诸多负面社会效应,备受质疑。因此,需要对目前的"醉驾"行为治理进行综合评估和分析,以便为研究如何维护"醉驾"行为治理的积极成效并消解其负面效应奠定基础。

本部分主要包括四方面内容。一是针对当前"醉驾"治理实践的成效开展评估,无论是从行为控制的角度还是危害后果控制的角度来看,"醉驾"入刑治理效果确实存在但却有限。二是引入"边际效应"理论解释"醉驾"治理困境,"醉驾"入刑在短期内表现出较为明显的震慑效应,但从长期来看其治理效能却呈现边际效应递减的趋势。三是当下"醉驾"治理模式对社会的现代化治理的不利影响,例如不断大量增加的醉驾犯罪给犯罪人本人、家庭和社会带来的后续结果,以及与国家治理的现代化目标不合。四是对"醉驾"治理模式的反思,例如部分地区不断提升酒精含量标准把控入罪案件数量,其积极意义虽应肯定但也存在亟待解决的问题。

第一节 "醉驾"入刑治理成效评估

2011年《刑法修正案(八)》增设"醉驾"型危险驾驶罪,标志着我国正式将原本由行政管理或民事手段调整的"醉驾"行为纳入刑事治理体系。"醉驾"入刑是以刑法提前介入作为手段,旨在通过更严厉的刑罚惩治和威慑"醉驾"行为,进而在结果上实现降低因"醉驾"产生的交通事故等危害后果,最后达到有效控制因"醉驾"导致的公共风险的治理目标。然而从有关数据来看,当前"醉驾"入刑治理的情况却似乎呈现出两种矛盾的景象。因此,本节内容主要是对当前"醉驾"治理实践的成效进行评估,以为后续之研究奠定基础。

一、从"醉驾"行为控制的角度反思"醉驾"入刑的治理效果

"醉驾"行为在数据上最终表现为"醉驾"案件数量和"醉驾"查处数量。首先,"醉驾"案件自入刑以来持续快速增长,并保持高位。在中国裁判文书网以"刑事案件"为案件类型,以"刑事一审"为审判程序,以"危险驾驶罪"为案由,以"醉酒驾驶"为全文关键词进行检索,以此作为全国"醉驾"型危险驾驶罪案件全样本进行分析。

虽然囿于裁判文书网上网案件存在全面性不足、公开的部分案情不完整和地区差异,以及检索关键词导致的误差等原因,该分析必然存在偏差,但也能够从整体上窥见"醉驾"治理的基本态势。由此可以发现,自2011年入刑以来,"醉驾"案件连年上涨,并在2019年左右接近上限,如假定这几年此类裁判文书上网在统计意义上随机,则2014—2019年危险驾驶罪保持着10%—20%的增长率,这远比全国一审刑事案件收案数增长率(不超过10%)要高。

图一 全国一审刑事案件和全国"醉驾"型危险驾驶罪案件数量

全国酒驾"醉驾"查处数量也表现出同样的趋势。据公安部 2012 年 5 月统计数据,"醉驾"入刑近 1 年,全国公安机关共查处酒后驾驶 35.4 万起,同比下降 41.7%;其中,醉酒驾驶 5.4 万起,同比下降 44.1%。[①] 另据公安部 2013 年 5 月公布的数据来看,"醉驾"入刑 2 年来,全国公安机关共查处酒后驾驶 87.1 万起,同比下降 39.3%,其中,醉酒驾驶机动车 12.2 万起,同比下降 42.7%[②];据公安部 2014 年 5 月统计,"醉驾"入刑 3 年来,累计查处酒驾 127.4 万起,醉驾 22.2 万起,同比分别下降了 18.7% 和 42.7%。[③] 从单条数据来看,全国酒驾醉驾查处数量与"醉驾"入刑前同比下降,然而整体来看即可发现,"醉驾"入刑前 3 年中酒驾(不包括醉驾)查处数量分别为 30 万起、44.9 万起、52.5 万起,"醉驾"查处

---

① 参见邹伟、陈菲:《"醉驾入刑"近一年 全国酒驾醉驾降幅均超四成》,载新浪网,http://hunan.sina.com.cn/news/caijing/2012-04-29/25462.html,2023 年 5 月 10 日访问。

② 参见《醉驾入刑两周年 治理酒驾取得显著成效》,载《人民公安报》2013 年 5 月 2 日,第 1 版。

③ 参见张洋:《醉驾入刑有效果 法治入心显力量》,载《人民日报》2014 年 10 月 20 日,第 11 版。

数量分别为 5.4 万起、6.8 万起、10 万起,呈现逐年递增的趋势,而根据公安部统计数据,在"醉驾"入刑 8 年后的 2019 年,仅上半年全国即查处酒驾醉驾 90.1 万起,其中醉驾 17.7 万起,这与"醉驾"入刑前 3 年相比大致翻了 3—6 倍。①

对此现象,我们需要理性看待,不能简单地就此得出"醉驾"入刑治理失灵的结论。因为"醉驾"型危险驾驶罪案件数、酒驾醉驾查处数不仅取决于国家打击"醉驾"的力度,同时还受到包括国家经济发展水平、汽车保有量和驾驶人数、道路交通基础设施状况以及酒文化等在内的多种因素的影响,很有可能入刑对"醉驾"行为的负效应被近 10 年来其他因素产生的正效应所覆盖。事实上,这也可以从"醉驾"入刑最初 3 年,尽管"醉驾"查处数在上升但同比却下降可以看出,存在仅以行政手段治理"醉驾"查处数上升水平会更高的可能。② 另外,"醉驾"作为一种典型的"控制型犯罪",从某种程度上而言,记录在案的犯罪数量也只是反映了警方的"生产能力",而并不能反映一个国家真实的犯罪数量,③醉驾案件和查处数量的增长很有可能只是警方查处力度增强的显性反映。实际上据有关报道,2020 年每排查百辆车的醉驾比例比醉驾入刑前减少 70% 以上④,这可能更能反映出"醉驾"入刑对"醉驾"行为的遏制作用。

---

① 王茜:《2019 年上半年全国查处酒驾醉驾 90.1 万起》,载中国政府网,http://www.gov.cn/xinwen/2019-07/24/content_5413938.htm,2023 年 5 月 10 日访问。

② 这也意味着,"醉驾"型危险驾驶罪案件数还需结合因酒驾受行政处罚数进行整体考察,通过比较"醉驾"入刑前因酒驾醉驾受行政处罚数与"醉驾"入刑后"醉驾"型危险驾驶罪案件数和因酒驾受行政处罚数之和,才能更为客观地揭示出"醉驾"行为的变化趋势。但"醉驾"型危险驾驶罪案件数的这一缺陷能够为酒驾醉驾查处数所弥补。

③ 参见黄河:《犯罪现实与刑罚的社会控制——基于刑罚目的论的反思》,载《中外法学》2021 年第 3 期。

④ 参见程林杰、刘哲、黄亦程:《"醉驾入刑"十年间减少两万余起伤亡事故》,载《人民公安报》2021 年 4 月 29 日,第 2 版。

二、从"醉驾"危害后果控制的角度衡量"醉驾"入刑的效果

"醉驾"的危害后果主要表现为交通事故的发生。首先,全国因酒驾醉驾导致的交通事故数在"醉驾"入刑后略有降低但并不明显。据有关报道,2011 年全国因酒后驾驶导致交通事故 3555 起,死亡 1220 人,分别比上年下降 18.8% 和 37.7%。① 另据公安部 2014 年 5 月的统计,"醉驾"入刑 3 年来,全国因酒驾、醉驾而导致的交通事故起数和死亡人数较法律实施前分别下降了 25% 和 39.3%。② 可见,"醉驾"入刑初期在遏制因酒驾醉驾导致的交通事故方面取得了良好的效果。但根据公安部网站公布的数据,在"醉驾"入刑 8 年之后的 2019 年上半年,全国因酒驾醉驾导致死亡的交通事故有 1525 起,造成 1674 人死亡,同比下降 20.7%、20.4%。③ 据此推算,2019 年因酒驾醉驾导致死亡的交通事故达 3000 起左右,死亡人数在 3300 人左右,并且 2018 年因酒驾醉驾导致死亡的交通事故接近 4000 起,死亡人数超过 4000 人,这与根据 2011 年数据推测出的,在醉驾入刑前的 2010 年,因酒后驾驶导致交通事故 4378 起,死亡 1958 人相比,并未表现出明显的下降,相反在死亡人数上还有增无减。但全国因酒驾醉驾导致的交通事故数也同样会受到汽车保有量等因素的影响,在这个意义上全国道路交通万车死亡人数会是一个更有参考意义的数据。④

如图二所示,自 2011 年"醉驾"入刑以来全国道路交通万车死亡人

---

① 参见张涛:《"醉驾入刑",在争论中前行》,载《民主与法制时报》2012 年 5 月 21 日,第 A06 版。
② 参见白阳、邹伟:《公安部:"醉驾入刑"三年,酒驾事故数下降 25%》,载《新华每日电讯》2014 年 10 月 20 日,第 5 版。
③ 王茜:《2019 年上半年全国查处酒驾醉驾 90.1 万起》,载中国政府网,http://www.gov.cn/xinwen/2019-07/24/content_5413938.htm,2023 年 5 月 10 日访问。
④ 参见桑本谦:《如何完善刑事立法:从要件识别到变量评估(续)》,载《政法论丛》2021 年第 2 期。

数持续降低,这一方面或许能够在一定程度上反映"醉驾"刑事治理的成效,但另一方面值得注意的是,"醉驾"入刑后万车死亡人数的降速与2010年"醉驾"入刑前相比反而更低,这又显现出"醉驾"刑事治理的失力。但也需要指出的是,由于道路交通死亡原因不仅包括酒驾醉驾,还包括其他如超速、疲劳驾驶等的各种因素,因而单单以道路交通万车死亡人数衡量"醉驾"治理效果也存在较大误差,更准确的测量数据应是万车因酒驾醉驾死亡人数,但遗憾的是这一数据难以通过公开信息获得。但同样地也不可就此否认"醉驾"入刑的价值,据有关媒体报道,入刑后酒驾醉驾肇事导致的伤亡事故相比上一个10年减少了2万余起①,可见"醉驾"入刑对于改善道路交通安全环境仍然发挥了重要的作用。

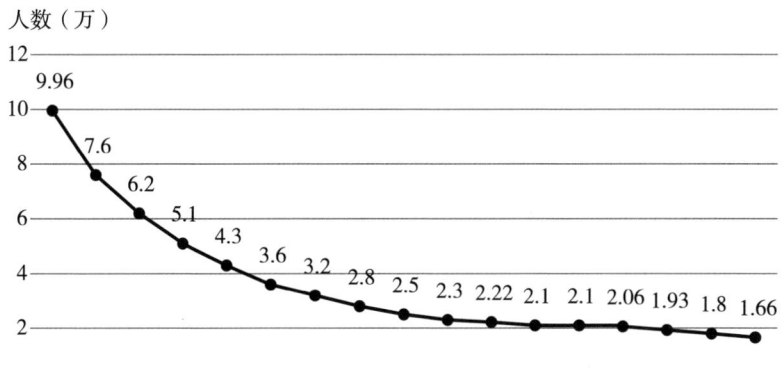

图二 2004—2020年全国道路交通万车死亡人数情况

三、从风险刑法理论角度审视"醉驾"入刑治理模式的效应

风险刑法理论是前些年来刑法学界的热点讨论话题,所谓风险刑

---

① 《"醉驾入刑"十年间减少两万余起伤亡事故》,载百度百家号"公安部",https://baijiahao.baidu.com/s?id=1698475120511698611&wfr=spider&for=pc,2021年4月30日访问。

法,是指由于社会和经济的发展,使人们的生活产生很多的不可预知的风险,严重影响人们的生活并扰乱了社会秩序,从而采取相对于传统刑法的以抵御风险社会为目的的新型刑法,以此来减少风险并为风险提供理论依据。传统刑法的规范构造以规制实害犯、结果犯为核心,而对危险犯、行为犯的规制较少,风险刑法规范却更多考虑规制危险犯、行为犯,不再依赖于实害结果的发生与否及影响大小。在风险刑法理论的要求下,更强调刑法的提前介入,以在当事人有意识但没有造成巨大损害时,对其加以归责,并予以处罚,这不同于传统的刑法对造成危害后再进行惩治。由此,风险刑法理论影响下会在刑法体系中增加相应的轻罪罪名。

2011年《刑法修正案(八)》中增设的"醉驾"型危险驾驶罪被视为风险刑法理论的绝佳例证而被屡次提及。在此之前,我国《刑法》规定了交通肇事罪,是一种以肇事结果发生作为犯罪成立条件的犯罪,是传统刑法中典型的过失犯,而"醉驾"只不过是对交通肇事罪从重处罚的量刑情节之一。但鉴于醉酒驾驶的严重危险性,立法机关专门设立了危险驾驶罪,将未发生肇事结果的醉驾行为规定为犯罪。在这种情况下,对交通肇事罪的处罚前移至未发生肇事结果的醉驾行为。这正体现出风险刑法理论中刑法风险防控的价值追求。应当说,在风险刑法理论的立场下,在危险初露端倪时就能发现并通过预防措施加以遏制或去除,而不是等着威胁以犯罪行为的形式呈现时才介入,虽然体现出国家对个体行为的控制得以扩张与加强,但更有益于保障个体安全与公共安全。"醉驾"治理模式亦是如此,"醉驾"入刑之后的道路交通安全得到质的提升,也降低了严重交通事故发生率,展示出较好的治理效能。

但与此同时,我们也需要理性审视风险刑法理论视野下"醉驾"治理模式的弊病。在学界围绕"醉驾"型危险驾驶罪的讨论中,一个颇具争议的内容是危险驾驶罪的主观罪过究竟是故意还是过失,以及究竟是具体危险犯还是抽象危险犯。主要存在两种观点:第一种主张其是过失的抽象危险犯,冯军教授认为行为人故意或者过失饮酒后,虽然行为人事实上已经因为醉酒而处于不能安全驾驶机动车的状态,却因为疏忽大意而没有预见自己的醉酒驾驶行为会造成公共安全的危险;或者已经预见自己的醉酒驾驶行为会造成公共安全的危险,却轻信自己还能够在道路上安全驾驶机动车,轻信自己的醉酒驾驶行为不会危害公共安全,因而故意在道路上醉酒驾驶了机动车,却过失地造成了公共安全的抽象危险。① 第二种主张其是过失的抽象危险犯,陈兴良教授认为,抽象危险犯是一种特殊的行为犯而非结果犯,其责任形式应该以对行为起支配作用的主观心理态度确定。因为过失犯是结果犯,所以在结果没有发生的情况下,对于行为的处罚是一种故意行为的犯罪化。在这种情况下,应当成立的是故意的抽象危险犯。② 我们认为,抽象危险犯是一种特殊的行为犯。行为犯是区别于结果犯的犯罪类型,它是不以结果发生作为构成要件的犯罪类型,具体到"醉驾"型危险驾驶罪中来看是以行为犯中的危险犯为评价标准。即抽象司法者无须关注个案的特定情形,也无须判断具体的结果性危险存在与否,现实的法益侵害不再是构成犯罪的必备要件。如此一来,会给刑事实体法和刑事程序法均带来一定的挑战。

首先,当下的"醉驾"治理模式在一定程度上违背了刑法谦抑性理念,也偏离了传统的"罪责刑法"理念。在风险刑法理论影响下,刑法的处罚范围不断扩大。风险刑法理论通过"风险"概念的扩张使法益保护日益抽象化,并导致刑法介入的早期化。"醉驾"型危险驾驶罪即是典型例证,将可能产生的危害道路安全公共安全的行为入刑,存在一种"泛风险化"倾向,极大地扩大了刑法的打击面,在一定程度上背离了刑法谦抑性理念。此外,以"风险"而非"罪责"作为入刑的重点考量要素,体现出

---

① 参见冯军:《论〈刑法〉第 133 条之 1 的规范目的及其适用》,载《中国法学》2011 年第 5 期。

② 参见陈兴良:《风险刑法理论的法教义学批判》,载《中外法学》2014 年第 1 期。

其更针对犯罪人的人身危险性而不是它的责任。不考虑法益侵害的结果意味着行为一经实施无论结果如何都要受到处罚,而过分关注行为及行为人本身意味着实施行为时行为人的动机、想法、观念等主观层面的因素均将成为可罚性的判断基准。最终这种远离罪责的做法将导致出现极端的行为无价值和刑法的伦理主义结果。①

其次,在刑事司法层面,当下"醉驾"治理模式下少捕慎诉慎押的刑事司法政策难以贯彻和落实。以行为犯为入罪标准的风险刑法理论视域下的"醉驾"型危险驾驶罪,在司法层面也应当坚持"不该捕的不捕,不该诉的不诉",但从当下的司法实践来看,少捕慎诉慎押的刑事司法政策并没有在"醉驾"治理中得到有效落实。这主要表现在两个方面:其一是少捕层面。醉驾作为轻罪治理中的典型类型,应当坚持轻微犯罪案件,原则上不适用逮捕的理念,但就现行羁押率来看,超过80%的轻罪案件中仍有不少刑事被追诉人身处于羁押环境之中。从程序维度来看,这一问题的根本在于刑法对于行为犯中危险犯的标准设定相对简单,诸如血液酒精含量的定量标准使起诉标准变得相对明确,如此一来,在"捕诉一体"的要求下,满足起诉标准的案件会直接倒逼施行逮捕,"少捕"自然难以在"醉驾"型危险驾驶罪中适用。其二是慎诉层面。周光权教授就认为,将绝大部分仅具有抽象危险的刑事被追诉人推入法庭审判并判罚,无论是对该罪案的个人及其家庭还是对于国家、社会而言,都是巨大损失,属于司法和个人的"两败俱伤"。② 实际上,办理"醉驾"案件过程中,通过适用相对不起诉的方式并辅之以行政处罚,足以治理绝大多数没有实质危害性的危险驾驶案件,并且可以纠正公安机关因绩效考评机制而

---

① 参见刘艳红:《"风险刑法"理论不能动摇刑法谦抑主义》,载《法商研究》2011年第4期。
② 参见周光权:《论刑事一体化视角的危险驾驶罪》,载《政治与法律》2022年第1期。

热衷办理"醉驾"案件的趋势。① 把公民变为罪犯不是刑法的目的也不是法治的追求。实现法治治理,制定完善的法律制度体系固然重要,但司法机关针对具体的情况准确适用法律,同样也很重要。② 目前来看,尽管相对不起诉在"醉驾"与"帮信"等案件中有巨大的潜力空间,但仍未被释放,这也较大程度地限制了少捕慎诉慎押价值与功能的发挥。

第二节 "醉驾"治理边际效应考察

由于网络公开数据的有限性,我们很难通过完整、连续与合适的数据对"醉驾"入刑治理的现状进行全面而精准的描绘,但在对以上两个方面数据的分析中仍可管窥,"醉驾"入刑在短期内表现出较为明显的震慑效应,但从长期来看,其治理效能却呈现出边际效应递减的趋势。

所谓边际效应递减,指的是在其他条件不变的情况下,某一要素的持续投入尽管能不断增加产出,但随着产出的增加,单位要素对产出的边际贡献却会逐渐减小的现象。这在"醉驾"治理的背景下则指的是,随着国家在"醉驾"治理上所投入资源的不断增加,"醉驾"现象及其危害后果虽然得到改善,但国家治理资源的进一步投入所产生的边际治理效果却在不断削弱。这主要表现为,经过 10 余年的刑事治理,"醉驾"行为数量虽然初期同比在减少,但从长期来看,仍在逐年上升,并且已远远超过了"醉驾"入刑之前的水平,而"醉驾"危害后果发生数量虽然在降低,但从长期来看,"醉驾"入刑对于减少道路交通事故的作用仍比较有限。

总之,"醉驾"入刑 10 余年来,"醉驾"行为及其危害性已得到一定的

---

① 参见王美鹏、李俊:《"醉驾"入刑十年的反思与治理优化——以浙江省 T 市和 W 市检察机关办理案件为分析样本》,载《人民检察》2021 年第 18 期。

② 参见胡立平:《"醉驾"的入罪与出罪》,载《法律科学(西北政法大学学报)》2021 年第 6 期。

控制,但单纯依靠刑事手段进行治理所能达到的效果已逼近"天花板"。

当前"醉驾"入刑治理所表现出的边际效应递减现象需要得到理论上的阐释,由此剖析其问题症结所在,进而为未来治理方式的改善提供方向,这包括"醉驾"入刑治理的有效性和进一步强化刑事治理的有限性两个步骤的解释。

一、"醉驾"入刑治理有效性的理论解释

刑罚威慑理论可以解释"醉驾"入刑以来治理的有效性。根据刑罚威慑理论,犯罪行为是行为人成本收益权衡的结果,即行为人之所以会选择犯罪,是因为犯罪给其带来的预期收益大于预期成本,而刑罚构成预期成本很重要的一部分。由于每个人所面临的预期收益和预期成本都不同,甚至同一个人在不同条件下的预期收益和预期成本都不同,因而在特定的刑罚水平下,一部分人会选择犯罪而另一部分人则不会,或者说同一个人在某些条件下会而在另一些条件下则不会,但无论如何,当国家提高刑罚水平时,都会导致在相同条件下更多的人或者是同一人在更多的条件下由于预期成本的提高而选择不犯罪,从而从整个社会来看最终表现为犯罪的减少。也即,在其他影响犯罪水平因素不变的情况下,提升刑罚水平理论上会导致整个社会犯罪现象的减少。同样的,这一理论也可适用于一般的违法行为,这样,刑罚威慑也就相应地拓展为包括行政处罚在内的更广义的国家处罚威慑。[①]

将"醉驾"行为视为行为人成本收益权衡的结果具有一定的妥当性,毕竟,"醉驾"行为是其"故意"而非"过失",是由其自身而非他人选择的结果。根据这一前提,当"醉驾"带来的预期收益超过"醉驾"导致的预期成本时,潜在的"醉驾"行为人才会实施醉驾行为。对其而言,"醉驾"

---

① 已有学者提出尝试将行政处罚纳入刑法体系的设想,参见刘仁文:《我国行政拘留纳入刑法体系构想》,载《法制与社会发展》2021年第5期。

给其带来的预期收益主要表现为节省时间或节省打车、找人代驾的经济支出等的物质性收益,以及如因酒精刺激所产生的心理满足等精神性收益,而"醉驾"导致的预期成本主要是国家处罚,一般很少有相应的直接成本和机会成本,其中,处罚水平一般可以从处罚的确定性、严厉性和及时性三个方面进行衡量。

"醉驾"入刑后,针对"醉驾"的处罚至少在确定性和严厉性两个层面都得到大幅提升,其中,确定性的提升主要表现为实践中所形成的只要达到"醉驾"标准就"一律起诉、一律定罪处罚"的严格司法标准以及加大查处力度的执法样态,严厉性的提升则主要表现为对"醉驾"的处罚从行政处罚转为刑事处罚,这不仅指刑法上的拘役和罚金代替了行政法上的拘留和罚款,更意味着醉驾行为人将被贴上"罪犯"的标签,并承担由此引发的一系列附随后果,包括在学业、职业等各方面的限制,因为刑法内含着社会共同体对犯罪人和犯罪行为的谴责功能。① 因此,"醉驾"入刑能够大幅提升醉驾行为的预期成本,最终表现为有效遏制"醉驾"行为的治理效果。

二、进一步深化刑事治理效果有限的理论探究

针对当前"醉驾"治理遇到瓶颈的现象,实践中存在着一种声音,主张对于醉驾还应继续提高刑事治理强度。然而,这种观点偏颇地将犯罪水平视为仅仅受刑罚单一影响的变量,而忽视了可能的其他影响因素,更严重的是,这忽视了刑罚的运用本身具有成本的事实。而只有将后二者纳入考量范围,引入最优刑罚水平理论,才有可能真正理解当前"醉驾"治理中的边际效应困境。

如前所述,不同的潜在醉驾行为人以及不同条件下的潜在醉驾行为人所面临的醉驾收益和成本都是不同的,因而通过提升处罚水平提高醉

---

① 参见王强军:《刑法干预前置化的理性反思》,载《中国法学》2021年第3期。

驾成本能够导致醉驾现象的减少。但是并非所有醉驾行为都能依靠处罚水平的提升来消除,这是因为总会存在一部分潜在醉驾行为人或者一定条件下的潜在醉驾行为人的醉驾收益大于当前处罚水平下的醉驾成本,即使此时的醉驾成本收益权衡对他人或者对其他条件下其自身而言可能是"非理性"的,但对于那一特定条件下的其本人而言却是"理性"的。而之所以会如此,正在于其他如特定的道路状况、酒文化以及社会经济繁荣程度等可以构成改变行为人醉驾成本收益的因素限制了刑罚威慑功能的发挥,例如对酒文化的崇尚会提高饮酒行为的收益也就相应地提升了醉驾收益。而在这些因素不配套改善的情况下,单纯地依靠处罚水平的提升来限制醉驾行为就必然会出现边际递减效应。简而言之,如果将整个社会的醉驾犯罪数量视为一个函数,则影响这一因变量的有包括处罚水平在内的多种自变量,而若仅仅将醉驾犯罪水平看作是处罚水平的关联函数,二者在坐标轴上就会相应地表现为一条如图三所示的曲线 L。

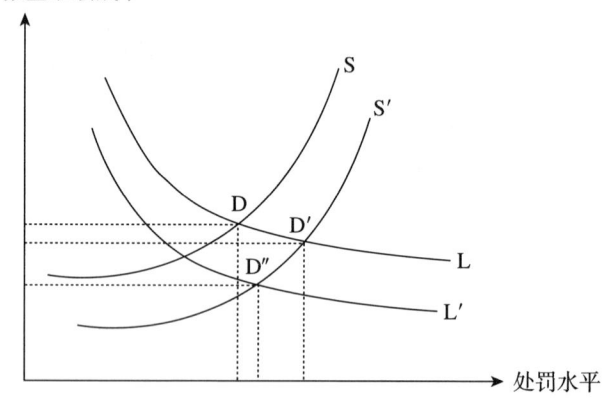

图三 醉驾犯罪数量与处罚水平的关系

更进一步的,如果考虑到刑罚本身的社会成本,就能够从经济学的角度得到一个最优处罚水平。一方面,刑罚的实现需要警察、检察官、法官等大量人力和监狱等各种国家机器和物力的投入,并且往往是处罚水平越高便意味着需要越多此类资源的投入,由此可以得到一条如图三所示的曲线 S。另一方面,如果将犯罪同样视为一种社会负担,则犯罪数量越多,由犯罪所导致的社会损失也越大,这样也就将处罚水平与犯罪数量的关系曲线转换为处罚水平与犯罪所导致的社会成本的关系曲线。由此,图三中 D 点代表在当前条件下社会对于醉驾的最优处罚水平,在这一点继续增加处罚水平反而会产生社会净损失,这是因为增加处罚水平所需要的社会投入超出了其因减少犯罪所降低的社会损失。

这一分析揭示出,针对醉驾的刑事治理不仅要看治理效果,而且还必须考虑治理成本,一味地依靠加大刑事处罚力度进行治理并非良策。同时,这一分析还隐含着另一政策意义,即在 D 点此时促使醉驾犯罪水平进一步下降的更优策略不再是进一步提高处罚水平,而是要么通过改变其他影响醉驾犯罪数量的因素使 L 迁移至 L′,要么通过降低处罚的成本使 S 迁移至 S′,这也揭示未来醉驾治理的改革方向,即综合治理和降低治理成本。

第三节　现行"醉驾"治理模式的隐患

理论和实践都显示出简单地依靠刑事规制难以实现对于醉驾现象的持续稳定的有效治理,经过刑事治理的 10 余年努力,"醉驾"治理明显陷入边际效应的困境。这一方面导致醉驾问题难以得到进一步的遏制,另一方面也给社会面带来极大的隐患。

一、现行"醉驾"行为治理之模式

以 2011 年"醉驾"入刑为节点,各地经过 10 余年的实践摸索和总结,从全国整体来看,已形成了一套较为成熟的"醉驾"治理模式,主要可以概括为以下三个方面。

(一) 以"两个一律"为特点的单一化入罪模式

这是指在入罪上坚持"两个一律",同时以血液酒精含量作为主要的醉酒判断标准。2011年"醉驾"入刑后公安和检察机关在醉驾治理上普遍采取了较为严苛的刑事政策,要求"对经核实属于醉酒驾驶机动车的一律刑事立案",并明确指出"只要事实清楚、证据充分,检方就会一律起诉,而不会考虑情节的轻重"。① 尽管时任最高人民法院党组副书记、副院长张军曾在2011年5月10日全国法院刑事审判工作座谈会上表示,对醉酒驾驶者追究刑责应慎重,要注重与行政处罚相衔接,尤其是提出了《刑法》总则第13条"但书"条款的适用问题,引发了极大的关注和争议,但由于社会公众对于交通安全的高度关切,新法得到快速推行,此种意见也很快被淹没。2013年12月,最高人民法院、最高人民检察院、公安部联合发布《关于办理醉酒驾驶机动车刑事案件适用法律若干问题的意见》,其中明确规定:在道路上驾驶机动车,只要血液酒精含量达到80mg/100mL以上的,就属于醉驾,应以危险驾驶罪定罪处罚。这一文件的出台又使得醉驾的入罪标准完全地取决于血液酒精含量,而不予考虑影响危害性判断的其他情节。尽管2017年最高人民法院发布《关于常见犯罪的量刑指导意见(二)(试行)》对此进行了一定的调整,规定对于一些情节轻微的醉驾行为可以"不予定罪处罚"或者"免予刑事处罚",地方部分省市也出台了一些司法规范性文件,对醉驾案件在某些特定情节下可不起诉、免予刑事处罚和不作为犯罪处理进行了规定,这些均可看作"醉驾"入罪模式开始出现方向性转变的趋势的体现,但由于理论与实务对于这一问题仍未达成共识,因而从整体上看,这种单一化的入罪模式在实践中仍未得到明显的改观。

---

① 参见敦宁:《醉驾治理的司法困境及其破解之策》,载《法商研究》2021年第4期。

(二)以专项行动为主的突击式查处模式

不同于交通肇事案件,醉驾案件由于没有发生实际的伤亡情节等危害后果,因而醉驾行为的发现更多地取决于警察的查处能力。对此,公安机关普遍采取的是聚集人力、物力在特定的时间和地点进行突击式检查的方式,以此展开对醉驾行为的集中治理,并且有时还会以各级公安机关联动的全国统一专项行动的形式进行。这种查处模式往往表现出以专项行动为形式、在饮酒高峰时段进行以及查处地点多为餐饮娱乐场所等饮酒多发地段附近的特点,一些地方还会专门对以往醉驾案件进行分析,进而在醉驾高发时段和区域设卡查处。由于查处的突击性、集中性和针对性,在这种查处模式下往往会在短期内暴露出数量惊人的醉驾案件。

(三)标准化的流水线式办案模式

这是指醉驾行为查处后自立案、证据采集到审查起诉和审判等司法环节均实行格式化、流程化快速产出的案件办理模式。在醉驾案件总量持续攀升的背景下,为了能够在短期内办结大量案件,司法机关普遍采取简化、标准化办理的方式,而很难做到精细化办案,只能重点关注犯罪事实及证据并进行形式审查,而忽视个案中可能影响实质认定的特殊因素,同时律师参与的空间也被大大压缩。另外,公、检、法三家的内部关系也由此展现出分工负责、相互配合有余而相互制约不足的样态,如实践中为加快办案进度,一些地区推出"刑拘直诉"机制,要求公、检、法三机关接力分别在"2-2-3"或"3-2-2"日内办结案件,还有一些地区探索出一套"集中办理、集中审查、集中起诉、集中开庭"的集约化运作、设立办案组专人专办等的办案模式①,甚至还有部分地区采用公、检、法同地办公的方式,以此实现案件从办理到审查起诉、审判再到执行的无缝衔接②。这种办案模式能够较为显著地提升办案效率,但办案质量如何却有待考察。

  针对"醉驾"问题采取当前的这些治理模式当初具有一定的现实合理性。一是立法上出罪空间不足,促使司法上入罪严苛化。从刑法规定来看,比照危险驾驶行为的其他情形,醉驾行为入罪既无"情节恶劣"的要求,也无"严重"或"危及公共安全"等抽象表述,从字面含义来看,只要是"醉酒驾驶机动车的",就一律构成犯罪。从我国《道路交通安全法》第 91 条第 2 款来看也是如此,只要符合"醉酒驾驶机动车的",则"依法追究刑事责任",中间也缺乏可以解释出转为行政处罚的出罪要素。因而立法上唯一的出罪条款即《刑法》第 13 条的"但书"条款,但从实践来看,法官在个案中运用该条款具体判断"情节显著轻微,危害不大"具有说理上的技术难度。③ 二是司法资源有限,而醉驾案件量持续剧增,促使实务中对醉驾实行集中整治、简化办理。对于公安交警部门而言,在查处醉驾之外还需承担大量的交通安全日常管理工作,而对于法检部门,则既要面临案件爆炸式增长的数量负担,还要面对案件种类日益复杂化的结构性压力。同时考虑到向作为我国量刑最轻的犯罪类型的醉驾行为倾斜司法资源也并不现实,因而司法人员能够分配到醉驾上的时间和精力明显不足,实践中也就只能采取集中资源整治的查处方式与尽可能从快从简的案件办理方式来消解大量积存的醉驾犯罪。

---

  ① 参见王敏远:《"醉驾"型危险驾驶罪综合治理的实证研究——以浙江省司法实践为研究样本》,载《法学》2020 年第 3 期。
  ② 参见王波:《建立危险驾驶案件快速办理中心着力提升办案质效》,载搜狐网,https://www.sohu.com/a/463330229_427885,2023 年 5 月 10 日访问。
  ③ 参见周磊、秦波:《醉驾案件定罪问题与出罪路径研究》,载《法律适用》2018 年第 11 期。

以往的这种治理模式也表现出了一定的有效性。这不仅仅体现在短期内能够查处和办理大量醉驾案件的规模效应,从而能够为公安司法机关提供更为显著的绩效支撑,还更在于通过多次反复的集中治理,通过效果累积实现对醉驾问题的逐步改善,并且此种声势浩大的运动式治理也往往能够对其他潜在的醉驾行为人产生较为明显的警示作用。[1]

二、现行"醉驾"行为治理之隐患

虽然"醉驾"的司法实践取得了引人瞩目的成效,但从另一方面来看,当前"醉驾"治理模式也存在一些问题和隐患,主要表现在以下几个方面。

首先,如前所述,"醉驾"案件治理并没有起到降低案件数量的作用,当前"醉驾"型危险驾驶罪已经成为刑事犯罪领域的第一大罪,这种犯罪案件大幅增量的现状并不符合国家治理现代化的要求。习近平总书记强调:"要坚持把非诉讼纠纷解决机制挺在前面,从源头上减少诉讼增量。"[2]应当说,诉源治理不仅是保障社会和谐稳定的重要方式,也是实现国家治理现代化的主要路径。张文显教授认为,在推动国家治理现代化进程中,以和谐作为法治和国家治理的核心价值,就是要把和谐价值融入法律规范体系和国家治理制度体系之中,致力于构建社会主义和谐社会。努力促进人与人之间、公民与国家之间、群体与群体之间、阶层与阶层之间、区域与区域之间、乃至国家与国家之间和谐,实现各主体各得其所又和谐相处。[3] 具体到"醉驾"型危险驾驶罪中,如此高的犯罪案件数量与增量,显然并未体现诉源治理之要求,因而也不能实现和谐目的,进

---

[1] 参见李辉:《"运动式治理"缘何长期存在?——一个本源性分析》,载《行政论坛》2017年第5期。

[2] 参见《习近平主持召开中央全面深化改革委员会第十八次会议并发表重要讲话》,载中国政府网,https://www.gov.cn/xinwen/2021-02/19/content_5587802.htm。

[3] 参见张文显:《法治与国家治理现代化》,载《中国法学》2014年第4期。

而在最终层面上不符合国家治理现代化目标之要求,"醉驾"治理迫切需要现代化转型。

其次,在当前醉驾案件总量不断攀升的背景下,治理"醉驾"已经成为公共安全领域的一大难题,在一定程度上加剧了司法负担。法治实践中,公安机关一般以行政手段与刑事手段作为治理方式。然而,刑事治理手段本身存在成本过高之问题,过多地运用刑事方式解决问题会给司法机关带来沉重负担。相较于以行政手段治理"醉驾","醉驾"入刑提高了处罚水平,这虽然是对违法犯罪行为的有力打击,是司法公正的体现。但是,入刑也意味着需要付出更高的刑罚治理成本。一方面,从"酒驾"到"醉驾"的变化,致使经办部门由公安机关变为公、检、法三机关,需要更多的人力与司法资源投入。另一方面,刑事案件相比行政案件,无论是在证据上还是在程序上,都具有更为严苛复杂的办理标准和流程,这给本身就长期面临"案多人少"困境的司法机关带来了严重的办案压力。尤其是在一些大城市,"醉驾"入刑后,刑事案件占据了司法机关工作的很大比例,在一定程度上也使公安司法机关在其他领域的执法工作受到较大影响。因此,我们需要更有效的治理手段来应对"醉驾"案件,以减轻司法机关的负担。除了加强行政手段治理酒后驾驶问题,我们还可以通过加强普法教育,提高司法效率等方式来减轻司法机关的工作压力。例如,可以在学校、社区等地方加强酒后驾驶的法律知识宣传,提高市民的法律意识,从而减少酒驾违法行为的发生。同时,也可以通过优化酒驾案件的司法流程、加强证据收集等方式,提高司法效率,降低司法成本。

再次,将"醉驾"入刑治理也伴生出巨大的社会成本,为社会增加了规模庞大的贴有罪犯标签的群体,制造了可能引发潜在社会对立矛盾的次生风险。"醉驾"入刑治理所带来的社会成本不仅是刑罚本身的代价,更重要的是其带来的长期后果。犯罪人不仅面临着被贴上"罪犯"的标签,还会承受一系列犯罪附随后果,如失去公职、被解除劳动合同、吊销或禁止取得部分职业资格,以及影响个人征信等。这些附随后果将会在罪犯获释后长期影响其个人和家庭的生活和发展,更进一步引发、扩大社会的对立和矛盾。尤其对于那些承担社会职能的人,例如教师、医生、工程师等,他们的职业受到严格监管,一旦被判定为醉驾罪犯,将面临无法从事该职业的惩罚。这不仅会对罪犯本人产生严重影响,更会对其家庭造成严重的负面影响。他们在家庭中通常扮演着顶梁柱的角色,家庭的经济来源和稳定性在很大程度上依赖于他们的收入和稳定职业。因此,当罪犯失去其工作或职业资格时,其家庭的生计将受到巨大的冲击,这可能导致其家庭破裂、子女失学、失业等问题的产生。此外,醉驾罪犯还可能因此被社会污名化和排斥,这将使得他们更难以回归社会,重新融入社会。社会对他们的歧视和排斥会让他们感到孤独和失落,更容易滋生仇恨和对抗情绪,这可能导致其再次犯罪,引发社会不稳定因素的增加。即使罪犯已经服完刑期,他们仍然可能在就业、婚姻、子女教育等方面受到不公平待遇,这会进一步加重罪犯和其家庭的负担,阻碍其重新融入社会。因此,针对"醉驾"治理,应该基于社会长治久安的需要,从更多角度考虑采取综合治理措施,不宜一味地采取刑事治理方式。

复次,由于治理方式的规模化和简约化,实践中对于"醉驾"行为的处置存在较为明显的不均衡现象,有损公众对于执法司法公正性的期待。在入罪上,单一化的以血液酒精含量为依据的标准,既与"醉"之本意不相符①,也未能考虑社会群体对于酒精耐受程度的差异性,可能导致将超出标准但实际不具有社会危害性的行为作为醉驾犯罪处理,也可能导致将低于标准但实际认知模糊、不具有驾驶能力的人员排除在惩罚之外;同时,由于各地司法规范性文件规定存在差异,同一"醉驾"行为可能

---

① "醉"所表达的是饮酒过量而神志不清的状态,意味着意识模糊。参见中国社会科学院语言研究所词典编辑室编:《现代汉语词典》,商务印书馆1980年版,第1533页。"醉驾"的基本含义则应进一步延伸到因喝酒过量而影响了驾驶行为控制能力。

仅仅因为在不同地方而获得全然不同的司法处遇。在执法上,实践中醉驾查处存在选择性执法之嫌,这既包括前述在时间、地点上的选择性①,还包括地域上在城市和农村间的选择性,即"醉驾"查处以城市道路为主而较少向农村延伸,同时现实中还存在着一些执法不严格、对不同人员选择性执法的现象。如山东滨州交警在夜查"酒驾"直播时违规放行一辆自称是"市公安局的"被查车辆,引发了网民的广泛关注和不满。② 在司法上,不同区域之间甚至同一区域内由于缺乏统一细致的裁判规范,在案件认定和量刑上存在较大的差异,自由裁量权存在一定的被滥用或者误用的情况。如有学者通过调研发现,对同一区段酒精浓度的醉驾案件不同法院的量刑适用差别较大。③ 同时,由于我国道路交通安全法针对醉驾行为缺乏出罪条款,而实践中部分地区对于情节轻微的醉驾行为又作出罪处理,导致刑事处罚与行政处罚出现倒挂现象,部分被作相对不起诉、免予刑事处罚或适用缓刑的醉驾行为人受到的处罚反而要轻于普通酒驾行为人受到的行政处罚。④

最后,"醉驾"入刑的威慑效果存在着较大的群体性差异,运动式的执法方式也容易助长潜在"醉驾"行为人的投机心理,从而进一步削弱了刑事治理的效果。从刑罚威慑理论的角度来看,刑罚的客观威慑水平并不能直接影响潜在犯罪人的决策,而需要借助于潜在犯罪人对于刑罚的主观感知的中介作用。⑤ 不同群体对于刑罚的认知水平存在差异,进而

---

① 参见解永照:《醉驾犯罪化的问题与省思》,载《山东警察学院学报》2017 年第 5 期。
② 参见《夜查酒驾放行"公安局的",警方再通报》,载澎湃新闻网,https://m.thepaper.cn/baijiahao_14636237,2023 年 5 月 12 日访问。
③ 参见石艳芳:《醉驾入刑的司法适用评估与刑罚建构——基于 X 省法院醉驾案件刑罚适用的实证研究》,载《中国人民公安大学学报(社会科学版)》2020 年第 5 期。
④ 参见王美鹏、李俊:《"醉驾"入刑十年的反思与治理优化——以浙江省 T 市和 W 市检察机关办理案件为分析样本》,载《人民检察》2021 年第 18 期。
⑤ 参见吴雨豪:《刑罚威慑的理论重构与实证检验》,载《国家检察官学院学报》2020 年第 3 期。

表现为刑事抑制功能的差异。这就意味着,"醉驾"入刑对于受教育程度更高、法律意识较强的群体的规制效果更好,而对于文化程度较低、法律意识相对淡薄的群体的规制作用并不理想。实证研究也证实了这一观点。例如,有学者发现,"醉驾"入刑显著减少了有车城市居民的饮酒次数,但并未使有车农村居民的饮酒次数显著减少。这种城乡差异可能归因于城市和农村居民对于醉驾入刑的主观感知不同,而感知的差异可能是由于城市和农村在法治观念、执法力度方面的差异所导致的。[①] 而从危害性来说,"醉驾"在城乡之间并不存在本质差异。此外,运动式的查处模式也为违法者提供了一种心理暗示,即平时的违法行为是可以侥幸逃脱的甚至是被容许的[②],从而淡化了潜在醉驾行为人对于惩罚确定性的认知,导致在治理效果上容易出现反弹现象。因此,在"醉驾"治理中应该采取更加科学的刑罚策略,从而使得刑罚对于不同的群体都能够起到应有的威慑作用。

第四节　逐渐变化中的"醉驾"治理之审视

"醉驾"犯罪在刑事案件中居高不下的现状让我们反省 10 余年前制定的"醉驾"型危险驾驶罪在今天是否依然妥当。近年来,全国"两会"期间不断有人大代表和政协委员对现行的"醉驾"入刑处罚状况提出异议,以往的"醉驾"刑事治理遭受诸多质疑。总的来看,目前各地出台的相关办理"醉驾"案件的规范性文件显示出对于醉驾的处罚"从严到宽"的趋势,在对醉驾的处罚力度上有所缓解,这多少反映出了原有的治理

[①] 参见王维维、吴晓露:《"醉驾入刑"对居民饮酒行为的影响——基于 CFPS 的实证研究》,载《浙江学刊》2017 年第 5 期。

[②] 参见冯志峰:《中国运动式治理的定义及其特征》,载《中共银川市委党校学报》2007 年第 2 期。

模式已经使越来越多的人所警醒。

一、"由严到宽"的趋势

总体而言,自"醉驾"入刑以来,立法与司法的态度经历了一个"由严到宽"的变化趋势,主要以"醉驾"入刑及《关于常见犯罪的量刑指导意见(二)(试行)》为起点与变化节点。

(一)"醉驾"入刑之初惩处最为严厉

关于"醉驾"行为在实质标准方面的严厉在实体问题部分已有述及,最主要的表现是根据《车辆驾驶人员血液、呼气酒精含量阈值与检验标准》及《关于办理醉酒驾驶机动车刑事案件适用法律若干问题的意见的通知》规定,每100mL血液中酒精含量大于(等于)80mg,即属于"醉酒"驾车。此种"一刀切"式的入罪依据将"醉驾"案件的办理提升到极为严格的高度。"醉驾"入刑之后,在相当长的一段时间内,全国各地均能感受到"醉驾"治理的严厉态势。10余年来,不少名人,诸如高晓松等人,也因为"醉驾"遭受到刑事处罚。一方面,这产生了积极的"名人示范效应",告诫意义十分突出,刑法的一般预防和特殊预防因此得到良好的显现。另一方面,如前所述,"醉驾"这种抽象危险犯单纯以血液中的酒精含量为根据予以定罪量刑,其负面影响也越来越突出,且因为受到边际效应的限制其积极成效呈现趋弱之势,因此,"醉驾"入刑初期的严厉性逐渐难以为继。

(二)各地对于醉驾的规定的处罚力度有所缓解

将没有直接社会危害后果的"醉驾"被认定为犯罪,源于10年前因醉驾事故频发而产生强大社会舆论压力。或许是司法实践也深刻感受到"醉驾"入刑之后严苛的处罚态势,《关于常见犯罪的量刑指导意见(二)(试行)》重点就"醉驾"案件适用《刑法》第13条"但书"条款以及免予处罚作出说明。这引起了地方司法机关对一律入刑处罚规定的反思,各地开始调整"醉驾"案件治理的处罚标准。比如在浙江,酒精含量在170mg/100mL以下,认罪悔罪,犯罪情节轻微的,可以不起诉或者免予刑事处罚;酒精含量在100mg/100mL以下,危害不大的,可以认为是情节显著轻微,不移送审查起诉。在湖南,酒精含量在160mg/100mL以下的,可以不起诉或者免予刑事处罚。在天津,酒精含量在100mg/100mL以下且系初犯,认罪、悔罪,未造成其他损失或后果的,可以考虑免予刑事处罚。可见,虽然各地对醉驾案件从宽处理的标准不一,但总体来说呈现出一定的"放宽"趋势,处罚力度相较于"醉驾"入刑初期有所缓解。

(三)缓刑适用率大幅上升,行政预防和处罚力度逐渐加强

根据最高人民法院公布的全国法院审判执行数据,从2019年起,在审结的刑事案件中,危险驾驶罪首次超越盗窃罪,排在第一位。这当中,与激增的"醉驾"型危险驾驶犯罪案件数有很大关系。"醉驾"入刑后,一方面严重危害生命和财产安全的危险驾驶行为迅速得到遏制;另一方面也使大量没有直接社会危害后果的醉酒开车者受到刑事处罚,并由此产生社会负面效果。而且后一方面的负面效应其实已经显现。将"醉驾"当作刑事案件处理后,一人犯罪,全家受到"株连",即使被处以最轻处罚或者缓刑,都会导致行为人正常的社会身份被改变,并留下犯罪记录。部分代表认为,"醉驾"行为人感觉自身受到歧视和不公平待遇后,可能引发隐形社会风险,包括仇视社会、报复社会等恶性案件,又将成为新的社会问题。"醉驾"入刑的出现,有其特殊的历史背景,是为了体现"从重从快",严厉打击处罚刑事犯罪的一种做法,但现在看来,已存在有悖社会现代化治理要求之风险。因此,目前各地都在逐步提高"醉驾入刑"标准,即便需判刑,也以缓刑为主,并扩大以行政处罚手段处理醉驾行为的范围,尤其是对没有社会危险后果的醉驾行为,尽量适用行政处罚。

随着时代的发展,"乱世用重典"的立法理念受到了理论界、实务界

乃至社会大众越来越多的质疑。近年来,各地在执法过程中也不断出现新情况、新问题,对危险驾驶罪的法律适用标准出现不同的声音。比如,浙江省公、检、法机关《关于办理"醉驾"案件若干问题的会议纪要》就提出,醉酒驾驶汽车,无上述8种从重情节,且认罪悔罪,符合缓刑适用条件的,可以依法适用缓刑;醉酒驾驶摩托车,认罪悔罪,符合缓刑适用条件的,可以依法适用缓刑;治理酒后驾驶,要运用好"枫桥经验",公安机关要督促酒吧、KTV、饭店在门口对禁止酒后驾驶做出醒目的文字提示或语音提醒,办案机关要通过法制宣传发挥刑罚的一般预防功能,从源头上预防和减少酒后驾驶行为的发生。公安机关要通过人脸识别等科技手段加大对酒后无证驾驶机动车、因酒驾被暂扣、吊销驾驶证或者被终身禁止重新取得驾驶证的人在暂扣或者吊销驾驶证期间驾驶机动车的查处力度。再如,2017年至2020年6月30日,重庆市永川区检察院提起诉讼的600件案件中,599件已被法院判决,其中被判处拘役,适用缓刑的占判决总人数的69.62%;被判决实体刑的案件占30.05%(参见图四)。

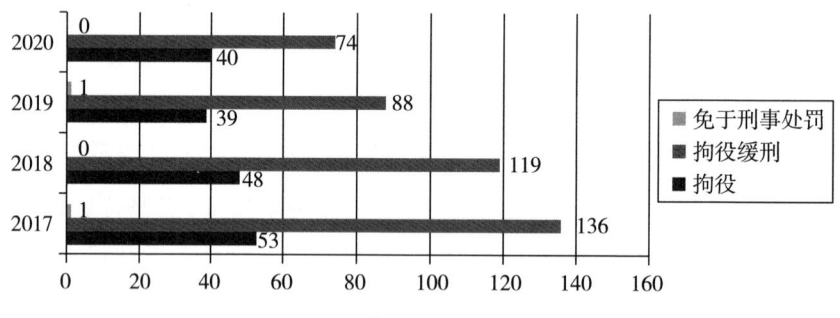

图四 重庆市永川区检察院起诉案件判决结果

二、有限度的积极意义

概括而言,当前"醉驾"治理中颇具积极意义的变化主要是两个方面,即不断提升血液酒精含量标准和不断扩张适用的不起诉以及缓刑、免予刑事处罚的实践。从某种层面来看,二者实际上是同一个内容,可统称为"醉驾"宽缓化治理思维下的具体表现,只是二者侧重点不一样,前者偏向实体维度,后者偏向程序维度。虽然二者对于醉驾治理而言具有较现实的积极意义,但也需要清晰地认识到这种积极意义是有限度的,并未触及"醉驾"治理的本质内容。我们认为,当前"醉驾"治理变化的有限性主要体现在两个方面。

首先,不断提升的血液酒精含量标准是一种"治标"的表象,并不能"治本"。尤其是近年来,各地司法实践面对"醉驾"案件的高增长态势,均在思考如何调整治理模式,一种获得较多关注的方式即是在入罪标准的基础上,不断调整适用不起诉、免予起诉以及缓刑的血液酒精含量标准,部分地区还根据机动车的种类划分不同的标准,比如对摩托车、电动车和汽车进行区分。即便是这些规范的适用取得了一定的治理实效,但是,我们认为这种不断提升血液酒精含量标准的方式只是能够触及"醉驾"治理的表象,并不能触及"醉驾"治理的核心。主要有两方面缘由。其一,不断提升的血液酒精标准存在无序性,不仅各地标准无法统一,甚至某一地区本身在不同时期也会产生不一致。在这种情况下,依据一种浮动标准调整"醉驾"案件治理,显然不够妥当,似乎只能够满足部分地区、部分时期的治理需求。其二,"酒驾"案件治理的本质还应当是血液酒精含量的入罪标准,在这个标准未变动或者未有其他因素介入评估的前提下,这些不断提升的血液酒精含量标准只能称得上"局部优化"。

其次,"程序宽出"更像是一种"事后补救"机制,用以修复"实质宽进"造成的庞大案件数量增量。"醉驾"入刑之后,确立了 80mg/100mL 的入罪标准。对此标准大多数社会公众并不能准确把握。一般来说,喝 1 瓶啤酒或 1 两左右的 12 度红酒、半两 50 度左右的白酒,就能达到"醉驾"标准,此标准对于"醉驾"而言相对较低,实质层面的"宽进"就导致司法实践中"醉驾"案件日益增多。因此,当下司法实践中开展的"酒驾"案件出罪机制,诸如相对不起诉与附条件不起诉制度实践,虽然具有极强的创新意义,也具有一定的实际效果,但其本质上是为了修复"实质宽进"造成庞大冗杂的案件数量,给司法减负。而且,结合血液酒精含量标准开展的"程序宽出"实践具有相应的局限性,并不能够从源头上起到实质改变作用。

另外,应当看到对"醉驾"的"程序宽出",如果对酒后驾驶的行政管控未能及时跟进,就可能影响到对酒后驾驶的查处,从而有损于对酒后驾驶的整体治理效果。据此来看,当下的"酒驾"治理中的新变化,虽然具有一定的实际效果,但其效应却存在限度,并没有触及"酒驾"治理的核心,并存在诸多的隐患。因此,从长期来看,探索新的治理"醉驾"模式,以能够持续、稳定产生积极的且符合国家治理现代化要求治理效果,乃是当务之急。我们认为,这个核心问题之一,就是"酒驾"治理的源头问题,即诉源治理,这也将是本书之后的篇章着重论述的内容。

第三篇

对策篇

法学研究者的对策研究，是指针对现实中存在的法律问题，探究其产生的原因，根据设定的目标，依据法学基本原理采用相应的方法，提出并论证如何解决问题的方案。从某种意义上可以说，对策研究是法学研究的一项不可或缺的内容，这在部门法学的研究中，尤为突出。因此，问题篇之后，重点关注"醉驾"治理的现代化转型之对策研究。"醉驾"治理是个系统工程，需要从多个角度在不同的层面采用相应的对策。为了便于区分不同层面的对策，我们从宏观、中观与微观三个维度系统论述"醉驾"治理现代化对策。宏观层面主要聚焦于理念转变，一方面要由传统的治理理念转向现代化治理理念；另一方面要实现由"碎片化"治理向"体系性"治理转变。宏观维度是"醉驾"治理的理念指引，在醉驾行为治理现代化中具有提纲挈领式意义。中观层面主要聚焦于诉源治理，作为一种由"治标"转向"治本"的治理方式。在"醉驾"行为治理中适用诉源治理具有较强的现实意义，对于增强执法的确定性以及提升酒后驾驶治理成效大有裨益。微观层面主要是论述"醉驾"行为治理现代化转型的具体建议，当下各地规范之间标准迥异，在刑罚及量刑层面缺乏统一的适用标准。醉驾行为治理的现代化应从实体和程序两个维度进行具体建构。从实体维度上需要重点关注"但书"条款在"醉驾"中适用规则的具体建构以及醉酒状态的综合认定；从程序维度上需要重点关注两个方面。一方面是刑事司法程序的完善，主要是比例适用刑事强制措施、完善"醉驾"案件证明体系、"醉驾"案件程序简化的路径、释放认罪认罚从宽制度效能、不起诉制度的合理适用；另一方面则是行政程序的完善，主要是行刑衔接与刑行衔接。另外，还需要关注公安司法机关绩效考评机制的改革完善。希望借由本篇之内容对"醉驾"治理的现代化转型的理念、方式与具体路径进行系统描绘。

第八章 "醉驾"行为治理的宏观维度
——理念转变

"醉驾"行为治理的现代化转型,首先应是相关理念的转变,这是治理方式转变的基础。"醉驾"行为现代化治理的相关理念的转变,主要包括两个方面。一方面,应由传统的治理模式转变为更加符合现代化治理的目标。在新的时代背景下,应该改变过去"刑"字当先、严厉惩罚强于严密管理的理念。司法实践表明,这种传统的理念已经难以为继,因此亟待调整。当前阶段,"醉驾"治理有必要依靠轻罪治理的现代化理念,实现"有效治理""长效治理""科学治理"以及"刑法谦抑",切实贯彻以较少社会成本达到有效管控"醉驾"的效果,采用更为温和且更有针对性的方式,妥当达成全面治理酒后驾驶的社会治理目标。

另一方面,要由"碎片化"治理向"体系性"治理方法的转变。当前"醉驾"治理的问题表明,其不仅存在刑事实体法、刑事程序法等问题,还存在行政与刑事相关程序衔接不畅的问题,无论是刑事实体法入罪规范单一模式的改变,还是刑事程序法出罪机制的建构,抑或是行政监管辅助兜底的设置等,均应当统一于"醉驾"治理现代化的要求之下,未来应当糅合"碎片化"的治理机制,以搭建体系性的治理机制作为"醉驾"治理的追求,实现"醉驾"行为的综合治理。

第一节　由传统治理向现代化治理迈进

应当看到,现阶段无论是从"醉驾"行为的治理效果还是从整体酒后驾驶的社会治理需求角度来看,"醉驾"治理迫切需要走出传统的治理模式,实现现代化转型。这不仅是出于"醉驾"治理的现实需求,更是轻罪治理现代化,乃至社会治理现代化的要求。本部分内容重点探讨"醉驾"治理传统模式的特点、现代化转型的紧迫性、价值追求及其实现。

一、传统"醉驾"治理模式的特点

"醉驾"作为犯罪被纳入刑事范畴调整已经超过了10年。"醉驾"行为经入刑规制,醉酒驾驶构成犯罪的意识得到普及,"喝酒不开车,开车不喝酒"也已成为社会共识。与此相应,与之前的情形相比,因"醉驾"发生交通事故的比例呈显著下降趋势,有力地保障了公民人身财产及公共交通安全。然而,另一方面,在"醉驾"入刑初期取得明显成效之后,近些年来,"醉酒"在案件的数量和案件增量层面,均呈现居高不下的态势,不仅成为我国的"第一大罪",且其与位居第二的盗窃犯罪案件的数量之差,越来越大。在此背景下,我们需要反思传统治理模式的特点,认识其对治理"醉驾"效果的有限性,以为未来改进提供思路。"醉驾"传统治理模式的特点主要有以下两个方面。

(一) 实体层面的重刑思维赓续

"醉驾"入刑之后的情况表明,虽然从整体上看,已经由最初的严厉惩处阶段正在开始引入宽缓化处理,但"醉驾"治理依然显示出较强的"重刑"特点,即主要依靠刑事处罚的方式进行管控。从"醉驾"入刑的立法到唯酒精含量的实践,"重刑"思维一直在"醉驾"治理中显示出极强的影响力。"醉驾"治理中的重刑思维主要体现在将"醉驾"评价为刑事犯罪,即在入罪标准层面的"重",以及简单地以血液中的酒精含量作为罪与非罪的标准,并在实践中基本没有斟酌余地的判刑,而并非在于设定更重的刑罚惩处之上。重刑主义可以有效降低犯罪率,信奉重刑主义者认为,更重的刑罚会对犯罪分子产生强烈的心理威慑效应,并使潜在的违法犯罪之人不得不考虑犯罪的代价,从而不敢轻易触碰规则的红线。实际上,前文已有述及,如果我们在"醉驾"案件中简单地以血液中的酒精含量就判定为犯罪,并对这种尚未造成严重后果的抽象危险犯给予严厉的刑事处罚,是在本质上偏离了罪、责、刑相一致的刑法原则的,需要重视的是,这也与现代社会的国家治理观念不符。

更重要的是,以"重刑"思维解决"醉驾"问题,主要存在两个弊端。一方面,它并不能长期、稳定、有效地控制犯罪发生。重刑主义所追求的"惩罚犯罪,维护社会秩序"的目标本身就存在相应的局限性。因为违法犯罪行为的根源并不只是单纯的行为选择和成本效益分析,更多的源于社会治理能力不足、个体的人格及心理偏差等多个层面因素综合作用的结果。对此,单纯地靠刑事惩罚手段来控制违法犯罪,往往难以从根本上解决问题。另一方面,重刑还可能导致犯罪行为人滑向更严重的犯罪轨道当中去,产生"逆向选择"的效应,进一步刺激社会危害性更大的犯罪行为。例如在实践中,一旦醉驾行为人意识到存在被抓捕的风险,在刑罚的压力下,犯罪行为人往往会无法接受漫长刑期所带来的强烈心理恐惧,进而采用暴力逃逸,甚至冲撞卡口,以威胁执勤民警和群众生命的方式逃避刑法制裁。至于重刑主义必然面临的边际效应,更是其难以摆脱的困境,除了可以满足报复心态外,实际上并不能使其如愿管控犯罪,此事古今中外并无例外。

中国古代就有重刑主义的实践,例如秦朝就以酷刑闻名,刑法十分严峻而且残酷,其后果就是招致了一定的反噬。重刑还将产生一系列的后果,例如会导致刑罚执行成本的增加,由于需要提供更多的法律援助、监管和惩戒措施,使得刑罚执行的成本越来越高,还可能增加社会对于犯罪分子的歧视和排斥,加剧犯罪分子的不良行为。更重要的是,采用重刑主义的方式解决违法犯罪这样的社会问题,实际结果却是加剧了社会对抗,长此以往,逐渐成为社会长治久安的重大且更难消解的隐患。

在"醉驾"治理领域,一旦确定 80mg/100mL 的入罪标准之后,就难以摆脱重刑标签,这种"刑"字当先的治理理念对于"醉驾"治理而言,无疑过于简单粗暴,即使在初期有成效,但因边际效应而使成效难以持续,且隐患逐渐增加。应当看到,通过如此简单的刑罚惩处的方式加强对"醉驾"的惩治,实际上是将本应通过提升社会管理能力有效且妥善解决酒后驾车的责任,通过刑事程序转嫁于公、检、法等执法机关,使得刑事严厉惩罚机制优先于严密的社会管理机制。有学者就认为,我国"醉驾"入刑体现了民粹主义对刑事政策的影响,醉驾的"严罚化"境遇及其转变与立法和司法机关对待严罚民意的态度直接相关。一旦立法与司法机关过度回应严罚民意,这必将导致刑事司法偏离专业化坐标,呈现出刑事政策上的民粹化。① 如果继续以如此方式来开展"醉驾"治理,显然不符合社会治理现代化之要求。我们需要更加深入地理解传统"醉驾"治理模式重刑思维的局限性和不足之处,依托更加科学合理的法律机制,探索更加综合、全面的犯罪控制方式,来促进"醉驾"行为人改造和回归社会,最终实现对"醉驾"型危险驾驶罪更有效地控制。

(二)司法适用层面欠缺能动性

浙江省 2019 年《关于办理"醉驾"案件若干问题的会议纪要》,调高了适用不起诉免予刑事处罚等具体情形的酒精含量上限标准,并在醉酒驾驶机动车类型等方面作出了诸多宽缓化处理,但有质疑论者就认为该

---

① 姜瀛:《我国醉驾的"严罚化"境遇及其结构性反思——兼与日本治理饮酒驾驶犯罪刑事政策相比较》,载《当代法学》2019 年第 2 期。

会议纪要忽视了立法原意对醉驾行为的严肃态度，主张继续坚持"严罚化"的刑事政策，避免因刑事规制的"松动"，导致该类违法犯罪行为反弹式增长，进而丧失入刑以来的治理基础。我们并不认可此种观点，司法适用的要求包含对法律概念的准确理解、法律规则的严格遵守和法律原则的深刻领会。单以强调刑法规制作用、条文书面化理解等都会使"醉驾"犯治理走上机械主义和重刑主义道路，趋于"严罚化"的刑事政策导向，甚至产生不良的社会效应。浙江省的会议纪要是对立法解释的能动司法适用，是与现代司法趋势相符合的。但这至少反映出，除浙江之外其他各地对于"醉驾"案件办理中存在司法适用层面欠缺能动性、较为机械化的问题。

"醉驾"入刑是在社会"酒文化"浓厚、酒后驾驶重大事故频发、行政规制效果并不明显的情况下，方才动用刑罚规制手段，予以风险预判性的强势应对。刑罚规制属于社会治理手段中的一部分，其入刑目的在于扭转酒后驾驶行为社会现象的"失控局面"。正因如此，刑法规制的"严"与"宽"是动态的，需要从社会观念、社会犯罪形势、治理整体效能等多方面因素的变化综合考量、作出判断，不能囿于特定阶段的治理动意而一成不变。基于合理性与有效性的需求，刑法的实体标准会因时因势而发生变化，也必然需要刑事政策具有软化刑法的刚性功能，增强韧性，使之与时俱进地进行自我校准与调整。这种变化不仅能有效削减立法滞后弊端，也能防止法教义学沉迷于精致性追求而忽视实用性和现实合理性，还可增强各类治理手段之间的协调配合。[①] 由此可见，浙江省出台会议纪要的目的也在于切实贯彻宽严相济刑事政策，充分体现"宽严有别"和刑法的补充性、最后手段性，发挥司法适用的能动性，让刑罚规制回归社会治理本位，保持客观性。伴随着社会发展和社会文明的提

---

① 参见劳东燕：《功能主义刑法解释论的方法与立场》，载《政法论坛》2018年第2期。

高,公众对酒后驾驶行为的危害性已形成普遍性认同,数字化治理、多部门协同等预防和查处机制也得到进一步完善、增强审慎而适当地放宽刑罚规制标准不仅不会带来反弹式增长,还能有效衔接认罪认罚从宽制度,释放司法在犯罪治理中的整体效能。[①] 当然,宽严需要相济,对于案件中存在造成他人轻伤以上后果、严重超载超重超速等严重情节的,仍要树立从严规制的刑事政策导向,在从宽幅度、缓刑适用等方面予以限制,发挥刑法的规范指引功能,凸显其威慑作用。

事实上,立法与司法之间存在密切关联,立法活动规范、指导司法活动的贯彻与执行,而司法活动及其实践效果也能对立法活动产生调整、深化的反作用。在我国的现实语境下,司法机关通过相应的方式在法律框架下规范统一司法活动有其合理性。一方面,这可以将立法层面实体规范不完备、不明确的条款细化为可实施、可操作的方案。特别是在认罪认罚从宽制度推行的背景下,从切实保障被追诉人认罪认罚自愿性角度出发,必然会涉及检察官裁量的依据等方面的具体规范。例如在把握"醉酒驾驶"问题上如何综合判断各类情节以及认罪悔罪等情况、什么情形可以"不予定罪处罚"或者"免予刑事处罚"等都需要在实践中总结与规范。另一方面,各地"醉驾"案件认定、裁量标准不一,实践中存在滥用或误用自由裁量权的情况。"醉驾"属于典型的"微罪"案件,因其法定刑仅为拘役、各类情节直观等因素,人民群众对该类犯罪惩处的司法感知度较强。如果同一省域内的司法活动、量刑标准等都还有较大差异,那么每一个"醉驾"案件的公平正义还怎能充分体现?从省域层面根据立法精神及规范刑事政策、经济发展水平、社会治安形势、司法实践状况等,统一执法裁判尺度并予以公开,非但不会降低司法权威,反而是维护

[①] 浙江省 2019 年会议纪要出台后,随即在全省范围开展整治酒驾集中统一行动,"酒驾""醉驾"现象并未出现反弹迹象。在记者跟随交警部门检查期间,没有发现一起酒驾案件,不少车主也对集中整治行动表示理解与支持。参见李攀、张孙超、陈谊:《不定时不定点 零容忍严执法》,载《浙江日报》2019 年 10 月 12 日,第 3 版。

司法公信力的有力举措。不可否认,这样的实践操作存在临时性、应急性特点,也难免会凸显各省之间,特别是相邻省份的执法和司法裁量的差异。因此,从治理效果来看,在肯定这一做法的同时要确保各项司法活动在立法精神与规范的轨道上有序运行,及时对公众疑虑的问题进行妥当释疑,还应将各地司法实践中的执行情况反馈至国家立法机关、最高司法机关,以求在更高层级推动完善立法和司法解释,促进全面的良法善治。

二、"醉驾"治理现代化转型的紧迫性

站在社会治理现代化的视角审视"醉驾"治理的传统模式,可以发现,10余年来已经形成了几个较为显见的系统性风险,这些风险使得"醉驾"治理现代化转型越发具有紧迫性,概括而言,主要体现在三个方面。

(一)挤占有限的刑事司法资源,不断加剧"案多人少"的矛盾

自危险驾驶罪设立以来,我国道路交通安全维护所需的行政、司法成本明显增加。在"醉驾"行为未被纳入刑事犯罪范畴时,相关行为仅被视为交通违规,因此交警对于情形较为轻微的"醉驾"行为的处理相对简单。然而,一旦醉驾行为被定性为刑事犯罪,公安部门便需要付出大量的人力和物力来开展相关调查,因为刑事案件需要收集证据,并需要检察院、人民法院参与起诉和审判等一系列流程,即使是情节轻微的"醉驾"行为,处理过程也需要经历立案、调查取证、审查起诉等所有流程,导致相关司法成本急剧上升,这些程序所需的时间至少以月和季度为单位计算。因此,可以说危险驾驶罪的设立提高了维护法律秩序的司法成本。然而,实际效果显示,采用刑事处罚手段来应对"醉驾"行为并不一定比采用行政处罚手段更好。从经济性的角度来考虑,当前确有必要改进酒后驾驶的监管惩处机制。在我国司法资源相对紧张的情况下,无法像一些发达国家那样拥有足够的司法资源来高效地打击"醉驾",同时还

能确保其他重要案件的调查和审判分配到足够的司法资源。因此,为了更好地治理"醉驾"行为,需要在现有的司法资源不变的情况下,着重考量对"醉驾"行为进行综合治理。

(二)刑罚威慑力减弱,"醉驾"案件司法公信力渐趋式微

根据我国刑法规范,"醉驾"行为的刑罚主要是剥夺自由的拘役和罚金刑。而且如前所述,近年来,司法实践中对于"醉驾"案件开始大范围适用缓刑,意味着大量"醉驾"行为人可以不被关押,只需要缴纳罚金即可。我们虽然对此种趋势保持积极态度,但从根本上来看,此种趋势存在削弱刑罚威慑力的可能。刑罚虽是对犯罪人适用的,但同时也是社会的防卫手段,对社会产生作用。① 在大量"醉驾"犯罪以实质上缴纳罚金结案之后,会使社会大众产生"醉驾"的处罚轻微的错误观念,甚至对醉驾处罚不以为然。因"醉驾"入刑的犯罪群体数量庞大,使民众对于"醉驾"的刑罚见怪不怪,刑罚的道德非难性将会被稀释,对法律的敬畏之情减弱。当前"醉驾"型危险驾驶罪量刑的轻缓化趋势可能存在对犯罪人不能起到应有的惩罚之风险,也难以对社会公众形成威慑效果,损害刑法的公信力。从另一方面来看,当下"醉驾"犯罪的线索来源较为单一,主要就是通过"酒驾"查处岗发现。由于公安交警警力有限,不可能对每一个路段都设立酒驾查处岗。实践中,"醉驾"查处确实存在突击检查较多,主要集中在节假日或者专项检查时候,缺少常规性的检查,这样会给"醉驾"者可以逃避检查的"可乘之机",使犯罪分子有"漏洞"可钻。可以说,"醉驾"型危险驾驶罪行为人的侥幸心理比一般犯罪行为人要大。这种侥幸心理的存在对司法公信力的损害更加严重,因为对于犯罪最强

---

① 参见马克昌:《刑罚通论》,武汉大学出版社2017年版,第50页。

有力的约束力量不是刑罚的严酷性,而是刑罚的必定性①,一旦这个必定性存疑,公信力就必然逐渐式微。

(三)严格的犯罪随附后果制度,暗藏更多社会成本

在我国犯罪人不仅要承受刑法的制裁,而且还会因犯罪的波及效应而遭受更多的"制裁",一般称之为犯罪随附后果制度。随附后果不仅会对犯罪人本人的就业、生活产生负面影响,还可能会对其子女的教育和职业生涯产生长期的影响,由此产生了巨大的社会成本。10余年来,我国"醉驾"型危险罪犯罪人数量庞大,因"醉驾"而受到犯罪波及效应的群体逐年增多。周光权教授认为,每年将30万余人打上"罪犯"的烙印,势必使数万家庭陷入窘境。长此以往,无论对于国家、社会还是危险驾驶者个人来说,都是特别巨大的损失,属于司法和个人的"两败俱伤"。②"醉驾"作为最高刑为拘役的故意犯罪行为,虽然刑罚属于轻刑,但是作为一种刑事处罚导致的"标签化"效应是无法忽视的。由此所引发的长期的社会制裁效果甚至超越了刑罚本身,这使得犯罪人融入社会变得更加困难。还会给家庭带来重大影响,尤其是会对"醉驾"者的子女,在其就业时产生一定程度的限制。在多重附随后果影响下,"醉驾"行为人极有可能走入歧途,成为社会的对立面,影响和谐社会的发展。这种不断增加的隐患显然也不符合社会治理体系和治理能力现代化之要求。我们认为,对于"醉驾"行为的治理,不应单单依靠刑事制裁的方式,还应依靠其他非刑罚处罚方式。针对"醉驾"型危险驾驶罪案件,既要"雷霆万

---

① [意]切萨雷·贝卡利亚:《论犯罪与刑罚》,黄风译,中国法制出版社2002年版,第62页。

② 参见《1年约30万人因危险驾驶获刑,学者建议适度提高定罪门槛》,载百度百家号"澎湃新闻",2022年1月17日访问。

钩",又要"春风化雨",达到法律效果和社会效果的有机统一。① 一方面,要运用刑罚制裁严重的醉酒驾驶行为,维护公共安全;另一方面,对于轻微醉酒驾驶行为,则可以通过批评教育、警告、拘留、罚款等行政处罚方式加以治理。努力使大量轻微"醉驾"案件行为人免受犯罪随附后果影响,滑向深渊。

三、"醉驾"治理现代化的价值追求及其基本方法

"醉驾"治理现代化价值目标应是多元的,主要包括几个方面。首先,要巩固"醉驾"治理的前期积极成果,使"酒后不开车、开车不喝酒"更加普遍被认同并深入人心。"醉驾"治理现代化一定不是完全否定传统治理方式,是在传统治理方式基础上的深化与改进。其次,建构"醉驾"治理的长效机制,使"醉驾"治理的成效能够长期、稳定、持续。应当认识到"醉驾"治理是长期性的治理,即时性、运动式的治理目标具有一定的局限性,长效治理机制才是符合长治久安要求的。再次,促进"醉驾"治理的法治发展,在刑事实体法、刑事程序法与刑事政策层面形成合力。"醉驾"治理应当贯彻刑事一体化理念,实现"醉驾"治理在实体效果、程序效果以及刑事治理效果方面的统一。复次,积极推行诉源治理,强化"醉驾"行政治理与刑事治理的衔接。诉源治理是符合社会治理现代化之需求的,妥善处理行政治理与刑事治理在酒后驾驶治理层面的衔接是"醉驾"治理的关键方面。最后,努力降低"醉驾"治理的社会对抗成本,减少影响社会长治久安的隐患。

为实现"醉驾"治理现代化的价值目标,就应当选用符合现代化的国家治理和法治理念的方式。鉴于传统治理方式在实体层面与司法适用层面存在一定的缺憾,又考虑到当下轻罪治理与社会治理现代化之需求

---

① 参见石艳芳:《醉驾入刑的司法适用评估与刑罚建构》,载《中国人民公安大学学报(社会科学版)》2020年第5期。

愈渐强烈,实现"醉驾"行为治理的现代化转型成为目前应当重点关注讨论的内容。具体来看,"醉驾"治理现代化转型应当仰赖于几个方面基本方法实现价值追求的目标。

(一)秉持刑法谦抑性,以"用好用尽"其他手段为前提

应当说,以刑为主的刑治模式一直是我国犯罪治理的主导模式,而且刑事政策为主导的犯罪治理模式仍然是"刑"字当头的态势,呈现的是刑事治理而不是其他法律手段的治理。无论是刑事政策主导的犯罪治理模式还是刑事政策与刑法并重的双轨型模式,都只是刑事治理内部刑事政策与刑法的关系问题,其他法律适用空间较小,作用有限。① 在"醉驾"案件中的表现即是,仍然采取重刑轻行、以刑为中心的传统路径。但是如前所述,这种重刑方式不仅导致"醉驾"治理领域犯罪数量日益增多,也暗藏新的社会风险,有违刑法谦抑性原则。

张明楷教授认为,刑法的谦抑性,是指刑法应依据一定的规则控制处罚范围与处罚程度,即凡是适用其他法律足以抑制某种违法行为、足以保护合法权益时,就不要将其规定为犯罪;凡是适用较轻的制裁方法足以抑止某种犯罪行为、足以保护合法权益时,就不要规定较重的制裁方法,谦抑性原则是由刑法的严厉性所决定。② 在《刑法修正案(八)》确立"醉驾"型危险驾驶罪之后,理论界有不少学者认为此做法在一定程度上违背了刑法的谦抑性原则。因为,在谦抑性原则影响下的立法活动中,只有在其他部门法无法惩治严重危害社会的行为时,立法者才通过制定刑罚规范对该类行为进行补充性规制,而"醉驾"型危险驾驶罪本身情节轻微,依靠行政监管手段调整并无太大不妥。但也有反对者认为,

---

① 参见刘艳红:《民刑共治:中国式现代犯罪治理新模式》,载《中国法学》2022年第6期。
② 参见张明楷:《论刑法的谦抑性》,载《法商研究(中南政法学院学报)》1995年第4期。

刑法的谦抑性并不反对在现代社会增设必要数量的新罪。因为犯罪的社会危害性具有易变性,某些原来由其他法律法规调整、危害相对较小的行为,其危害性会提升,对此通过立法增设新罪就是合理的。应将谦抑性原则的着眼点从主要钳制立法转向制约司法活动,只要在实务上贯彻好谦抑性原则,用好不起诉、定罪免刑或缓刑制度,即便立法上对增设轻罪持积极态度,立法功能化扩张所带来的危险也能够得到有效化解。①

我们并不完全认可此种观点,在"醉驾"治理领域,虽然能够通过司法手段的不起诉、定罪免刑或缓刑制度予以缓解案件压力,但这种"实质宽进,程序宽出"的方式本质上仍未实现"醉驾"治理的现代化,司法实践也证明宽缓化的程序出罪机制虽有效果,但效果有限。试图通过钳制司法程序活动达成"醉驾"治理现代化之目的,无异于"隔靴搔痒"。我们认为,"醉驾"治理现代化转型必须从立法与司法的双重层面,秉持刑法的谦抑性原则,以"用好用尽"行政监管方式作为刑法介入的前提。具体而言,应将酒后驾驶作为整体进行治理,并由此重拾行政法治理轻微"醉驾"行为能力的"信心",突出行政监管措施在"醉驾"治理中的地位。

(二)善用科学治理方式,以科技赋能"醉驾"监管

习近平总书记曾指出:"创新是引领发展的第一动力。抓创新就是抓发展,谋创新就是谋未来。"②我们要坚持把创新摆在国家发展全局的核心位置,推动创新驱动发展战略深入实施,加快建设科技强国,实现高水平自立自强。③"醉驾"治理领域应当积极融入司法治理现代化的体系中去,以科技手段赋能"醉驾"治理现代化。目前而言,"醉驾"执法司

---

① 参见周光权:《积极刑法立法观在中国的确立》,载《法学研究》2016年第4期。
② 参见《习近平在中国共产党第十九次全国代表大会上的报告》,载中国政府网,https://www.gov.cn/zhuanti/2017-10/27/content_5234876.htm。
③ 参见孙晓勇:《让司法为科技创新赋能》,载《人民日报》2022年5月31日,第9版。

法中已有关于科技赋能的运用实践,取得了较为显著的效果。

近年来,全国各地各部门坚持创新发展,紧紧围绕建设更高水平的平安中国、法治中国、数字中国、交通强国之目标,越来越多的地区开始开展关于道路交通安全治理现代化的工作。坚持从影响道路交通安全的根本问题、基础问题入手,以现代化法治化为导向,进一步创新理念、强化保障、固本强基,大力提升道路交通治理能力和治理水平。例如,围绕打造集大数据接入、计算集群、分布式存储等功能于一体的智慧交管大脑,全量汇聚道路感知前端数据,推动公安、交通、教育、住建、旅游、民政等相关部门信息共享,接入收费站、学校、工地、景区等视频信息加大与高德、百度、"智慧泊车"等企业合作力度,把高速公路 ETC 过车数据、网约车信息、实时出行导航等最鲜活、最有价值的数据汇总过来,对数据资源全面接入、自动清洗、结构化改造,形成服务实战、支撑实战的大数据资源池。① 又如,甘肃公安交管部门依托甘肃公安"智慧交管",发挥各级交警指挥中心、集成指挥平台、缉查布控系统和移动执法终端的科技支撑作用,建立涉酒机动车、驾驶人高危信息数据库,以科技监管赋能公安交通管理,为敏锐感知、精准预警、防范打击提供数据支撑。② 再如,根据打击酒驾醉驾交通违法行为过程中,嫌疑人为逃避打击,在酒精检测环节有的调包血样,有的伪造检验鉴定报告等情况,内蒙古公安厅交管局研发"驾驶人血液酒精含量检验监督管理系统",建设血样证据专用物证室及监管平台,利用科技化手段对涉酒危险驾驶案件办理全流程闭

---

① 参见《河北:科技赋能推进道路交通安全治理现代化》,载百度百家号"中工网"2021年3月11日,https://baijiahao.baidu.com/s? id =1693928056810389788&wfr = spider&for = pc。

② 参见《甘肃将建立涉酒机动车、驾驶人信息数据库 以科技监管赋能交通管理》,载百度百家号"金台资讯"2021 年 3 月 25 日,https://baijiahao.baidu.com/s? id = 1695193755162689912&wfr = spider&for = pc。

环监管,有效遏制了酒精检测过程中出现的违法违规问题。①

应当说,科技赋能是"醉驾"治理现代化最为显著的特征,现代科技、大数据的应用不仅能够推进执法司法规范化,还能够起到源头预防、精准监管、科学处置等作用,有助于推动"醉驾"治理科学化、精准化。

(三)尊重边际效应等原理,以实现和谐治理为追求

从传统的"醉驾"治理模式来看,一个较为显著的特征是"即时性"治理需求。"醉驾"入刑具有一定的时代背景。21世纪初期,我国醉酒驾车等危险驾驶行为频发,有的甚至导致严重后果,之前的治理模式,即以往对交通的行政管理(行政处罚)与刑事惩罚(交通肇事罪)结合的方式难以遏制严重的醉酒驾驶行为,由此促使刑法修正案增设了"醉驾"型危险驾驶罪。而且,从经济发展层面来看,随着我国21世纪之初"入世",社会中的汽车保有量不断增加,民众越来越普遍地开始驾车出行,但驾车之人的安全意识并未同步增长,严禁酒后驾车、超速行驶等要求往往未能得到遵行,由此导致的交通事故愈演愈烈。一批社会影响性较大的案件相继发生,诸如成都孙伟铭案、南京张明宝案、杭州胡斌飙车等案件所造成的重大人员伤亡和财产损失,对整个社会产生了巨大的冲击,当时很多人认为,以行政处罚、交通肇事罪等方式对"醉驾"进行规制力有不逮。立法者因应民众的强烈呼吁将"醉驾""飙车"等行为"入刑"。

我们虽然不否认"即时性"治理方式具有一定的显著效应,但站在"醉驾"治理10余年后的当下,在轻罪治理时代与社会治理现代化的背景之下,"即时性"的模式似乎不够妥善。我们认为,今后应当树立有效且长期的"醉驾"治理理念,以实现和谐治理为价值追求。为了有效治理

---

① 参见《内蒙古公安交管启动"科技引擎"严查酒驾醉驾》,载澎湃新闻客户端"内蒙古警界全媒"2022年7月23日,https://m.thepaper.cn/baijiahao_19144428。

醉驾问题,需要采取一系列综合措施,包括法律法规的完善与强化、执法力度的加大、宣传教育的深入、科技手段的运用等。单一的临时措施往往难以持久地解决问题,需要确立一种长期的理念,将"醉驾"治理纳入社会治理体系的长远规划中,要以平衡、协调和可持续的方式来处理"醉驾"问题。这既包括对"醉驾"行为的严厉打击,同时也要注重对"醉驾"者的教育和帮助,使他们能够认识到"醉驾"的危害,主动规范自身行为。还需要加强与相关部门的合作,建立起协同作战的机制,共同推动"醉驾"治理工作的深入开展。长期的治理理念还需要注重社会共治,鼓励公民参与,形成全社会共同努力的良好氛围。可以通过加强宣传教育,提高公众对醉驾问题的认知和关注度,同时引导社会舆论,倡导公众遵守法律规范和道德底线。总之,树立有效且长期的治理理念,并以和谐治理为目标,才能够推动"醉驾"治理工作的持续深入,最终实现道路交通安全和社会稳定的双赢局面。

第二节 由"碎片化"向"体系性"转变

以往的"醉驾"治理所显示出的治理体系"碎片化"倾向,实体与程序、刑事与行政等不同机制之间各自作用于"醉驾"治理,并未形成完整的"体系性"的治理方略。较为显著的是实体法与程序法的偏离、行政监管与刑事处罚的衔接不畅以及"醉驾"治理与社会治理现代化的脱节。在新时代背景下,醉驾治理应当实现由"碎片化"向"体系性"的转变,采用对酒后驾驶的违法行为与醉驾犯罪一体治理的方式,建构酒后驾驶多维治理体系,实现行政、刑事与社会治理的多元协同。

一、"醉驾"治理领域的"碎片化"现状

本部分内容在前面的诸多论述中已有述及,在此主要从一种较为宏

观层面对当下"醉驾"治理中的"碎片化"现状予以概括性描绘,以为之后搭建体系性"醉驾"治理路径提供思路。具体来看,主要有以下几个方面。

(一)实体层面与程序层面存在偏离

在刑事一体化的内部关系中,刑事实体法与刑事程序法的关系是关注度较高的内容,从司法现状来看,刑事实体法与程序法之间的藩篱坚固,存在一定的"割裂感"。但从本质上来看,刑事一体化源于哲学"普遍联系"的规律,是该规律在刑事法领域的具体运用和延伸。作为实体规范的刑法,需要规定何种行为被禁止及相应的刑罚后果,但其对于国家刑罚权是否可以实现以及在什么条件下实现,就需借由刑事程序法来实现。反之,脱离刑事实体法的规范单纯地强调程序过程也显然不切实际。应当说,刑事一体化是刑事法领域应当坚持和一以贯之的基本理念。但是在"醉驾"行为治理中,却存在一定的偏离倾向。

"醉驾"行为纳入刑法规制之后,关于"醉驾"入罪与出罪的相关实体与程序问题就引起了学界的关注。储槐植教授认为,在刑事司法实践中,入罪要坚持合法,坚持罪刑法定;出罪应当注重合理。也可称为"依法入罪,依理出罪",主要涉及法和理的关系问题,有利于避免在具体案件处理中的法律教条主义,防止机械适用法律,否则,所得出的结论可能是一般社会公众所抵触的,不被社会公众所认同。陈兴良教授也认为,入罪合法,意味着法律规定是入罪的唯一根据,在入罪的问题上,当理和法冲突的时候,应该毫不犹豫地选择法。但是,"出罪注重合理"中的"出罪",是指行为符合构成要件的前提下,再进行实质性判断,在存在违法阻却事由的情况下,就应当出罪。①

---

① 参见张建升:《以刑事一体化推动刑事法学研究融通发展》,载《检察日报》2017年12月21日,第3版。

具体到"醉驾"行为治理当中,在入罪层面,程序法较好地贯彻了实体法的规范标准,因为实体层面抽象危险犯的设定使得刑事司法层面的认定相对简单,即只要满足血液酒精含量标准即入罪。但是在出罪层面,实体法与程序法并没有体现出一体化理念,主要表现在两个方面。首先,"醉驾"案件司法实践未能较好的适用《刑法》第13条"但书"的规范,尤其是在"醉驾"入罪后的五六年期间,几乎没有关于适用刑法"但书"条款出罪的案件。当然,理论界对此也存在争议,"但书"规范在"醉驾"型危险驾驶罪中的适用较为审慎。其次,当下刑事司法中关于"醉驾"案件的出罪机制,包括不起诉、免予处罚及缓刑适用得到较好的运用,虽然体现出一定的良善态势,但会使得刑法规范的入罪标准存在被虚置的风险,进而影响刑法的权威性。

(二)行政处罚与刑事处罚衔接不畅

"醉驾"行为治理中较为特殊之处在于其是从酒后驾驶的行政治理中分离出来受刑事法调整的范畴,即在"醉驾"入刑之前,主要是以对交通的行政管理方式治理酒后驾驶,只有当产生较为严重的危害后果时才通过交通肇事罪来进行刑事惩罚。以血液酒精含量将酒后驾驶分割为"酒驾"与"醉驾"之后,基本形成了酒后驾驶的行政处理与刑事处理的二元结构。在这种二元治理结构中,"醉酒"是根据血液酒精含量的量化标准拟制出法定状态。但现实情况是,"醉酒"驾驶与"饮酒"驾驶,受到行为人体质、酒的类型等因素的影响,很难仅依照量化标准加以区分。在部分案件中,酒后驾驶的行为人,血液中的酒精含量尽管没有达到刑事入罪的量化标准,却由于行为人对酒精耐受力不足,造成了事实上的"醉酒驾驶",甚至造成人身伤亡或财物损失等社会危害后果。而在另外一些案件中,由于行为人具备较强的酒精耐受力,即便血液中的酒精含量超过了入罪的量化标准,却仍然具有完备的认识能力、辨别能力和判断能力，也不会造成任何危害社会的后果。① 从此意义上来看，这种酒后驾驶的行政处罚与刑事处罚二元结构本身即存在实质界分标准不妥善之问题。

另外，在司法实践中行政处罚与刑事处罚衔接不畅还表现在两个方面。其一是在入罪的临界点，即在判定具体的某一酒后驾驶行为是行政处理还是刑事处罚时的具体程序设置不够完善。这主要是因为我国公安机关享有行政执法与刑事执法两种职权。在司法实践中，公安机关在行使职权过程中很容易出现行政执法与刑事执法职责混淆、职权混用甚至滥用刑事执法权等问题，既不利于依法规范行使公安权力、提升公安治理效能，更无益于对人民群众合法权益的保护甚至产生侵犯人权等问题。② 这就会导致在酒后驾驶的具体个案中存在行政取证与刑事取证的交叉糅合，或者为操作方便，简化必要的取证程序，导致刑事证据层面出现瑕疵证据。其二是在刑事处罚结束之后，尤其是适用不起诉和免予处罚的"醉驾"案件中，并没有行政处罚接续，这会导致"醉驾"遭受的处罚实际上比"酒驾"遭受的处罚还要轻微，显然不符合朴素的法正义观。

(三)"醉驾"治理与社会治理脱节

尽管当前我国采取了一系列法律和政策措施来应对"醉驾"行为，但仍然存在醉驾治理与社会治理背景脱节的问题，"醉驾"治理虽然归属于司法治理领域，但其不应脱离社会治理的大背景之下。"醉驾"治理的核心是通过法律法规、执法和惩罚性手段来防止酒后驾驶尤其是"醉驾"行为的发生，但在实践中，也面临着其他方面的挑战。例如，醉驾行为往往与个人的酒精消费习惯、文化传统和社会价值观等因素紧密相关，使得

---

① 参见陈文聪：《醉驾案件附条件不起诉制度研究》，载《比较法研究》2022 年第 6 期。

② 参见吴镒潾：《"行政"与"刑事"执法的边界与监督》，载《法人》2022 年第 6 期。

治理工作更具复杂性;"醉驾"治理实际上涉及多个部门和机构的协作,包括公安、检察院、法院、医疗机构等,如果各部分之间协调不畅,当然可能导致治理效果不佳。而且,社会对"醉驾"问题的认知和态度也会在一定程度上影响治理的成效。社会治理的大背景包括社会文化、法律意识、经济状况和道德观念等方面因素,从"醉驾"治理现状来看,醉驾治理并未与社会治理产生有效互动。首先,在一些社会文化中饮酒行为被认为是社交和娱乐的一部分,这使得"酒驾"问题在某些文化背景下得不到足够的重视。其次,法律意识和执行力度的不足也是导致"醉驾"治理与社会治理脱节的原因之一。此外,一些经济因素,比如酒驾治理成本的高昂和社会福利措施的不完善,也可能减弱治理的效果。我们认为,"酒驾"治理现代化确有必要放置于社会治理的大背景之下,与社会治理的各方面形成有效互动。具体来看,需要综合考虑多个方面:加强公众教育和宣传,提高对醉驾危害的认识和警觉性;促进社会文化的转变,倡导健康、负责任的饮酒行为,减少对醉驾的容忍度;建立健全的社会福利机制,为酒驾肇事者提供必要的康复和改造机会,同时加强酒精依赖问题的治疗与预防。应当说,"醉驾"治理与社会治理之间的脱节是一个复杂而严峻的问题,解决这一问题需要政府、社会组织和公众的共同努力。通过加强立法、加大执法力度、加强公众教育和宣传等综合措施,可以逐步缩小醉驾治理与社会治理之间的脱节,提高整体治理效果。

二、"醉驾"治理的"体系性"转变

基于上述分析,我们认为"碎片化"的"醉驾"治理方式并不能适配当下社会治理现代化之要求,司法实践也表明,当下的"醉驾"治理已经产生边际效应递减的趋势。站在轻罪式治理的时代背景下,我们认为应当致力于实现"醉驾"治理的"体系性"转变,推进"醉驾"治理的现代化转型。总的来看,"醉驾"治理的体系性需要通过两个方面予以实现。一方面,将"醉驾"治理糅合进酒后驾驶治理体系之中,不宜简单的依据血液酒精含量标准将"酒驾"与"醉驾""一刀切"式的分别治理。另一方面,在"醉驾"治理方面应当实现贯彻一体化理念,建构"醉驾"行为差别化的处遇机制,也要融入社会治理大格局之中,形成综合化的治理模式。

(一)融入酒后驾驶治理体系,实现行刑治理有效协同

随着社会层面汽车保有量的逐渐增高,酒后驾驶治理也越来越成为现代社会执法与司法治理领域的重点内容。目前而言,我国酒后驾驶治理以血液酒精含量标准(80mg/100mL)为分界形成"酒驾"与"醉驾"的二元治理格局。行政治理是通过行政手段实施预防、监管和处罚等措施来防止和打击酒后驾驶行为的方式。它具有快速反应、高效率和强制力强的特点,能够对违法行为进行及时制止和惩罚。刑事治理是通过刑法和刑事司法系统来追究酒后驾驶者的刑事责任,对其进行法律制裁的方式具有法律权威、公正性和惩罚力度大的特点,能够对严重的酒后驾驶行为进行有力打击。从实践来看,虽然"醉驾"通过刑事治理取得了一定成效,但单纯地依附于刑事手段处理"醉驾"行为,将其从酒后驾驶的整体治理维度中分离的方式并不够妥善,尤为关键的就是造成行刑治理衔接不畅的问题。因此,我们认为,应当将"醉驾"治理融入酒后驾驶的整体治理维度当中,实现行刑治理的有效协同,才是符合治理现代化要求的。

实现行政治理与刑事治理的有效协同,对于有效治理酒后驾驶问题具有重要意义。通过加强协调合作、信息共享、宣传教育和刑罚执行等方面的措施,可以提高治理效果,减少酒后驾驶的发生,维护道路安全和社会秩序。需要政府、执法机构、司法机关和公众的共同努力,形成多方合力,建立起一体化、协同作战的酒后驾驶治理体系。可通过建立完善的酒后驾驶治理体系,明确行政治理和刑事治理的职责和权限,加强各部门之间的协作与合作。完善信息共享和数据整合方式,建立有效的信息沟通和协调机制,实现行政治理和刑事治理之间的无缝对接。在具体

路径方面,可考虑从以下两个方面展开。

其一,构建轻微"醉驾"行政处罚分流机制。至少从目前的司法实践来看,对于"醉驾"的惩处并非做到"用尽"行政手段,最主要的表现即是实践中大量的轻微"醉驾"案件涌入刑法规制通道。但是,以刑事处罚治理"醉酒"行为并不意味着舍弃行政处罚手段,在行政处罚手段没有被用尽的情况下,将"醉驾"行为的规制"一刀切"地上升到刑事处罚缺乏一定的科学性。我们认为,通过行政法规制分流一部分轻微"醉驾"行为,由行政法对轻微"醉驾"行为加以规制是比较可行的方式,这主要是由刑法规制与行政规制本身的特点所决定。刑法的公正性、权威性使其更适合对付较为严重的犯罪行为,尤其是那些其他非刑罚方法难以制裁和遏制的行为。将刑法应用于轻微醉驾行为存在一种"大材小用"之感,投入与产出不太成正比,不仅浪费司法资源,还会带来负面效应。相比之下,行政处罚在效率和灵活性方面具有优势,对于轻微"醉驾"行为的规制更为合适。行政处罚能够更迅速地处理轻微"醉驾"行为,减少司法资源的消耗。公安交警可以采取快速且灵活的措施,如罚款、吊销驾驶证等对轻微"醉驾"行为进行惩戒和教育,以达到威慑和预防的效果。这种方式能够更加有效地引导酒驾者改变行为,减少再次发生的可能性。而且,相较于刑事处罚,行政处罚更具多样性,可以根据具体情况和不同地区的实际需要进行调整,不同的行政处罚措施可以更好地适应各地的交通管理要求和社会文化背景。这种灵活性有助于提高执法效果,同时避免了刑事处罚的刚性和严重的随附后果。综上所述,考虑到投入产出比、司法资源的合理利用和效果的最大化,行政法处罚在轻微醉驾行为的规制方面具有明显的优势。通过行政处罚的高效和灵活性,我们能够更好地应对轻微醉驾行为,实现道路交通安全的综合治理。

其二,"酒驾"行政执法活动是"醉驾"治理的前置程序,"醉驾"治理规范即便十分完善详尽,但只要酒后驾驶执法活动不能有效查出酒驾,

"醉酒"驾驶治理就如"无本之末",没有发挥作用的场域。因此,"醉驾"治理的有效性确有必要以加强酒驾的行政执法活动规范化为路径,堵塞执法不严行为,对执法人员的行政执法加以监督。增加醉酒驾驶被查处的概率,就要做到"执法必严""违法必究"。主要可以考虑从三个方面切入。首先,为了减轻醉驾者的侥幸心理,应加强行政执法力度,以常规执法方式取代专项执法。例如,建立全面的管控网络和常规的查处制度,通过特定时期和特殊地点的集中、专项查处来替代日常的全面查处。只有通过严格执法,才能减轻醉酒驾车的侥幸心理,并更大限度地发挥法律的效果。尽管加强行政执法力度需要投入大量的警力和资源,但这是确保道路交通安全、保护公众利益的必要举措。其次,纠正不良行政执法方式,推进执法方式转变,树立预防性执法观念。预防性执法观念强调在事前进行干预和预防,以避免违法行为的发生。在"醉驾"治理中,意味着执法部门应加强宣传教育,提高公众对"醉驾"危害的认识,并通过警示标识、宣传媒体等方式增加对醉酒驾驶的警示和提醒。同时,在实际执法过程中,执法人员应具备积极的干预意识,及时发现并制止潜在的醉酒驾驶行为,例如通过在道路交通系统中布置监控设备、加强巡逻执勤等措施。这种转变的执法方式不仅着眼于追究违法行为的后果,更注重通过积极预防和干预来防止醉驾行为的发生,可以在源头上遏制醉酒驾驶行为。最后,为了堵塞人情执法的后门,必须加强对醉驾执法的监督。人情执法的弊端非常严重,不仅使违法者逃避惩罚,还有损社会守法风气的形成,严重影响执法效果。可考虑建立专门的醉酒驾车执法监督工作机构或部门、建立举报机制、加强内部与外部监督等方式。

(二)贯彻一体化治理理念,建构多元处遇的综合化模式

如前所述,在"醉驾"的刑事治理中刑事实体法与刑事程序法的贯彻衔接存在一定"割裂感",这主要是因为刑法只规定在道路上醉酒驾驶机动车即构成犯罪,在立法上并未作出情节限制,司法实践中对案件从重、

从轻情节缺乏必要考量,宽严相济刑事政策的作用不明显。而且,当前"醉驾"治理路径不够多元,应当树立"酒驾"一体化的综合治理理念,建构多元处遇机制,形成综合化的治理模式。

"醉驾"的刑事治理应当以刑事一体化理念为指引,实现刑事实体法与刑事程序法在"醉驾"治理层面的统一。据此,可以从两个维度切入。

一方面,在刑事实体法领域可考虑结合罪责刑相适应原则对"醉驾"行为的入罪标准作更细致的划分,从实体层面提升"醉驾"的入罪门槛。从《刑法》的规范来看,第133条之1第2项的危险驾驶罪与第1项"追逐竞驶"相比,少了"情节恶劣"的表述,意味着立法对于醉酒驾驶的认定本身就兼具情节恶劣之标准。对此,坚持"醉驾"一律入刑的观点主张"醉驾"是抽象危险犯,"行为存在即构罪",如将其设置为情节犯或具体危险犯,司法实践中就必须判断行为人的醉酒状态是否影响到安全驾驶进而判断具体危险是否存在,并不具备现实操作性。这种观点在我国行政、刑事二元规制体系和执法司法的具体实践面前便形成了悖论:"醉驾犯罪案件必然要根据其风险程度,以判断是否构成犯罪区分适用何种规制手段。"但是,从某种意义上讲,抽象危险仍有"量化"成分,也必须具有具体情节的判断过程和实践的可操作性。我们认为,应当实行差别化的司法处遇方式,一概定罪处刑不利于个案正义,要进行刑事一体化的考量,不能仅作平面静态式观察,而应对之进行立体动态式分析。立足于当前的司法实践状况,如符合以下条件的,可以认定行为人的醉驾行为属于"情节显著轻微危害不大"不作入罪处理,由行政法加以规制。例如:醉酒驾驶摩托车或者电动自行车,体内酒精含量不高,且没有造成实际损害结果的;醉酒驾驶行程较短,诸如封闭式停车场到道路之间等,且未造成实际损害后果;低速醉酒驾驶机动车,体内酒精含量不高,行驶在人流量小或者偏僻乡镇道路;为挽救具有更高价值意义的危害结果发生而被迫醉驾,且未造成实际损害后果等情况。

另一方面,从刑事程序法维度可考虑贯彻"宽严相济"的刑事政策与

"少捕慎诉慎押"的刑事司法政策理念。在刑事司法领域,应当坚守"宽严相济"的刑事政策,贯彻多元化的刑事执法理念。对体内酒精含量低、没有发生交通事故、认罪认罚的醉酒驾驶者从轻处罚;对体内酒精含量高、主观恶性大、造成严重后果的醉酒驾驶者从重处罚。遵循罪责刑相适应原则,在刑罚适用层面也应当实现差别化处遇。在不起诉或适用缓刑层面,可考虑对符合取保候审法定条件的依法取保候审,对认罪认罚、启动但尚未行驶、为挪车位、停放车辆或自首的轻微醉酒驾驶酌定不起诉或适用缓刑。从严打击严重醉酒驾驶行为,对发生交通事故造成人身伤害或财产损失,有酒驾前科或逃逸的,禁止适用缓刑。充分发挥罚金刑、缓刑考验期的补充调节作用。提高对血液酒精含量 200mg/100mL 严重醉酒驾驶者的罚金刑,延长缓刑考验期,对适用缓刑的醉酒驾驶者顶格确定 1 年考验期,增强刑罚综合效应。①

此外,还应当树立一体化的综合治理理念,建构多元综合的"醉驾"治理体系。在处理醉酒驾驶型危险驾驶罪行时,犯罪预防的治本之策是建立合理有效的社会治理体系。尽管危险驾驶罪的设立和适用在一定程度上产生了对醉酒驾驶行为的威慑和抑制效果,但单靠刑事立法的犯罪化并不能完全解决由醉酒驾驶行为带来的社会危害。为了综合治理醉酒驾驶问题,需要协同运用执法、司法、社会监督和文化教育等多种治理方式。执法部门应加大对酒后驾驶的打击力度,加强巡逻执法、设立检查站、利用科技手段等方式,提高抓捕和处罚的效果。司法机关要严格依法审理醉酒驾驶案件,确保判决的公正和威慑力,对犯罪行为给予适当的刑罚,起到警示作用。除此之外,社会监督也是预防醉酒驾驶的重要手段。社会各界应积极参与醉酒驾驶治理中,通过舆论监督、举报制度、志愿者巡逻等方式,共同呼吁和监督酒后驾驶者的行为,并促使其

---

① 参见贺卫:《以多元模式综合治理醉驾犯罪》,载《检察日报》2020 年 12 月 9 日,第 3 版。

认识到行为对社会的危害。文化教育也发挥着重要的作用,可通过加强公众对酒后驾驶危害的宣传教育,提高公众道德和法律意识,培养责任感和道德观念,增加人们对酒后驾驶的抵触,从根本上减少醉酒驾驶行为的发生。总而言之,合理有效的社会治理体系,应当是包括执法、司法、社会监督和文化教育等多种手段的协同共治,如此才能更好地预防和减少醉酒驾驶行为的发生,实现道路交通安全与社会和谐稳定。

第九章 "醉驾"行为治理的中观维度
——诉源治理

"醉驾"治理现代化转型的中观维度重点在于论述诉源治理作为有效且科学治理"醉驾"型犯罪的合理性及可行性。诉源治理可解读为"源头预防为先""非诉机制挺前"以及"法院裁判终局"。"醉驾"案件的诉源治理主要包括三方面内容。

其一是诉源治理的要义。旨在论述什么是诉源治理,以及何为"醉驾"犯罪案件的诉源治理。诉源治理的主要内涵包括整体性与综合性思维、科技赋能思维、少讼无讼的治理思维以及以司法作为最后的纠纷解决手段思维。在"醉驾"治理中,落实诉源治理理念,应当妥善处理行政前置的规定,以有效行政管控的方法,作为预防、管控酒后驾车的主要方式,刑事方面则注重打击严重"醉驾"以及酒后驾车造成交通肇事的犯罪。

其二是"醉驾"犯罪案件诉源治理的意义。主要在分析以往的治理模式难以为继的基础上,重点论述诉源治理替代原有治理模式的价值。从近年来部门规章与地方性规范文件的内容来看,各地均在不断调整"醉驾"酒精含量之追诉标准,意在缩减"醉驾"案件数量,对推动"醉驾"犯罪案件诉源治理具有一定的积极意义。而且,"醉驾"案件的诉源治理,也具有实现执法确定性、规避证据体系易破碎性、提升"醉驾"行为治理成效的现实意义。

其三是"醉驾"犯罪诉源治理的基本路径。主要是三个方面:对酒后驾驶以有效的行政管控作为预防"醉驾"犯罪案件的前置,此种方式能在处罚酒后驾驶行为的同时,也能对轻微的"醉驾"行为"去犯罪标签化",同时缓和司法机关的办案压力;探索"宽严相济"的刑事治理在实体与程序维度的出罪路径,例如引入"情节严重"定量模式、设立前科消灭制度、免予起诉制度适用、认罪认罚从宽制度适用等;调动社会治理层面的保障服务机制,例如探索矛盾纠纷多元化解方式、优化社会管理服务、发挥社区治理功能以及推动执法方式转变等。

第一节 诉源治理之要义

习近平总书记强调:"法治建设既要抓末端、治已病,更要抓前端、治未病。"[1]抓前端,就要加强矛盾纠纷源头预防、前端化解、关口把控,把非诉讼纠纷解决机制挺在前面。治未病,就要完善预防性法律制度,从源头上减少诉讼增量。诉源治理作为社会治理的基础性工作,也是"平安中国"建设的重要内容,是实现"抓前端、治未病"的有效治理方式。本部分内容重点论述什么是诉源治理,以及何为"醉驾"案件的诉源治理。

一、诉源治理的主要内涵

2021年2月19日,中央全面深化改革委员会第十八次会议审议通过《关于加强诉源治理推动矛盾纠纷源头化解的意见》,强调从矛盾纠纷源头预防、前端化解、关口把控三个维度对诉源治理作出顶层设计部署。诉源治理是一项全局性、系统性工作,它的主要内涵主要包括以下方面。

---

[1] 参见《习近平主持召开中央全面深化改革委员会第十八次会议强调 完整准确全面贯彻新发展理念 发挥改革在构建新发展格局中关键作用》,载百度百家号"央视网",https://baijiahao.baidu.com/s? id=1692134930383389918&wfr=spider&for=pc,2021年2月19日访问。

其一,整体性与综合性治理思维。新时代背景下的诉源治理应当是坚持党委领导、政府主导下的整体性治理。党委领导是诉源治理取得成效的关键所在,应充分依靠各级党委总揽全局、协调各方的核心作用,把诉源治理工作纳入社会治理现代化格局中,加快推进"一站式"社会矛盾纠纷调处中心建设,以发挥部门协同、系统集成的优势,实现从"场所一站式"到"功能一站式"的实质化升级。诉源治理强调多元协作,是一种综合性的治理思维。在实践中,诉源治理强调各主体之间各司其职、合理调配资源、妥善处理衔接机制,搭建多元多维的治理机制,完善商事调解、行业调解、行政调解、司法调解等具体机制建设。

其二,以司法作为最后的纠纷解决手段思维。诉源治理应遵循一系列原则,以确保司法的有效性和合理性,并在司法治理的末端发挥其独特作用。司法裁判应牢记其依法裁判的主要职责,以发挥其评价、教育和引领作用。首先,司法裁判作为终局裁决,通过明确行为规范,能够为社会提供明确的法律准则。其次,当非诉机制无法妥善解决纠纷时,司法机关作为最后的防线,应为当事人提供公正正义的保障,需确保判决公正、公平和合法,维护当事人的权益。此外,诉源治理还需要与非诉机制相互衔接,确保不同治理方式之间的协调,为当事人提供多元化的纠纷解决途径。

其三,科技赋能治理思维。诉源治理因扎根基层,涉及面极其广泛,需要运用科技为治理赋能,才能有效发挥其治理价值,尤其是要以数字化技术赋能打造"网上枫桥经验"。党的十九届五中全会指出要"加强数字社会、数字政府建设,提升公共服务、社会治理等数字化智能化水平"。在技术驱动变革的时代,大数据、云计算、人工智能等数字技术为诉源治理赋予数字化的新思路,通过对矛盾纠纷要素画像、成因分析、同源研判、心理疏导,可以实现对矛盾纠纷的精准研判和智能化解。在技术应用层面,开发诉源治理智能化集成平台,集合在线咨询、在线评估、在线调解、在线仲裁、在线诉讼功能,整合咨询师、调解员、仲裁员、法官等各种解纷资源,实现与法院立案系统、人民调解平台、社会服务平台的数据联通与共享,解纷前在线智能评估纠纷,解纷后通过大数据分析预防纠纷,将大部分矛盾纠纷在前端过滤和分流,仅少量疑难复杂案件通过诉讼终局解纷。①

其四,"少讼无讼"的治理思维。当下的诉源治理实践中,存在形式化、运动化、短期化的特征,部分地区会采取指标治理以追求立竿见影的效果,在短期内片面追求调解率等"数据形式主义"成效。实际上,诉源治理应当是一项长期性、基础性工程,应当一以贯之"少讼无讼"的治理思维。在纠纷预防化解过程中植入现代法治观念和权利义务意识,有助于使诉源治理的观念深入人心。

二、"醉驾"案件的诉源治理

目前,对诉源治理存在如下解读。其一,诉源治理是指社会个体及各种机构对纠纷的预防及化解所采取的各项措施、方式和方法,目的是使潜在和已在纠纷当事人的相关利益和冲突得以调和。② 其二,诉源治理立足纠纷化解过程论,"源头预防为先""非诉机制挺前""法院裁判终局"是其三个维度。③ 其三,立足"原发性纠纷"和"继发性纠纷"二元区分论,提出"诉源同治""诉源共治""诉源根治"的三层次解读。④ 其四,将诉源治理理解为"诉讼"的源头治理和"诉求"的源头治理,前者强调

---

① 参见王聪:《诉源治理的现实困境与完善路径》,载中国法院网,https://www.chinacourt.org/article/detail/2022/09/id/6936481.shtml,2023 年 6 月 2 日访问。
② 参见郭彦:《内外并举全面深入推进诉源治理》,载《法制日报》2017 年 1 月 14 日,第 7 版。
③ 参见薛永毅:《"诉源治理"的三维解读》,载《人民法院报》2019 年 8 月 11 日,第 2 版。
④ 参见汤媛媛:《行政争议的诉源"三治"》,载《人民法院报》2020 年 6 月 18 日,第 6 版。

对已经形成争议案件的多元共治,后者强调对诉求产生基础的源头防控。①

上述不同解读是基于不同的维度,均能进一步挖掘蕴含在诉源治理中的深意。综合"醉驾"治理与诉源治理的联结之处,我们认为"醉驾"治理的诉源治理是指,针对"醉驾"行为,既在诉讼前(诉讼外)溯及其发生原因,最大程度地予以化解,又在诉讼中既解决诉讼前尚未消解的引发"醉驾"犯罪行为的原因,并且处理由"醉驾"型危险驾驶罪引发的不利后果。换言之,"醉驾"行为的诉源治理可对应上述"源头预防为先""非诉机制挺前""法院裁判终局"三个维度。更为具体地说,在"醉驾"治理中,"源头预防为先"是指溯及形成"醉驾"源头,"非诉机制挺前"主要指的是以行政前置的方式对"醉驾"行为先行处理,"法院裁判终局"则处理刑事诉讼中"醉驾"违法行为等相关问题。

基于诉源治理的定义,可以总结出它的两大主要功效。第一,治理是要义。"醉驾"行诉源治理是将原先以刑事打击手段对整个行为进行惩罚的方式,分解为两个阶段、三个环节的处理过程。这不是对应该受到处罚的"醉驾"行为放任不管,而是通过有方法、有步骤的方式将其进行规范化处理。这种处理方式可以将重要性集中在治理的关键环节上,确保对"醉驾"行为的有效处理。第二,诉源治理是一种由"治标"转向"治本"的治理方式。诉源治理强调在党的领导下,以人民为中心的治理理念,通过全域治理、多元治理和共享治理,实现案件矛盾和风险的全方位解决,有效推动犯罪治理体系和治理能力的现代化。只有从社会政策、刑事政策、犯罪学等多个方面出发,从整体上控制犯罪化与非犯罪化的流量和分流比例,才能保持刑法的活力和适应性。② 通过诉源治理,可

---

① 参见章志远:《新时代行政审判因应诉源治理之道》,载《法学研究》2021年第3期。

② 参见高铭暄、孙道萃:《预防性刑法观及其教义学思考》,载《中国法学》2018年第1期。

以更好地理解和解决社会问题,避免简单地通过刑事手段对问题进行处理,而是通过综合性的治理方式,从源头上解决问题,提高治理的效果和质量。

由前述关于诉源治理的分析来看,对"醉驾"行为由刑事打击转为诉源治理具有一定的必要性和可行性。这首先是由绝大多数"醉驾"型危险犯罪案件性质轻微所决定的。其次也是因为规避"醉驾"入刑前后行政处罚及行刑衔接的不足。基于现有的社会治理及司法基础,在"醉驾"治理中妥善处理行政前置的规定与衔接,以有效行政管控的方法,作为预防酒后驾车的主要方式,刑事方面则注重打击酒后驾车造成交通肇事的犯罪,契合诉源治理的轨道。

"醉驾"型危险驾驶罪是刑事法中的轻罪,在没有造成严重后果等加重情节时,司法处置一般都较为宽缓。具体以"醉驾"型危险驾驶罪较高省份之一的浙江省为例,2017年1月至2018年12月,"醉驾"犯罪案件的人均刑期为1.75个月,远低于剥夺自由刑人均刑期的17.8个月。2018年1月至2019年6月,"醉驾"案件相对不起诉率达到了36.5%,高出全省刑事案件平均相对不起诉率23.9个百分点。在移送至检察机关审查起诉的"醉驾"犯罪案件中,有近六成被检察机关不起诉或被审判机关判处缓刑、免予刑事处罚。认罪认罚从宽制度实行后,相较于其他刑事案件,"醉驾"型犯罪的涉案人员认罪具有彻底性,上诉率仅为1.82%,比同期全省刑事案件上诉率低8.48个百分点。在上诉原因方面,主要是对量刑情节存有异议,因对犯罪事实有异议而提出上诉的案件极少。这些数据反映了对于"醉驾"型危险驾驶罪在司法处置中的相对宽容态度。究其实质是因为没有造成严重后果等加重情节的"醉驾"行为本身性质相对轻微。同时,这也与刑事政策中关于认罪认罚从宽的规定有关。

对于非严重的"醉驾"行为,将其在符合一定条件的情况下进行行政规制是可行的,而且没有相关的壁垒。换句话说,采取非诉机制,即以行政前置的方式对"醉驾"行为进行先行处理是有很大空间的。行政前置主要指的是在刑事司法之前,通过行政手段对违法行为进行处理。对于"醉驾"行为,主要包括行政处罚、吊销驾驶证、限制驾驶等措施。这样的处理方式可以更加迅速和便捷地对违法行为进行规制,避免了传统刑事司法烦琐的程序,节约时间成本。当然,在实施行政前置措施时,仍然需要确保程序的合法性、公正性和透明度。需要制定明确的标准和规范,以确定哪些"醉驾"行为适合进行行政前置处理,以及行政处罚的力度和范围等。行政前置作为一种诉源治理的手段,在处理非严重的"醉驾"行为时是可行的,但需要平衡好规制效果和个人权益保护的关系,并确保程序的公正和透明。

第二节 "醉驾"案件诉源治理之意义

"醉驾"入刑的10余年来,"醉驾"型危险驾驶罪的治理成效有目共睹。一方面,"喝酒不开车,开车不喝酒"的交通安全理念已经得到了全社会的广泛认同,并强有力地推动了传统生活观念、行为方式的重塑。另一方面,"酒驾""醉驾"违法犯罪行为得到有效遏制,道路安全得以有效保障。但从另一角度来看,治理成果不仅是以大量的司法投入、社会投入为基础,也建立在一定"代价"的前提下,而且此种"代价"在刑事防控边际效应已呈现下降趋势时变得越来越大。当"醉驾"坐稳当前犯罪"第一把交椅"时,一方面应该看到治理的严峻性、紧迫性;另一方面也需要思考,通过引入醉驾案件诉源治理方式,是否优于以刑事手段对"醉驾"行为进行治理,以及这是否符合社会治理现代化的需求。因此,本部分重点从规范层面的变化及司法治理的困境两个维度重点分析"醉驾"案件诉源治理之意义。

一、"醉驾"行为治理的规范分析

目前关于"醉驾"行为治理的法律规范主要是《刑法》第133条之1款和《道路交通安全法》第91条。《刑法修正案(八)》增设了"醉驾"行为即危险驾驶罪,且并没有规定其他附加条件,按照立法的原则和本意,该罪为行为犯也是危险犯,只要有"醉驾"行为就是犯罪行为,就具有危害性,也即达成够罪要件。"醉驾"入罪是在充分考虑《刑法》第13条规定的危害社会行为情节显著轻微危害不大的,不认为是在犯罪总则基础上,在分则里面具体规定的行为犯罪,它已排除了危害社会行为情节显著轻微危害不大的情形,只要"醉驾"就不具有显著轻微,就不具有危害不大的情形,而是具有较大的社会危害性,就认为是犯罪。《道路交通安全法》第91条规定,醉酒驾驶机动车的,由公安交警约束至酒醒,吊销驾驶证,并且要依法追究刑事责任,5年内不得重新取得驾证;醉酒驾驶营运机动车的,除上述之外,10年之内不得重新取得驾证,重获驾驶证后并不得驾驶营运机动车。由此,醉酒驾驶的行为人既要接受行政处罚,又要承担刑事责任,可见《刑法修正案(八)》与《道路交通安全法》是相衔接的。

在部门规章和司法解释中,与醉酒驾驶相关的规范主要有以下文件:公安部于2011年8月11日印发《关于公安机关办理醉酒驾驶机动车犯罪案件的指导意见》;最高人民法院、最高人民检察院、公安部于2013年12月18日印发的《关于办理醉酒驾驶机动车刑事案件适用法律若干问题的意见》;2017年5月1日起施行的最高人民法院《关于常见犯罪的量刑指导意见(二)(试行)》中关于危险驾驶罪的规范;2021年7月1日起施行的最高人民法院、最高人民检察院《关于常见犯罪的量刑指导意见(试行)》中关于危险驾驶罪的规范。地方性规范层面与醉酒驾驶相关的文件相对较多,主要有以下文件:2011年北京市高级人民法院发布的《关于在审理醉酒后危险驾驶案件中贯彻宽严相济刑事政策的通知》;

2017年12月19日上海市高级人民法院、上海市人民检察院印发《〈关于常见犯罪的量刑指导意见(二)(试行)〉实施细则》的通知;2021年7月1日起施行的重庆市高级人民法院、重庆市人民检察院《关于常见犯罪的量刑指导意见(试行)实施细则》的通知;2022年1月12日浙江省高级人民法院、浙江省人民检察院印发《〈关于常见犯罪的量刑指导意见(试行)〉实施细则》的通知;2022年6月27日四川省高级人民法院、四川省人民检察院印发《〈关于常见犯罪量刑的指导意见(试行)〉实施细则(试行)》的通知;2013年12月5日江苏省高级人民法院、江苏省人民检察院、江苏省公安厅《关于办理醉酒驾驶案件的座谈会纪要》;2019年10月8日浙江省高级人民法院、浙江省人民检察院、浙江省公安厅印发《关于办理"醉驾"案件若干问题的会议纪要》的通知;2019年11月20日起施行的辽宁省高级人民法院、辽宁省人民检察院、辽宁省公安厅《关于办理醉酒驾驶机动车犯罪案件刑罚适用若干问题的会议纪要》;2021年12月2日发布的吉林省高级人民法院、吉林省人民检察院、吉林省公安厅、吉林省司法厅《关于办理醉驾型危险驾驶案件若干问题的意见》;2022年3月28日湖南省高级人民法院、湖南省人民检察院、湖南省公安厅印发《关于办理醉酒驾驶机动车刑事案件若干问题的会议纪要》的通知;2019年1月11日湖南省人民检察院发布《关于危险驾驶(醉驾)犯罪案件不起诉的参考标准(试行)》;2019年6月10日安徽省高级人民法院通过的《关于审理"醉驾"刑事案件量刑工作指引》;2016年7月1日湖北省高级人民法院发布的《关于扩大量刑规范化罪名和刑种的量刑指导意见(试行)》;2016年7月1日天津市高级人民法院《关于扩大量刑规范化罪名和刑种的量刑指导意见(试行)》;2017年2月22日四川省高级人民法院公布的《〈关于常见犯罪量刑指导意见〉实施细则(二)》;2011年11月4日青海省高级人民法院发布的《关于审理危险驾驶犯罪案件的指导意见(试行)》;2019年1月山东省公安厅发布的《山东省公安交警查办酒驾醉驾案件指导意见》;2021年9月29日福建省公安厅关于修订印发的《福建省公安机关办理酒后驾驶案件程序规定》;2017 年 11 月 10 日河南省信阳中级人民法院、人民检察院、公安局发布的《关于办理醉酒驾驶机动车刑事案件的有关规定》;2020 年 5 月 19 日山东省青岛市中级人民法院、人民检察院发布的《关于办理醉酒驾驶机动车刑事案件的指导意见(实行)》,等等。需要说明的是,受收集方式有限性的影响,在此不能对所有与"醉驾"治理相关的规范文件作详尽列举,从研究角度来看,这些规范文件已经具有较强的象征意义,能够显示出"醉驾"治理在规范层面的大致雏形。

"醉驾"行为进入刑法受其规制,是基于特定的时代背景。首先是几起恶劣的交通肇事案件引起全社会对当时无效治理"醉驾"的反思。其次,《刑法修正案(八)》将"醉驾"行为入罪,是受民生刑法、风险刑法思想的影响,以回应当时"醉驾"治理的困局。随着社会形势的急剧变化以及国家经济的快速发展,行政管理手段在应对社会矛盾、风险预防方面力有不逮,转而借助刑罚达到公共治理目标,刑法的功能也由原来的惩罚犯罪和保障人权,迅速扩展至建设福利国家、公平分配、国家安全保障等诸多领域,由此产生"行政违法行为犯罪化"[1]。基于对民生福祉的刑事保护,《刑法修正案(八)》强化了刑法的社会治理功能,带有很强的"民生刑法"的特征,这一特点同样被认为是刑法干预早期化、扩张化、能动化最典型的体现。[2] 此外,刑法功能扩张的原因还有风险刑法理念的导入,"行政违法行为犯罪化"也被认为是现代刑法在应对风险所采取的普遍策略。但风险刑法的观念在刑法界争议较大,反对者更认为"行政违法行为犯罪化"中包含着使刑法日益演变为"风险刑法的刑法风

---

[1] 参见罗华:《行政违法行为犯罪化的完善——兼评我国刑法几次修正案的有关规定》,载《河北法学》2018 年第 2 期。

[2] 参见梁根林:《刑法修正:维度、策略、评价与反思》,载《法学研究》2017 年第 1 期。

险"。① 早期将"醉驾"一律入刑的做法有效地扭转了交通肇事频发的局面,更为深远的影响是在全社会范围内逐渐树立了"喝酒不开车,开车不喝酒"的观念。随着汽车拥有量、驾驶资格证持有人数以及经济和社会生活的活跃程度等变量的变化,"醉驾"行为治理所面临的情况也发生了变化。但是,如果仍然坚持"醉驾"一律入刑的立场,这个与广大饮酒民众息息相关的罪名,将使得大多数人从过去的潜在"受害者"变成潜在的"加害者"。而且,在司法治理操作不当的情况下,这种"风险"可能变为"现实",可规避的可能性也存在较大的不确定性。

因此,从近年来部门规章与地方性规范文件的内容来看,各地均在不断调整醉驾酒精含量之追诉标准,这对推动"醉驾"犯罪案件诉源治理具有一定的积极意义,既减少了"醉驾"犯罪案件,又未使酒后驾车管理失控。当然,现阶段因为有效行政管控还处于缺位状态,大量酒后驾驶案件涌入诉讼源头,存在着治理失控之风险。因此,今后需要完善诉源治理方式,形成系统、有效的诉源治理方法。

二、"醉驾"行为诉源治理的现实意义

理想状态下,职权部门在办理"醉驾"案件中,因为是现行犯,且证据种类较为固定,在遵守刑事法规以及相关指引文件的前提下,基本能实现"醉驾"案件"快、准、稳"的办理。然而,司法实务所反映的问题与理想状态尚存一段距离,当前阶段"醉驾"行为治理的现实问题主要是执法的"不确定性"、证据的"易破碎性"及治理成效的有限性。在"醉驾"案件中贯彻诉源治理理念,对于改善传统治理方式弊病具有现实意义。

---

① 参见陈兴良:《"风险刑法"与刑法风险:双重视角的考察》,载《法商研究》2011年第4期。

(一)执法的"不确定性"

执法的"不确定性"主要涉及表层原因和深层原因两个方面。表层原因包括各地在侦查取证、查处数量、案件办理等具体尺度上的不统一。深层原因则在于目前法律规定过于笼统,相关规范性文件没有有效指导司法实践中的具体操作。因此,不仅对于"醉驾"和"酒驾"的判断标准(以80mg/100mL和20mg/100mL作为"醉驾"和"酒驾"的判断临界点)存在质疑,立法也无法应对当前面临的新问题。例如,对于超标电动车等交通工具是否应纳入机动车范畴,汽车与摩托车、拖拉机等是否应适用相同标准定罪量刑,"网约车"是否属于营运车辆,隔夜"醉驾"行为是否能被认定具有危险驾驶的主观故意,挪动车位、微途行驶、代为调头、深夜偏僻小道及小区内行驶等行为是否应认定为犯罪,等等。这些问题的界定不明确不仅使当事人难以具有一定的期待可能性,也使得执法机关在处理"醉驾"案件时缺乏必要的规范。同时,由于法律政策的不统一,一些案件存在着"处理不公"的嫌疑。而且实践中,部分执法机关在打击"醉驾"型危险驾驶罪时也出现了异化行为。例如,有些地区为完成犯罪打击任务,出现了"蹲守"式执法现象。执法人员会提前选择餐饮娱乐场所、农村婚丧嫁娶酒宴等地附近的隐蔽地点作为检查卡口,在发现疑似饮酒人员后并不上前主动劝阻,而是等待其驾驶机动车经过该处时再进行查处。

(二)证据的"易破碎性"

"醉驾"案件的证据类型相对固定且有限,这使得证据收集和保存具有双重性质。一方面,相对于其他刑事案件,"醉驾"案件的证据搜集相对容易。然而,另一方面,"醉驾"案件的证据收集必须严格执行时间、流程和方式等方面的要求,因为任何一个取证环节的瑕疵都可能导致整个证据体系的崩塌,从而影响刑事规制的实施。简而言之,"醉驾"案件的证据取证和保存既不是特别困难,也不是特别容易的过程。在"醉驾"案件的司法实践中,存在职权机关因操作不规范导致证据链不完整的情况,并且这种情况主要集中在血样提取等取证流程上。如果执法机关在操作过程中未严格遵循规范和程序,未确保证据的合法性和完整性,特别是在血样提取方面未严格遵守规定的程序和要求,就很难确保取证的可靠性和准确性。实际上,对于"醉驾"型危险驾驶案件,执法机关应高度重视证据取证和保存,确保操作的规范性和准确性。尤其在血样提取等关键环节,必须严格遵守规定的程序和要求,以确保取证的合法性和可靠性。

(三)治理成效的有限性

目前刑事司法治理在处理"醉驾"案件时面临着"案多人少"的困境。根据不完全统计,"醉驾"入刑后,交通肇事案件减少了,但危险驾驶案件增加了,增减比例为1∶25,即减少1件交通肇事案件,会增加25件危险驾驶犯罪案件。根据刑事诉讼程序规定,处理1件危险驾驶案件,公安机关、检察机关和法院至少需要投入14个工作环节。这导致"醉驾"案件通常采用标准化、格式化的快速办理模式,虽然符合司法实际需求,但不利于行为人的悔罪和矛盾纠纷的司法解决。特别是在认罪认罚从宽制度适用后,根据《刑事诉讼法》规定,"醉驾"案件适用速裁程序,办案时限仅为10天。检察机关需要在这10天内完成权利义务告知、证据审查、提讯、听取意见、量刑和具结等大量工作。同时,对于实际造成损害的案件,如果适用速裁程序,还需要听取被害人的意见,并积极促成赔偿和解。在审判阶段,庭审环节也被大大简化。对于不起诉案件,检察机关也没有足够的时间来确定行为人认罪认罚的真实性,只能根据案件事实和审查阶段的表现作出决定,这将影响刑事规制的威慑效果。①

---

① 参见王敏远:《"醉驾"型危险驾驶罪综合治理的实证研究——以浙江省司法实践为研究样本》,载《法学》2020年第3期。

据此来看,"醉驾"行为的传统治理方式无论是在执法规范、证据收集还是治理成效方面均存在若干现实性问题,而诉源治理的方式能够显著改善传统治理方式的不足。诉源治理并不以追求执法的确定性为主要目标,更强调对于化解矛盾纠纷结果的达致。刑事处理方式中因规范不清晰、不统一的导致的执法不确定问题在诉源治理中并不会存在较大影响。对于证据收集而言亦然,诉源治理更强调行政处理前置,行政证据收集程序相较于刑事证据收集程序而言并不会过于严格,因证据收集程序导致无法惩治"醉驾"行为的情况之发生概率也相对较小。最后,刑事处理方式成效的有限主要是因为刑事程序对于司法资源的损耗相对较多,诉源治理虽然在较多情况下耗费一定的社会治理成本,但在司法资源损耗层面相对较少。

第三节 "醉驾"案件诉源治理之基本路径

现阶段"醉驾"治理的总目标是转变治理理念,加强各方治理协同,防范化解犯罪风险,具体表现为"醉驾"案件总量明显下降,并控制在较低的案发水平。以浙江省为例,在总结司法实践经验的基础上,其以推进诉源治理为主轴,严格遵循罪刑相当、罚当其罪、科学施刑的刑罚要求,将司法规制纳入整体犯罪治理格局,综合案件数量、办理效果、刑罚规制作用等治理因素,充分运用宽严相济刑事政策来增强刑法的"治理活性",体现刑法的严肃性、科学性,进一步规范司法活动,探索出一批以《关于办理"醉驾"案件若干问题的会议纪要》为代表的治理方案路径。还注重强化行政执法,完善共建共治共享的社会治理制度,为"醉驾入刑"这一剂"猛药"配备充足有效的"辅药"以获取更为理想的治理效果,为全国"醉驾"犯罪治理提供了可资借鉴的经验。据此来看,从综合考量的角度,以诉源治理为"醉驾"行为治理的切入点,应强调有效的行政管控作为预防"醉驾"犯罪案件的前置,重点关注行政与刑事衔接治理模式;探索"宽严相济"的刑事治理在实体与程序维度的出罪路径;调动社会治理层面的保障服务机制。

一、行政管控应是预防"醉驾"犯罪的前置程序

行政处理与刑事处理衔接作为"醉驾"行为治理较为妥善之方式,主要源于其社会效益以及司法效益都十分明显,能在处罚"醉驾"行为的同时,也能"去犯罪标签化",减轻司法机关的办案压力。以往理论界讨论较多的主要是未予以刑事处罚后的刑行衔接,而从完善"醉驾"治理角度来说,基于诉源治理之需要,实际上应当将重点放在行刑衔接之上,即以有效的行政管控作为预防"醉驾"犯罪的前置程序。

行刑衔接是指在刑事处罚与行政处罚之间建立衔接机制,通过行政处罚措施对违法行为进行规制,从而避免将所有"醉驾"行为都纳入刑事司法程序。即对所有酒后驾驶的,先从行政违法入手进行治理,只有在相关的"指标"达到犯罪程度的,才转为刑事诉讼程序。诉源治理角度下的行刑衔接实为"重塑"现有刑事打击治理模式,治理思路应当从实体与程序的双重维度开展。在实体方面,"醉驾"的入罪标准应相应作出调整,改变以往单一的"酒精含量"标准,考虑引入其他可判定为"醉酒"状态的相应指标。即便在引入其他参考标准方面阻力较大,从既有的司法现状来看,也应当大幅提高血液酒精含量标准。在程序层面,就是将行政违法处置程序放在前,基于抽象危险犯罪未造成实际危害后果的情况,本着刑法作为最后手段的基本思路。当然,行刑衔接也存在一定的局限性。在立法框架不变的情况下,行政处罚的范围和力度受到限制。如果相关法律对"醉驾"行为的行政处罚措施不够明确或力度不足,可能会影响到治理效果。据此,较为妥当的方式是建构行刑与刑行衔接的双重维度治理模式。

实体意义上的行政处理与刑事处理衔接与程序意义上的二元衔接,

应当完全对应起来。在实体意义层面,从行刑衔接的角度,可考虑将首次涉嫌"醉驾"行为的当事人在没有造成危及公共交通安全、造成任何人身损失或是较大财产损失的情况下予以行政处罚。此后,再涉"醉驾"违法行为或造成严重后果时以刑事的方式予以规制。诉源治理角度下的行刑衔接可谓让纳入刑事轨道的"醉驾"型行政犯"回归本位"。传统认定自然犯的"不知法不免责"观念对行政犯并不适用,司法机关在证明行政犯构成要件时,往往难以对行政犯中的违法性认识要件进行证明。以行政管控前置的方式治理"醉驾"行为,显然无此忧虑,在初犯、偶犯没有造成具体危险的情况下,给予当事人行政处罚后再犯足以证明其主观的故意,并不存在任何的违法性认识错误的可能性。从刑行衔接的角度,可考虑在《道路交通安全法》中添加刑事衔接条款,对于醉酒驾驶机动车,因犯罪情节轻微不起诉、免予刑事处罚,或者犯罪情节显著轻微不作为犯罪处理的,建议赋予公安机关对其行政拘留,并处罚款的制裁权限,或者完善综合配套惩戒措施,衔接保险、银行、社工等机构,将酒驾、醉驾行为与机动车保险率浮动机制、个人不良信用记录等相关联,以达到"醉驾"的处罚"痛感"应重于"酒驾"行为的目的。

  在程序意义层面,从行政与刑事治理衔接的整体维度来看,需要严格规范取证等办案环节,确保"醉驾"犯罪打击的充分性,应当重点关注几个方面。首先,明确执法记录仪全程录像原则。此前主张"一律入刑"的支持者认为,一旦留有裁量的空间,则会给执法者留下"权力寻租"的空间。实际上,这个疑虑通过一个执法记录仪即可解决。结合现有大数据、人工智能等方式,相关录像甚至可以以区块链的方式保存。因而,在查处"醉驾"行为过程中,执法记录仪起到至关重要的作用。其次,应严格规范现有取证环节,特别是极其容易出错且无法弥补的血液酒精含量检测。如前所述,基于公安交警部门的侦查权与执法权未实质分离、行政证据与刑事证据标准之间存在"差值"、"醉驾""酒驾"证据在血液酒精鉴定结果作出后才区分等原因,常常导致证据存在瑕疵。然而,这种瑕疵与执法不规范最为密切相关,在规范的前提下,有关技术的处理均不是问题。对"醉驾"行为予以规制,无法回避行刑证据衔接的问题,因而严格规范取证等办案环节实则是破解此前衔接困局的关键。再次,也应注意,当刑事案件免予起诉或不处罚时,必须配以行政处罚,避免"行重刑轻"的发生。最后,衔接的刑事环节也应有所优化,亦即衔接不仅应避免此前行政手段无法规制的情况,也应在优化现有刑事打击手段的前提下进行,行政与刑事衔接治理是二元并举的综合治理模式。

二、探索"宽严相济"在实体与程序维度的出罪路径

我们认为,探索"宽严相济"的在实体与程序维度上的出罪路径,是"醉驾"案件诉源治理的应有之义,也是不可突破的底线。诉源治理并非完全否定司法治理路径,只是将其作为最后之手段。"醉驾"案件的"宽严相济",主要体现在实体层面对行为的宽缓认定和程序层面对行为的宽缓处理两方面。

(一)实体层面对"醉驾"行为的宽缓认定

一直以来,关于"醉驾"型危险驾驶罪的法律适用、刑事政策把握等方面的问题仍存在不少争议。当"醉驾"治理背景有别于10余年前的社会"酒文化"氛围浓厚、酒后驾驶重大事故频发、行政规制效果并不明显等情形下,应关注现今面临的问题并对此及时作出调整。应当明确的是,此处对"醉驾"行为的宽缓认定是建立在"轻轻重重"的基础上,即对于造成一定后果的"醉驾"行为必须认定为犯罪且从严处理,对于绝大多数无严重危害后果的"醉驾"行为一般应当予以宽缓认定。主要可以由以下方面入手。

1.更新《道路交通法》等关于"醉驾""酒驾"的认定

其一,根据科学依据以及实践数据,更新现有对"醉驾""酒驾"的血液酒精浓度判断标准。以往实践中,司法机关对"醉"的认定是依据《道路交通安全法》、国家质量监督检验检疫总局发布的《车辆驾驶人员血液、呼气酒精含量阈值与检验》(GB 19522—2010)国家标准的规定,驾驶人员血液酒精含量大于或等于80mg/100mL的即为醉酒后驾驶,达到20mg/100mL以上未满80mg/100mL的则为饮酒后驾车。然而酒精含量80mg/100mL的临界值一直被诟病不具科学依据,并且一直被质疑该标准"太低""太严",因为对一般人而言(排除极个别的个体差异情况)不会达到"不知所以、不能所控"的醉酒状态。因而,应当根据科学依据辅之以实践调研数据予以调整。此外,对于隔夜"醉驾"行为,要将饮酒结束至驾车上路的时间、有无休息及其他交通违法行为纳入评判范畴,在符合一定条件时,可推定没有醉酒驾驶的主观故意,因而不构成"醉酒"犯罪。其二,设置相应的分层标准或引入其他辅助测试方法。例如明确"挪动车位""接替他人驶入居民小区""驶出公共停车场、居民小区即交由他人驾驶"等三种特殊情形不属于"醉驾"犯罪行为。再如,对于非城市道路以及摩托车、电动车、拖拉机等非机动车,应规定比一般情形更严的入罪条件。

2. 可考虑引入"情节严重"的定量模式

考虑将酒精含量构罪临界值与加重情节相并列,提升危险驾驶条款的刑罚上限,对曾因"酒驾"或"醉驾"被处罚的人再次"酒驾"的行为一律追究刑事责任,并设置严重情节终身禁驾款项,以实现行刑衔接,并确立"宽中有严"的行为规制导向。这些方式在一定程度上可以强化"醉驾"行为的治理效果,提供更严厉的刑事制裁手段。通过将酒精含量构罪临界值与加重情节相并列,可以在刑事立法层面明确对于不同程度的"醉驾"行为的处罚力度,增加对违法行为的威慑力。同时,提升危险驾驶条款的刑罚上限可以更好地体现对危险驾驶行为的严惩,强调社会的安全和公共利益的重要性。对曾因"酒驾"或"醉驾"被处罚的人再次"酒驾"的行为一律追究刑事责任,并设置严重情节终身禁驾款项,可以进一步加大对重复违法行为的打击力度,以确保法律的严肃性和公正性。总体而言,在刑事实体法层面引入"情节严重"定量模式有助于加强对"醉驾"行为的规制,提高治理效果,并通过行刑衔接的方式实现刑事与行政的有机衔接,从而形成更为完整和综合的治理机制。当然,这些措施的实施还需考虑相关法律、社会认知和司法实践的因素,以确保其合理性、有效性和公正性。

3. 建立刑法统一适用规则

为了增强刑法规制的正当性、合理性和规范性,将立法目的、原则、总则以及宽严相济刑事政策等落实到具体的司法实践中是非常重要的。这需要在司法解释或相关规范文件中明确具体的适用标准和操作细则,以统一刑法适用的尺度,并严格区分罪与非罪的界限。目前,上海、江苏、湖北、海南等地已经出台了针对"醉驾"犯罪的具体适用标准和规定,这是对刑法规制的细化和落地。"醉驾"犯罪的形态相对简单,容易评估,其社会危害性与地域发展水平的关联性不大。因此,在全国范围内通过司法解释的形式建立统一的"醉驾"犯罪司法适用规则是可行的。通过制定统一的司法适用规则,可以实现全国范围内对"醉驾"犯罪的一致性认定和刑事处罚,提高司法公正性和效率。这样的规则将为执法机关、检察机关和审判机关提供明确的操作指南,有助于实现更加一致和规范的司法实践,确保刑法规制的统一性和适用性。以浙江省为例,2019年10月,浙江省公检法机关再次针对"醉驾"规定适用过程中出现的新情况、新问题,出台了《关于办理"醉驾"案件若干问题的会议纪要》,对适用缓刑、不起诉、免予刑事处罚以及公安机关自行处理等具体适用条件均作了细化,并且依据目前的反馈状况,审慎而适当地放宽刑罚规制标准不仅不会带来反弹式增长,还能有效衔接认罪认罚从宽制度,释放司法在犯罪治理中的整体效能。当然,制定统一的司法适用规则需要充分考虑各方面的因素,包括法律的适用原则、社会实际情况以及司法实践经验等,以确保规则的合理性、科学性和可操作性。同时,需要加强相关机构之间的协作与沟通,以确保规则的有效实施和监督。

4. 探索设立前科消灭制度

目前,我国尚未建立前科消灭制度,这使得罪犯复归社会变得困难。在现行制度下,一旦行为人被行政或刑事规制后,他们进入了一种"放管"状态,没有相关机制再行巩固治理成效,使得他们重新融入社会较为困难。此外,罪犯标签化也可能会导致"破窗"效应,即对罪犯形成刻板印象,更难以被接受和信任。为解决这些问题,可考虑建立前科消灭制度,避免过度标签化和社会排斥。以此为契机,社会也应当为罪犯提供有效的社会支持和帮助,帮助他们改造自我、重建生活,并逐步融入社会。比如,提供就业机会、职业培训、心理辅导等支持措施,为罪犯提供积极的社会环境和容纳机制。在建立前科消灭制度的探索中,可以选择一些诸如"醉驾"案件等轻微刑事犯罪行为人进行试点,并对其进行个案评估和跟踪,评估他们的社会适应能力和改造成效。总的来说,建立前科消灭制度需要充分考虑法律、社会和实践的各种因素,并在试点的基础上逐步完善。这既有助于提高罪犯复归社会的成功率,也能减少再次犯罪的可能性。

5. 完善"醉驾"领域的配套治理机制

除此之外,应当关注和整治与"醉驾"犯罪相关的行业,以配套治理。在"醉驾"入刑后,一些灰、黑色产业确实涌现出来,这对于治理"醉驾"行为的效果产生了负面影响,并且可能导致新的违法犯罪行为的出现。其中,代驾行业是与"醉驾"犯罪密切相关的行业之一。一些不法代驾司机可能利用自己的职务之便,以故意抬价、停车等手段迫使行为人自行开车,并通过设置陷阱、威胁等手段敲诈勒索。这种行为不仅破坏了治理"醉驾"行为的效果,也构成了新的违法犯罪行为。针对这种"钻法律空子"的行为,应当加强治理措施,确保相关行业的规范运作,可考虑对涉及的违法人员进行严厉处罚,并公开典型案例以起到警示作用。此外,还可以通过行业自律组织、行业准入门槛等方式,加强对代驾行业的规范管理,提高服务质量和诚信度,减少不法行为的发生。整治与"醉驾"犯罪相关的行业需要综合考虑法律、监管、执法等各方面的因素,形成协同合力,确保治理的有效性和可持续性。只有通过全面治理,才能进一步提高"醉驾"犯罪的防控水平,保护公共安全和社会秩序。

(二)程序层面对"醉驾"行为的宽缓处理

在司法操作层面,探索完善非刑罚化的司法指引,规范羁押场所管教模式,努力形成制裁与指引并重的司法治理格局。当"醉驾"行为符合一定条件时,应当优先考虑宽缓处理。其一,优先考虑免予起诉。其二,尽量适用认罪认罚从宽程序,并为其适用提供必要的便利及保障。

1. 优先适用免予起诉

首先,对于案件中不存在造成他人轻伤以上后果、严重超载超重超速等严重情节的,应尽量适用《刑法》"但书"条款。其次,应当特别关注2017年实施的最高人民法院《关于常见犯罪的量刑指导意见(二)》规定,综合考虑醉酒程度、机动车类型、车辆行驶道路、行车速度、是否造成实际损害以及认罪悔罪等情况作出准确判断:对情节显著轻微危害不大的,不予定罪处罚;犯罪情节轻微不需要判处刑罚的,可免予刑事处罚。最后,探索构建以庭审、公开宣判为代表的法官宣告制度和以定罪量刑具结、不起诉为代表的检察官宣告制度。通过法律文书释法说理、庭审直播、不起诉公开宣告等增强司法制裁的仪式感,加大对民众"醉驾"行为价值引导。

2. 尽量适用认罪认罚从宽程序

认罪认罚从宽制度充分体现了现代司法宽容精神,是我国宽严相济刑事政策的制度化,也是对刑事诉讼程序的创新,更是司法环节"醉驾"犯罪诉源治理和程序优化的有效路径,通过创造认罪认罚条件,加强认罪认罚自愿性、真实性的审查可以有效排除案件纠纷矛盾,降低再犯风险。探索以量刑具结为契机,在行为人自愿选择的基础上将"免罚"的范围适当扩大,引入非刑罚化的内容,作为行为人向司法机关作出的弥补损失、自愿认罪的自我悔改承诺。在对"醉驾"案件适用认罪认罚从宽制度时,尤其应当发挥律师作用,增进"醉驾"犯罪打击的规范性。充分运用值班律师、法律援助等制度设计,积极探索符合"醉驾"案件办理特点的律师参与机制。不论是否适用认罪认罚从宽制度,"醉驾"案件中律师的有效参与对被刑事追诉人和被害人的合法权益保护都是极有意义的,对职权机关办案质效的提升也有显著的促进规范作用。"醉驾"案件的处置时间较短、证据种类较少、犯罪情节有限等因素都将会影响到被追诉人的诉讼感知与理解,律师的有效介入可及时释疑被追诉人、被害人的处置困惑,加快推进诉讼流程,更早地化解案件内部矛盾风险。更为重要的是,律师通过查阅案件材料、询问被追诉人、参与见证量刑具结等方式,可以推动羁押必要性审查、认定量刑全面化精准化、非法证据排除等诉讼工作,保障案件办理质量。因此,在"醉驾"案件处置领域应全面发挥律师的规范作用,加大对刑事辩护以及法律帮助的全覆盖、法律帮助以及律师享有阅卷权等举措的推广落实。此外,探索区别化、动态化的羁押管理教育模式,可考虑采取"醉驾"犯罪人员集中羁押、集中教育、集中管理方式,降低"交叉感染"概率。

三、调动社会治理层面的保障服务机制

犯罪治理是一项系统工程,在配备行政、刑事刚性治理手段时,其他治理手段也要跟进更新。不然,"醉驾"犯罪治理就会出现"一判了之、一放了之、打击不尽"的"断档"现象,不仅不能减少"醉驾"犯罪,也容易激化社会矛盾。从诉源治理的角度来看,"醉驾"犯罪源头防控的目标,一是避免犯罪发生,二是阻止行为再犯。针对这两大目标,"醉驾"犯罪的源头防控必定是分层、立体、全面的,可从以下方面进行探索。

(一)探索矛盾纠纷多元化解

首先,保障被害人的诉讼参与权是十分重要的。在量刑具结前征求

被害人意见,并将其记录附卷,可以确保被害人的声音被充分听取。有助于增加案件处理的公正性和透明度,使被害人能够参与到案件的决策过程中。其次,通过刑事和解、检调对接、人民调解等方式,化解"醉驾"案件中的矛盾纠纷,可以在一定程度上减少司法资源的占用,促进案件的快速解决,实现双方的和解与协商。最后,推行"醉驾"案件赔偿保证金制度,可以为解决赔偿问题提供一种有效的机制。行为人可以向司法机关、双方认可的第三方等提供预存平台,缴纳赔偿保证金。可在矛盾未能化解或赔偿未能达成的情况下,为后续的协商或判决提供一定的保障。此情节也可作为认罪认罚制度和强制措施适用的重要考量因素,从而敦促行为人履行赔偿义务。多元化纠纷化解措施有助于提高"醉驾"案件的处理效率和司法公正性,促进矛盾纠纷的妥善解决。在具体实施过程中,也需要考虑相关法律、制度、资源等方面的因素,并确保各方的合作与配合,以达到预期的效果。

(二)优化社会管理服务

首先,科学规划并增设公共停车位和临时停车位可以有效缓解停车难题,特别是在居民居住区和餐饮聚集区等地。探索建立"代停"机制和文明劝导机制,例如在小区、学校和停车场等场所,可以引入相关服务,以提供代为停车和文明劝导的服务。其次,规范代驾行业市场经营秩序,加强对网约车平台和代驾公司的监管职责,提高代驾服务的质量和可靠性。同时,研发"一键式"救助服务功能,加大对高峰期的代驾人员调配,以满足市场需求,确保酒后驾驶者能够得到及时的代驾服务。此外,可通过政府购买服务等方式,强化对案后行为的约束与教育。例如,要求行为人在被不起诉前后或判处缓刑后积极参与一定时长的道路交通公益服务,以加深对犯罪行为的认识和改变其行为习惯。另外,赋予娱乐餐饮等相关单位劝导和提醒义务,以起到预防酒后驾驶的作用。如果行为人不听劝阻执意酒后驾驶机动车,娱乐餐饮单位有报警求助的责任。对于未履行劝导和提醒义务的单位,相关部门有权对其进行处罚或警告。这些举措可以综合应对"醉驾"问题,从减少停车难、规范代驾行业、强化约束与教育等多个方面入手,提高交通安全水平和社会文明程度。

(三)发挥社区治理功能

应当将"醉驾"犯罪治理重点下沉到基层,充分发挥社区三项基础治理功能。首先,社区可以加强与生产企业、政府支持项目和民间组织等的合作,提供就业机会等方式来解决"醉驾"复归人员融入社会和生存的困难。通过提供稳定的就业机会,可以促使这些人员重新融入社会,减少再次涉及"醉驾"犯罪的可能性。其次,社区可以通过雇佣安保人员巡逻、加强交通文明劝导与提示,以及促进邻里调解等自治形式,排除和化解"醉驾"犯罪的风险隐患,维护社区的和谐稳定。社区居民可以参与社区巡逻和交通安全宣传,共同营造一个安全有序的社区环境,提高社区居民的交通安全意识和行为规范。最后,社区可以通过内化并体现于当地的民风民约,将"不饮酒后驾车""不对驾驶员劝酒""不出借机动车给饮酒者""不要求或请求饮酒者开车"等内容融入当地的文化传统和社会习俗中,实现自治、法治和德治的"三治"融合。增强社区居民对于酒后驾车的警觉和抵制,形成共识并共同遵守相关规定,可以促进"醉驾"犯罪的治理和预防,有效减少"醉驾"犯罪的发生。

(四)推进执法方式转变

首先,要求职权机关树立预防性执法理念,督促酒吧、KTV、饭店等场所在门口设置醒目的文字提示或语音提醒,禁止酒后驾驶。提醒顾客不要酒后开车,增加人们对酒后驾驶的警觉性。公安机关可以采取不定期巡逻和重点场所常态化警示等方式,加强执法力度,维护交通安全。其次,可以运用人脸识别等科技手段,加强对酒后无证驾驶、驾驶证被暂扣或吊销期间驾驶机动车行为的查处。通过科技手段的应用,提高查处效率和准确性,对违法行为进行及时制止和处罚,起到威慑作用。此外,在"醉驾"犯罪宣传预防方面,应扭转"定罪"和"定量"片面宣传的方式,转向以"犯罪危害"为重点的全面宣传。将法律的专业判断与民众的朴素认知融合起来,让人民群众能够在每个司法案件中感受到公平正义。同时,使"喝酒不开车,开车不喝酒"的理念深入人心,让这种思维定势和习惯成为公众生活的一部分。这些措施需要各级执法机关、相关场所和公众的共同努力,形成合力,确保交通安全和社会秩序。

第十章 "醉驾"行为治理的微观维度
——具体建议

　　微观维度描绘"醉驾"行为治理现代化转型的具体建议是本研究的落脚点,也是对策研究的重点内容。本部分在比较既有规范的基础上,提出实体维度与程序维度具体的完善方案。

　　对当前治理"醉驾"案件的不同规范体系之异同进行分析,是提出完善建议的前提。在此重点梳理不同部门与地区就"醉驾"所作出的治理规范,概括和归纳其异同之处。共同之处在于,基本都根据醉酒程度、驾驶车辆的危险程度以及其他实际影响危险性大小的因素来确定量刑基准。不同之处在于,公共安全法益与"醉驾"的刑事违法性判断的不同、轻微罪质与"醉驾"案件的不起诉裁量的不同以及认罪认罚从宽制度在"醉驾"案件中适用的不同。

　　实体层面主要从"但书"规则的建构和"醉酒"驾驶的综合认定机制两方面展开。"但书"情节的建构着重分析了适宜判定为"情节显著轻微、危害不大"的醉酒驾驶情形。"醉酒"驾驶的综合认定机制应当采用"折中说",首先,确定一个较高的体内酒精含量标准,在此标准以下,需要结合其他判断标准,在个案情形中判定驾驶人的行为是否对公共安全造成了具体危险,进而判断是否构成犯罪。

　　程序层面主要从刑事与行政两个维度展开。在刑事层面主要包括比例适用刑事强制措施、"醉驾"案件程序简化的路径、规范"醉驾"案件证据收集程序、突破"醉驾"案件证明难点、释放认罪认罚从宽制度效能、不起诉制度的合理适用几个方面。行政方面的完善主要是坚持以行政之严,取代刑事之厉的治理思维,要实施严密管控、严格管理与严密查处的酒驾治理措施,完善衔接处理机制,确保行政处罚无遗漏。同时重点关注程序衔接的监督机制,以及改革和完善"醉驾"行为治理中的绩效考核机制。

第一节 "醉驾"行为治理规范之间的异同

自2011年《刑法修正案(八)》增设"醉驾"型危险驾驶罪以来,"醉驾"治理话题经久不衰,不仅仅是刑事法领域的研究重点,在轻罪治理现代化的时代背景下,已经成为有关部门、许多地区纷纷出台相关规定的重要领域。本节内容主要是分析当前阶段不同部门与地区关于"醉驾"规定之间的异同点,以便为之后从实体层面和程序层面提出完善建议奠定基础。

一、醉驾"行为"治理规范的共同点

其一,各地区大多根据醉酒程度确定量刑基准。对于被告人醉酒程度的衡量,目前各地判断是否酒驾主要依据是血液酒精含量的检测值。有观点认为,由于体质差异,同样的饮酒量对个体辨认和控制能力的影响会有一定差异,其驾驶行为的危险性也会不同,应当作为具体判断的依据。由于立法针对的是一般情况,以血液中的酒精含量为标准能够大致反映行为人的醉酒程度。而且《刑法》将危险驾驶罪规定为抽象危险犯,在条文中并没有规定"足以发生交通事故的危险"的要件,不需要进行具体危险的判断。对于个体酒精耐受力的判断,目前也缺乏科学、通用的标准和方法。因此,目前而言,各地还只能以血液中酒精含量作为确定基准刑的依据。通过对各地规范进行归纳,可以发现各地区主要以下三个幅度确定量刑基准点:(1)血液中酒精含量在 80—160mg/100mL 之间,在拘役 1—2 个月之间选择量刑起点;(2)血液中酒精含量在 160—320mg/100mL 之间,在拘役 2—3 个月之间选择量刑起点;(3)血液中酒精含量在 320mg/100mL 以上,在拘役 3—4 个月之间选择量刑起点。

其二,各地区基本都是根据驾驶车辆的危险性不同确定量刑基准。一般而言,驾驶车辆越大,肇事后所造成的损害后果就越大,醉酒驾驶二轮摩托车肇事所可能造成的损害后果与醉酒驾驶汽车所可能造成的损害后果相比,一般要小得多。因此,驾驶车辆的大小及型号与驾驶行为的危险性有很大关系,按照车辆本身危险性从小到大的顺序,同时也是对驾驶人员注意义务的要求从低到高的顺序,各地普遍将机动车辆区分为以下四个等级:(1)摩托车;(2)轿车及小型客车;(3)中型客车及一般货车;(4)大型客车及大型货车。

其三,各地区在确定具体醉酒驾驶行为的量刑起点时,主要以被告人的醉酒程度为基础,辅以所驾驶车型等级,醉酒程度越大,量刑起点越高,驾驶车辆的危险性越大,量刑起点也越高。比如,对于大型客车或大型货车的驾驶人员,在其醉酒程度刚达到入罪标准的情况下,也可以在基准量刑幅度内,将拘役 2 个月作为量刑起点。对于摩托车的驾驶人员,其醉酒程度接近 160mg/100mL 的,也可以根据所驾驶车辆的危险性相对较小,将拘役 1 个月作为量刑起点。对于驾驶小型摩托车并且血液中酒精含量刚到定罪标准,又没有其他从重情节的,可考虑免予刑事处罚。

其四,各地区的规定普遍认为,醉酒驾驶行为的实际危险大小还取决于被告人的驾驶能力、驾驶车辆本身的安全状况、行驶路段的实际交通状况及驾驶行为的实际表现等因素。在确定从轻处罚或从重处罚时,以下情节对于各地区酒驾案件的认定均有重要意义。(1)被告人的驾驶能力。包括被告人是否具备与驾驶车辆相当的驾驶资格及既往驾驶记录。一般而言,无证驾驶说明行为人未受到系统的安全驾驶训练,其驾驶行为的危险性较大。有多次违章记录的行为人与有良好驾驶记录的行为人相比,其在醉酒后不能安全驾驶的可能性更大,特别是以前有过肇事记录的行为人,其对醉酒驾车的危险性有更具体真切的认识,再次醉酒驾车,只能说明其置客观存在的高度危险性于不顾,放任危险结果的发生,应当予以从重处罚。(2)驾驶车辆本身的安全状况。包括车辆载客情况、载货情况、安全性能等。驾驶车辆载客较多的,醉酒驾驶行为不但对道路上其他交通参与人员会造成危险,对车辆本身的参乘人员,也有很大危险。如果车辆上装载有易燃、易爆、剧毒、放射性等危险物质的,发生事故后所造成的危害后果会更大。车辆本身存在重大安全隐患,比如刹车性能不好的,醉酒驾驶后发生危险后果的可能性就更大。(3)驾驶路段交通状况的不同。道路既包括公路、城市道路、乡村道路,也包括广场、公共停车场等用于公众通行的场所。"醉驾"行为发生时道路上车辆及行人的流量大小,也是影响肇事后果的重要因素。道路上车辆和人员越多,越是要求驾驶人员谨慎驾驶,醉酒驾驶行为的危险性也就越大。(4)被告人驾驶行为的实际表现。由于行为人对酒精的耐受度有个体差异,醉酒后的驾驶行为也会有不同表现。驾驶过程中有严重违章行为的,说明行为人醉酒程度较深,驾驶行为的危险性就较大,已经发生事故后果的,更说明"醉驾"行为的严重危险性。

二、醉驾"行为"治理规范的不同点

当然,除了上述相同点之外,各地规范之间也存在不同之处,主要表现在以下几个方面:

(一)公共安全法益与"醉驾"的刑事违法性判断的不同

按照《刑法》第 133 条之 1 的规定,在道路上驾驶机动车,是"醉驾"涉嫌构成犯罪的时空场域,也是其刑事违法性的发生时空场所。而之所以设定"道路"这一基本的罪状要素,就是为了保护公共(交通领域)安全法益。《道路交通安全法》第119条第1款的规定,"道路",是指公路、城市道路和虽在单位管辖范围但允许社会机动车通行的地方,包括广场、公共停车场等用于公众通行的场所,这是理解"道路"之空白罪状的行政法依据。以浙江省公检法机关发布的《关于办理"醉驾"犯罪案件若干问题的会议纪要》为例,其对"道路"作出两个层面的限制:一是不包括居民小区、学校校园、机关企事业单位内等不允许机动车自由通行的通道及专用停车场;二是对于醉酒在广场、公共停车场等公众通行的场所挪动车位的,或者由他人驾驶至居民小区门口后接替驾驶进入居民小区的,或者驾驶出公共停车场、居民小区后即交由他人驾驶的,不属于《刑法》第133条之1规定的"在道路上醉酒驾驶机动车"。第一种情形旨在将明显属于封闭的"内部道路"予以排除,第二种情形对"道路上"的"驾驶行为"作了限定理解。

我们认为,虽然这两种做法有其合理性,但在具体操作中,也要注意以下几个方面:一是对道路的"公开性(公共性)"之理解,虽然原则上应将"封闭性"的道路予以排除。但"封闭"是相对的概念。不允许自由通行的内部通道或专用停车场,其"封闭性"是不确定的,并不必然不涉及公共安全问题。应当具体分析,不能"一刀切"。二是应当遵循危险驾驶罪的罪质,对"醉驾"的行为特征进行理解。"醉驾"是典型的抽象危险行为,一旦出现,就随时可能对公共安全造成高度危险或不确定的现实危害。因而,一般不存在中止、未遂等停止情形。即使在相对封闭的道路或区域等,短暂或临时"醉驾",虽然客观上没有造成现实的危害结果,但也不能就此否认该类行为的危险性,及其对不特定的多数人的现实危险性,更不能直接认为不属于危险驾驶行为。仍应当根据实际情况,综合案件的所有情况,具体地判断与认定,做到实事求是,不拔高也不降低。

基于此,对"道路"的理解,应当回归立法原意,特别是需要遵循危险驾驶罪系危害公共安全的犯罪,对"道路"的规范内涵作出符合目的与功能的解释。对于"驾驶"行为的理解,也要结合"道路"的情形,并同时结合其他要素,综合进行实质判断。不能仅因"道路"的情形较为特殊,或与相关法律规定的不太一致,就简单地予以排除。"道路"作为前提条件之一,对"驾驶"行为的认定具有时空范围的约束,但对社会危害性的判断不具有绝对的主导作用。

(二)轻微罪质与"醉驾"案件的不起诉裁量的不同

根据《刑法》第133条之1的规定,构成危险驾驶罪的,处拘役,并处罚金。回溯1997年《刑法》中的所有罪名,按照罪责刑相适应原则的精神,可以认为,危险驾驶罪是目前最轻微的罪名。从立法原意看,之所以《刑法修正案(八)》增设本罪,是因为"醉驾"这种高发的危险驾驶行为,严重危害公共安全。从这点来看,"醉驾"入刑,是对相对轻微的违法行为予以入罪,反映了从严的一面。相应地,在刑事司法中,对"醉驾"的宽严相济处理,不能矫"严"过"宽"。浙江省会议纪要规定,醉酒驾驶汽车,酒精含量在170mg/100mL以下,认罪悔罪,且无8种从重情节,犯罪情节轻微的,可以不起诉或者免予刑事处罚。酒精含量在100mg/100mL以下,且无8种从重情节,危害不大的,可以认为是情节显著轻微,不移送审查起诉。同时,醉酒驾驶摩托车,没有造成他人轻伤及以上后果,认罪悔罪,酒精含量在200mg/100mL以下,犯罪情节轻微的,可以不起诉或者免予刑事处罚;其中,酒精含量在180mg/100mL以下,危害不大的,可以认为是情节显著轻微,不移送审查起诉。

浙江省会议纪要区分驾驶机动车与摩托车的情形,根据酒精含量的程度、认罪悔罪、是否有8种从重情节以及犯罪情节是否轻微几个主要因素,决定是否起诉、免予刑罚处罚或不予起诉。这一做法有其合理性。由此可见,浙江省会议纪要对不起诉的处理,相比于最高检、最高法、公安部发布的《关于办理醉酒驾驶机动车刑事案件适用法律若干问题的意见》(以下简称《意见》),更多地体现了从宽的一面。事实上,按照罪刑法定原则,对于判处拘役并处罚金的"醉驾"行为,虽然是轻微罪,但仍存在出罪的空间。《刑事诉讼法》第 16 条规定,情节显著轻微、危害不大,不认为是犯罪的,不追究刑事责任,不予以起诉。因此,对"醉驾"行为,不必然一律都应当按照犯罪处理。对于部分个案,检察机关根据案件事实与证据,可以作出不起诉处理。在把握"醉驾"案件的不起诉问题上,总体上要坚持审慎的严格适用立场,而不能过于放宽标准与范围。

缘由主要有以下方面。一是轻微罪的入罪门槛已经偏低,客观上无法预留较大的立法出罪空间,否则,必然削弱立法的科学性与必要性。二是"醉驾"入刑后,如果不起诉的适用率过高,不仅导致本罪的司法覆盖面下降,也容易在一定程度上架空本罪的立法初衷。三是虽然"醉驾"案件的基数很大,甚至高居"榜首",是"案多人少"现象的主要内因。不能单纯为了"压缩"案件数量,而人为地放宽"醉驾"的刑罚处罚标准。这在个案中可能异化为功利主义对司法正义的不当渗透。四是对"醉驾"作不起诉处理,有其积极的社会意义,但在积极的一般预防效果等方面却明显被压制。办案机关应当权衡得失,既要对社会关切问题予以充分保障,也要对反映强烈的特定情形予以排除。

对于"醉驾"案件的起诉权把握上,总体上应坚持综合判断的原则。既要充分考虑"道路""驾驶行为"等基本要素,对刑事违法性作出全面的认定。同时,应当重点结合酒精含量的程度、认罪认罚、是否有法定的从重情节、人身危险性、犯罪情节的轻重等要素,对社会危害性作出整体的判断。而且,应当针对群众关切,突出打击重点,对特定时期、区域等情形的"醉驾"持"零容忍"态度。通过权衡上述因素,作出是否起诉的决定,可以取得更好的法律效果与社会效果。

(三)认罪认罚从宽制度在醉驾案件中适用的不同

《刑事诉讼法》第 15 条确立了认罪认罚从宽这一项基本的刑事诉讼制度。犯罪嫌疑人、被告人自愿如实供述自己的罪行,承认指控的犯罪事实愿意接受处罚的,可以依法从宽处理。这为"醉驾"案件的从宽处理提供了规范依据。在实践中,"醉驾"案件已经是认罪认罚从宽制度的适用"大户"。相较于基本法内容的指导性和宽泛性,浙江省会议纪要则与时俱进地结合认罪认罚从宽制度及其相关规定,作出了以下探索:一是根据酒精含量,决定是否采取羁押措施;二是明确"醉驾"犯罪案件的诉讼证据要求,特别是对酒精含量的鉴定之争议问题作出规定;三是规定 8 种从重处罚的情形,但是,醉酒驾驶汽车或醉酒驾驶摩托车,无 8 种从重情节,且认罪悔罪,符合缓刑适用条件的,可以依法适用缓刑;四是人民检察院作不起诉处理的,公安机关也应当作出吊销机动车驾驶证,5 年内或 10 年内不得重新取得机动车驾驶证的行政处罚。应该说,浙江省会议纪要的规定遵循了宽严相济刑事政策的基本精神。

  我们认为,对于"醉驾"犯罪案件,适用认罪认罚从宽制度的,在从宽处理上,必须坚持宽严相济刑事政策。当前,应当把握好以下几个方面。其一,以存在基础的犯罪事实为前提,依法核实酒精含量,充分核实"醉驾"犯罪的情况,严格把握证据条件,坚决防止"冒名顶罪""花钱(买)免刑"等现象。其二,"醉驾"案件的犯罪嫌疑人认罪认罚的,结合案件的其他情况,在不起诉的把握上,应做到不枉不纵。对确实应当作出不起诉的,也要敢于依法贯彻,实现区别对待。其三,以认罪认罚的自愿性为前提,依法从宽处理。主要综合考虑道路的情况、"醉驾"的时空场合、酒精含量、认罪认罚情况等反映"醉驾"危险程度的各种因素,同时也结合有无驾驶资格、驾驶的车辆种类、实际损害后果、曾经酒后或者醉酒驾驶机动车被处罚的情况、其他交通违法情况等情节,依法对犯罪嫌疑人、被告人予以实体从宽与程序从宽,而非一律从宽,更不能超出现行法律规定的范围予以从宽。其四,制定全国统一的"醉驾"入刑标准,扩大认罪认罚从宽处理范围,将有助于改善醉驾在刑事案件中的数量比。

第二节 "醉驾"行为治理实体维度的规范建构

从实体维度审视当前"醉驾"行为治理,需要以前文分析的理念原则为基础,从罪刑法定原则和罪责刑相适应原则的角度来看,实体维度的规范建构最为关键的是两个方面的内容:一方面是"但书"条款应在"醉驾"治理体系中得到良好适用;另一方面是当下对于"醉酒"状态的评价标准相对单一,应当尝试建构综合认定体系。

一、"但书"条款在"醉驾"中适用规则的具体建构

前文论述了"但书"条款在"醉驾"型危险驾驶罪中存在增加适用的余地,即行为人醉酒驾驶机动车仍然可以根据情节显著、轻微危害不大予以出罪,因此"醉驾并非一律定罪"。但讨论不应止步于此,还必须具体描绘出何种情形的"醉驾"属于"情节显著轻微危害不大"的可以出罪的情节,方可为司法实践提供有益的参考。本节主要从实体层面探讨"但书"规则在"醉驾"案件中的具体建构。

(一)不应将人身危险性要素纳入类型建构的考量之中

建构"情节显著轻微、危害不大"类型的"醉驾"型危险驾驶罪的根据是抽象危险犯可反证的这一法理。通说认为"醉驾"型危险驾驶罪是抽象危险犯,而抽象危险犯也属于危险犯。"既然是危险犯,就必须客观上存在成为处罚依据的法益侵害的危险,而这种危险也需要在现实的案件中作具体的判断,从而在确定不存在这种危险时否定犯罪的成立。"[①]

[①] 参见付立庆:《应否允许抽象危险犯反证问题研究》,载《法商研究》2013年第6期。

既然"醉驾"型危险驾驶罪是抽象危险犯而非一般的行为犯。也就是说，行为人并非只要达到醉酒的程度且在道路上实施了驾驶机动车的行为就成立犯罪，而是还要求其行为具有危害公共安全的抽象危险才成立犯罪。所以，在"醉驾"型危险驾驶罪中，可被称为"情节显著轻微、危害不大"的"醉酒"型危险驾驶罪，即使血液酒精浓度达到了 80mg/100mL 以上的程度，但却在个案中并未真正地造成客观危险。在此，有学者指出，以下情形可属于"情节显著轻微、危害不大"的酒驾，即："(1) 行为人一贯表现良好，属于初次醉酒驾驶；(2) 行为人在他人力劝下醉酒，事后因未找到代驾者而自己醉酒驾驶；(3) 行为人醉酒驾驶直至被警察拦下时尚未造成追尾等任何事故；(4) 行为人醉驾后追悔莫及；(5) 血液酒精含量略微超过醉酒标准。"①在这些标准中，有些标准诸如初次"醉驾"、找不到代驾的、"醉驾"后追悔莫及的，所表征的是人身危险性要素，即行为人法敌对意思并不是很强，再犯危险性不是很大。但要注意的是，人身危险性要素一般被认为是量刑所考量的因素，和定罪无关。显然，无论是初次"醉驾"还是多次"醉驾"，无论"醉驾"后是否追悔莫及，他们的"醉驾"行为给公共安全造成危险即对法益的侵害其实并无根本的不同。而且，本罪是抽象危险犯，只要醉酒驾驶，原则上便会推定针对法益侵害之危险存在，而无另外权衡和考量人身危险性的必要。因此，不应将指涉人身危险性的要素作为情节显著轻微、危害不大的标准。应当另辟蹊径考察"情节显著轻微、危害不大"的醉酒驾驶情形。

(二) 适宜判定为"情节显著轻微、危害不大"的醉酒驾驶情形

类型之一，在人烟稀少、车流量较少的道路上轻微醉酒驾驶，没有造成危险的。其实，正如有学者正确指出的那样："司法实践实际上无法按

---

① 参见刘宪权：《醉驾入刑应杜绝"模糊地带"》，载《法制日报》2011 年 5 月 17 日，第 11 版。

照一个固定的原则性实体标准对醉酒驾驶行为是否制造了法律禁止的风险进行实质判断，更为合理的路径是根据道路交通安全常识、经验法则以及公平正义理念进行个案分析。如果根据道路交通安全常识等能够认为行为人所实施的"醉驾"行为没有给公共安全制造法律禁止的风险，应认定个案中的醉酒驾驶行为不构成危险驾驶罪。"[1]但是，为了增加明确性和可操作性，进一步细化"醉驾"中情节显著轻微、危害不大的情况还是有必要的。我们认为，第一种可属于情节显著轻微、危害不大的醉酒驾驶，便是"在人烟稀少、车流量较少的道路上轻微醉酒驾驶，没有造成危险的"。假如行为人血液酒精浓度达到了 80mg/100mL，但酒精浓度含量并不是很高，而是在一定的限度之下，且醉酒驾驶机动车在人烟稀少、车流量较少的道路上。在此种情况下，行为人的"醉驾"行为是有可能例外地没有给不特定、多数人的人身、财产安全造成危害。如果行为人可以完成此种举证责任，便可援引"但书"条款出罪。

　　类型之二，为了保护更为重大的法益。第一种类型是根据抽象危险犯可反证的原理推导出的情节显著轻微、危害不大的类型。除此之外，有学者还将诸如为了救助病重的妻子而醉酒驾驶的情形，也算入情节显著轻微、危害不大的醉酒驾驶之中。不少学者对此表示反对。核心理由是，此种情形属紧急避险完全没有必要根据情节显著轻微、危害不大出罪。此观点有待商榷。但书"情节显著轻微、危害不大"在中国司法实践之中是所有出罪事由的总括，时常将构成要件排除事由、违法阻却事由和责任阻却事由都囊括在内。例如，最高人民检察院《关于〈人民检察院直接受理的法纪检察案件立案标准的规定（试行）中一些问题的说明〉》第 9 条规定："由于以下几种情况而重婚的，可以认为不构成重婚罪：(1)对主动解除或经劝说、批评教育后解除非法婚姻关系的；(2)因自然

---

[1] 参见谢杰：《但书是对抽象危险犯进行适用性限制的唯一依据》，载《法学》2011年第 7 期。

灾害、被拐卖或者其他客观原因而流落外地,为生活所迫而与他人结婚的;(3)因强迫、包办婚姻或因遭受虐待,与原配偶没有感情,无法继续维持夫妻生活而外逃,由于生活无着,又与他人结婚的;(4)因配偶长期外出下落不明,造成家庭生活严重困难,又与他人结婚的。"以上司法解释也是根据但书规定为制定依据的。而上述规定中为生活所迫而与他人结婚,实际上是一个缺乏期待可能性的问题,这是一个责任的问题。① 既然责任排除事由可以纳入但书之中,那么也就没有理由将违法阻却事由排除在外。在这样的背景下,将为了维护更大的法益而醉酒驾驶机动车的行为,容纳到"情节显著轻微、危害不大"中去,并无问题,也可起到提醒司法者注意的功能。

  类型之三,具体构成要件不符合。在上述两种类型之外,属于情节显著轻微、危害不大的醉酒驾驶的还可能是不符合"醉驾"构成要件但又容易被误认为符合"醉驾"的情形,典型如吃了含有酒精的食品和药品之后开车上路。此种行为类型在表面上是符合构成要件的。对于此种情形,有的学者认为这不符合"醉驾"型危险驾驶罪的构成要件,因为醉酒驾驶机动车的应该将其解释为饮酒后驾驶机动车,但如此解释似乎也不够妥当。因为根据此观点,故意吃含有大量酒精的药品之后开车的行为便难以定罪,而这样的行为显然也会给道路交通的公共安全造成威胁。实际上,吃了含有酒精的食品和药物后开车不构成"醉驾"的真正原因是行为人没有犯罪故意。在不知情的情况下,吃了含有酒精的食品和药品,是没有危险驾驶罪的故意的。相类似的情形是隔夜酒驾,即行为人前一天大量饮酒,第二天早起开车,然而此时血液酒精含量依旧超标。此种情形也可根据情形显著轻微、危害不大出罪。原因也是相同的,即行为人对于自己(可能)醉酒的事实是无明知的。

---

  ① 参见陈兴良:《但书规定的法理考察》,载《法学家》2014年第4期。

二、"醉酒"驾驶的综合认定机制

前已述及,危险驾驶罪作为一种抽象危险犯,须在可能发生实害危险的情况下才可以构成犯罪。所以说,从实体法角度来看,应当将"醉酒"的构成要件解释为"因饮酒导致驾驶能力受损,存在发生实害危险的可能性"。对于"醉酒"状态的认定,主要有两种方式:一种即是我国所采用的血液酒精含量标准。但此种方式受限于个体对酒精的耐受力不同,容易导致很多不存在实害危险可能性的情况予以入罪处理,不符合法理。另一种方式是采用驾驶能力受损判断模式,但是这一模式最主要的问题是无法形成统一确定的标准,不利于实践操作。

我们认为,较为妥当的方式是借鉴德国认定"醉酒"的折中模式。首先,确定一个较高的体内酒精含量标准,超过此标准则被视为"绝对无驾驶能力",即意味着必然存在实害危险发生的可能性。按照我国当前的司法实践规律,可考虑将此标准设定为 160—180mg/100mL 之间。其次,在此标准以下,还需要结合其他判断标准,在个案情形中判定驾驶人的行为是否对公共安全造成了具体危险,进而决定其是否构成犯罪。

采用折中模式认定"醉酒"状态也可以在司法层面丰富"醉驾"案件的证据体系。首先,允许除血液酒精含量鉴定报告以外的证据证明体内酒精含量,如呼气酒精检测报告、尿液酒精含量鉴定报告等。当然,一般情况下,呼气酒精检测报告的证明力要弱于血液酒精含量鉴定意见,但也不宜通过规范性文件将此绝对化,避免滑向法定证据主义。一方面,要保证辩方质证的权利;另一方面,二者证明力大小应交由法官自由心证,如此可以提高特殊情况下的司法应对能力,保证实质公正。其次,允许多元证据综合认定"醉酒"状态。在缺乏血液酒精含量鉴定意见、呼气酒精检测报告等证据的情况下,允许法官根据驾驶能力测试报告、证人证言、视听资料等证据综合认定犯罪嫌疑人、被告人在驾驶时处于"醉酒"状态。如此也能够改善"唯血液酒精含量"标准之下,因证据瑕疵导致实际犯罪行为得不到惩处之问题。

应当说,"醉酒"状态的认定是"醉驾"案件入罪的核心,但除此之外,在司法实践中还要注意是否发生事故、所驾车辆状态、是否因酒驾受过刑事处罚或行政处罚、是否符合自首等量刑事实的审查认定等方面,这些方面的内容应当统一于"醉酒"驾驶的认定之下,形成综合认定机制。是否发生事故、所驾车辆状态、是否因酒驾受过处罚等,因存在客观证据而比较容易证明与审查认定。"醉驾"案件具有当场性和临时性的特点,因此其自首的认定也相应有所不同。"醉驾"案件案发的情形之一是发生交通事故后报警,其中对于醉驾者本人报警并在现场等候处理的情形构成自首争议不大,存在争议的是事故发生后由他人报警的情况。若醉驾者明知已有人报警,仍在现场等候,并在之后的例行询问中如实供述其"醉驾"行为的,构成自首。当缺乏直接证据证明醉驾者"明知"他人报警的情况下,司法人员应该根据现场情况、醉驾者意识状态、醉驾者客观行为等情况综合认定其是否明知或应当明知现场有人报警,进而认定是否构成自首。"醉驾"案件案发的另一种情形是在交警设岗排查过程中查获。有实务人员认为,"公安机关办理危险驾驶类案件普遍存在先抽血送检、后立案侦查的情况,二者存在时间差,故在未被采取强制措施的情况下电话传唤到案并如实供述的情形应构成自首。"①首先,公安机关先抽血送检、后立案侦查的程序是违法立案规定的,不能以此为理由认定犯罪嫌疑人、被告人构成自首。其次,鉴于设岗查获型"醉驾"案件的临时性特点,醉驾者缺乏主动自首的时间条件,应通过法解释学的方法适当扩大自首的认定范围。比如在醉驾者明知道路前方有交警设岗检查,仍主动前行并配合接受酒精检测以及如实供述事实,即可认定为自首。据此,司法人员应依照证据审查醉驾者的意识状态、检查站

---

① 参见曾丹:《醉驾型危险驾驶罪适用自首的几种情形》,载《人民检察》2019年第12期。

周边的道路情况以及"醉驾"者到案经过和到案后的行为表现,综合认定其是否构成自首。

第三节 "醉驾"行为治理程序维度的完善对策

从程序治理维度来看,"醉驾"行为治理的完善需要重点关注两个方面。一方面是刑事司法程序的完善,主要聚焦比例适用刑事强制措施、完善"醉驾"案件证明体系、"醉驾"案件程序简化的路径、释放认罪认罚从宽制度效能、不起诉制度的合理适用。另一方面则是行政程序的完善,主要聚焦行刑衔接与刑行衔接和公安司法机关绩效考评机制的改革完善。

一、刑事司法程序的具体完善建议

前已述及,在"醉驾"行为的治理中,尤为关键的是刑事司法程序层面存在若干现实性问题,这些问题导致司法实践结果与期待存在现实偏差。在"醉驾"行为治理现代化理念之下,需要予以审视。我们认为,需要从以下几个方面予以完善。

(一)"醉驾"案件比例适用强制措施

"醉驾"案件强制措施的适用应当注意如下几个方面。其一,在前置取保候审、监视居住的基础上,严格依法适用变更逮捕措施。不能为了侦查取证和诉讼便利,而对"醉驾"犯罪嫌疑人直接适用一般逮捕措施,否则是严重的程序违法。针对"醉驾"犯罪嫌疑人,只能适用变更逮捕措施,即犯罪嫌疑人在被监视居住或者取保候审期间脱管或者有其他严重的违规行为,影响后续侦查、起诉、审判工作的进行,可以对其予以逮捕。需要说明的是,违规行为也需要有相关证据加以证明,侦查阶段由公安机关向检察机关批准逮捕,审查起诉阶段由检察机关查证属实后决定使用逮捕,审判阶段由法院决定。

其二,在完善"行刑衔接"的基础上,缩小刑事拘留的惩罚性适用。"以拘代罚"的重要原因在于"行刑之间结果倒挂"。为此,应当尽快弥补行刑衔接的漏洞。一方面,加强检察机关和公安机关部门之间的沟通,争取在地方性指导性文件中首先规定,对人民检察院作不起诉处理的,公安机关应当依照或者参照《道路交通安全法》相关条款,对被不起诉人作出吊销机动车驾驶证、罚款等处罚;另一方面,主办检察官应该积极进行个案协调,主动提出检察建议,跟踪落实,使相对不起诉与行政处罚能有效衔接起来。

其三,在规范收取证据的基础上,扩大适用取保候审强制措施。目前来看,醉驾案件证据体系较为固定,收集难度不大,除了一些特殊情况外,一般不需要过多的时间。同时,也有实证研究发现,绝大部分醉驾犯罪嫌疑人持认罪态度,被取保候审的犯罪嫌疑人也几乎不会脱逃。[①] 由此观之,针对"醉驾"案件,可以尝试探索过多地适用取保候审的强制措施。公安机关也应当改变传统或者习惯上通过对犯罪嫌疑人刑事拘留、逮捕来完成侦查取证的做法,审慎使用刑事拘留强制措施。刑事拘留应主要以威慑力量来使用,只对于妨碍侦查取证和办案秩序的犯罪嫌疑人采取刑事拘留羁押的方式,以保证侦查取证工作顺利进行。但对于配合侦查取证的犯罪嫌疑人,不予以刑事拘留羁押,把刑事拘留羁押带给犯罪嫌疑人生活和工作的负面影响降到最低程度。

[①] 有学者收集了 Z 省 L 市的 51 个"醉驾"案件作为研究样本。在样本中,有 47 件案件从侦查一直到判决前均采取取保候审,没有发现犯罪嫌疑人潜逃的情况,这里面还有外地的犯罪嫌疑人 4 人,由此可见,对于危险驾驶的犯罪嫌疑人进行取保候审在实务中可行。在样本案件中,所有犯罪嫌疑人均表示认罪,可见,"醉驾"案件的认罪率很高,适用取保候审的空间很大。参见周宏伟:《危险驾驶罪中醉驾认定的疑难问题实证分析》,载《中国人民公安大学学报(社会科学版)》2012 年第 3 期。

(二)适度简化"醉驾"案件审办流程

在"醉驾"的程序处理中有学者建议针对"醉驾"案件增设刑事处罚令程序,即:"如果醉驾案件被告人自愿认罪且对指控的犯罪事实没有异议,由检察院启动处罚令程序。检察院在发动处罚令程序时,应向同级法院提交申请书(具体内容包括被告人的犯罪情节、危害程度、犯罪后的表现等),并应附加量刑建议。检察院在向法院提交申请书的同时,应向法院一并移送全部卷宗和证据材料。法院接到检察院的申请书之后,应征得被害人、被告人及其辩护人的统一,才能适用处罚令程序。法院采取处罚令程序处理轻罪案件时,应指派一名审判员独任审理,其只需在案卷和证据材料基础上进行书面的实质性审查,就被告人之罪责只需达到高度盖然性的证明标准即可。审理的期限以 10 日以内为宜。"[①]

刑事处罚令程序比目前实施的认罪认罚从宽的速裁程序还要简化,但仍有三点值得注意。第一,该刑事处罚令程序同速裁程序一样,重心都在审理程序的简化,却忽略了审查起诉程序的简化,甚至说会加重检察机关的工作负担。第二,刑事处罚令程序采用书面审理方式与我国刑事处罚所带来的"社会惩罚"不相匹配。与域外国家不同,我国受过刑事处罚的人员会面临工作受限、子女发展受限等一系列严重的"社会惩罚",采用书面审理的方式即定罪处刑缺乏应有的严肃性和程序正当性。第三,刑事处罚令程序适用高度盖然性证明标准的说法在理论和实践上缺乏论证,并不能轻易地引入刑事司法。因此,我们认为,目前还不宜直接引入刑事处罚令程序审理"醉驾"等轻罪案件,但可将其作为远景目标,即在拥有完备的轻罪治理体系的情况下再考虑引入。

当下应从缩小办案工作量的角度切入,提高工作效率,简化案件审

[①] 参见杨雄、邵汝卿:《"醉驾"案件的程序与证据问题研究》,载《法学杂志》2011 年第 10 期。

办流程。如审查起诉阶段,检察人员可首先根据"醉驾"案件常见证据列表进行标准化、格式化审查,撰写简易版审查报告,在案件存在特殊因素的情况下,补充进行特殊因素的审查,以此融合案件办理质效。在审判阶段,以速裁程序集中审理为主,遇到被告人有异议的情况,应采用普通程序单独审理。同时需要注意,法院不得以转为普通程序审理的方式延长办案期限。证据审查方面,对于被告人不认罪案件,审判机关应重点审查证明达到醉酒状态客观要件的证据(目前我国主要是血液酒精含量鉴定意见),对于被告人认罪认罚案件,应当重点审查其他量刑事实,在准确量刑的同时作好释法说理。

(三)规范"醉驾"案件证据收集程序

醉驾案件的取证程序是司法实践中十分关键的阶段,从完善和规范醉驾案件证据收集程序的角度里看,主要可以聚焦于以下几个方面。

1. 明确违反取证程序之后果。目前来看,当下的规范性文件对血样的提取、保存、移交、登记、封存、送检、检验等都有较为完备的程序规定,但在实践中的表现却不够理想。究其缘由,主要是缺乏明确的法律后果。较为合理的处理方式是,如果违规取证可能直接影响证据客观性、真实性,相关证据应作为非法证据予以排除。比如,医护人员使用含有酒精(醇类)消毒液进行消毒、血样未按照规定封存、送检时间超过3日等情况,都可能直接影响到检测结果的真实性、合法性。如果违规取证不会直接影响证据客观性、真实性,但可能严重影响司法公正的,执法人员应对予以补正或者作出合理解释;不能补正或者作出合理解释的,对该证据应当予以排除。比如,执法人员未开启执法记录仪或选择性开启执法记录仪、抽取血样时缺乏适格的见证人等情况,执法人员应当说明理由,经合理解释后能够证明证据合法性、真实性的,可作为证据使用。

2. 构建现场清醒测试程序和尿样检测程序。当前我国认定"醉酒"状态的唯一依据是血液酒精含量鉴定意见,不利于案件事实的正确认定,确有必要引入现场清醒测试程序和尿样检测程序,拓宽"醉驾"案件的证据来源。对于现场清醒测试程序,首先可考虑通过司法解释明确其法律地位,明确现场清醒测试结果可作为证据使用;其次再构建规范化的现场清醒测试程序。当呼气酒精含量达到醉驾标准的情况下,执法人员有权要求犯罪嫌疑人下车接受步行回转试验、单腿直立试验,执法人员应对试验过程进行同步录音录像。对于尿液酒精含量检测,首先应明确其适用条件。相较于血液取样,尿液取样有着更高的时机性、隐私性要求,存在被替换、污染的风险,因此我们认为血液取样的方法应优于尿液取样,只有在医生认为因医学上的理由不能或不应取得血液样本时,才可以适用尿液取证的方法。对于规范尿液酒精含量检测程序,在英国,如果最终确定的可作证据的样本是尿液样本,且嫌疑人同意提供两份样本,嫌疑人须在被要求提供尿液样本时起计 1 小时内,并在上次提供尿液样本之后,提供尿液样本。第一份样本将会被弃用,而第二份样本将会被用于分析。① 为防止他人冒名提供尿液样本,尿液酒精含量检测结果需与呼气酒精检测结果相比对,差异过大的需进一步进行 DNA 检测。至于确定尿液酒精含量的认定标准,可以单独制定尿液酒精含量的"醉酒"标准,也可以制定尿液酒精含量与血液酒精含量的换算标准。

3. 规范强制取证程序。已有学者基于"驾驶权是一种法律许可的特别权利而非自然权利"之观念,阐释了在驾驶人员拒不配合查验血液酒精含量值的情况下,警察基于合理怀疑而采取必要强制手段的正当性。② 在厘清理论争议的基础上,应进一步给予立法支持,规范"醉驾案件"的强制取证程序。执法人员强制取证应遵循比例原则。首先,执法人员应通过言语、动作示意或者制作书面文件贴于车窗等方式,告知驾驶人员

---

① 参见储陈城:《论中国醉驾认定的程序化建构》,载《甘肃行政学院学报》2014 年第 1 期。

② 参见刘艳红:《醉驾犯罪血液酒精含量鉴定证据客观性与合法性之判断》,载《法学论坛》2014 年第 5 期。

下车接受检查。只有经告知后驾驶人员仍不配合的,才能实施强制措施。其次,在实施的方式上,应当优先选择强制开锁的方式,尽量避免造成人员受伤和财产损失。只有在无法强制开锁的情况下,才能采取强制破窗的方式。另外,有学者提出,如果强制打开车窗、车门并对驾驶人员进行体内酒精测试之后,发现未达到饮酒驾车临界值的,且没有发现其他违法犯罪行为的,公安交管部门应当作出合理补偿。对此,笔者并不赞同。笔者认为,公安交管部门是否作出合理补偿应以程序违法为前提。驾驶人员有义务配合接受检查,因其不配合行为造成的财产损失应由驾驶人员承担。只有在执法人员违法采用强制破窗、破门的情况下,才需要由公安交管部门承担财产损失,如此才能保障警察执法权的合理行使。

4. 设置醉驾人员治疗状态下的特殊程序。英国、加拿大、我国香港地区等都设置了醉驾嫌疑人受伤治疗时的特殊程序。如英国的规范中,警察在且仅在负责该病人的医生不反对的前提下才有权对医院的病人采集可作证据的血液样本。如果医生认为抽取血液样本不利于病人护理与治疗,可以反对样本采集。加拿大亦有判例表明,警察在没有就被告人身体情况咨询主治医生的情况下,擅自抽取的血液样本不被法庭所采纳。出于人道主义考量,在嫌疑人受伤处于治疗状态时,警察应当积极配合医生,对伤员进行救治。但醉驾人员受伤治疗时的特殊程序属于我国的立法空白,需加以规范。即警察需在征得主治医生同意的情况下,才能提取嫌疑人的血样进行鉴定。当然,设置治疗特殊程序之后,在无法及时提取犯罪嫌疑人的血样的情况下,该如何认定案件将成为司法实践的难点。较为科学的方式是,待嫌疑人身体状况稳定,征求主治医生同意后,再提取血样进行鉴定。然后根据科学标准进行回推,计算出驾驶时嫌疑人的体内酒精含量。不过需要注意的是,嫌疑人在治疗阶段的酒精消除率与正常情况下存在差异,故此回推计算过程需经专家评议。

(四)突破"醉驾"案件的司法证明难点

目前来看,突破"醉驾"案件证明难点的方案有强制取证、立法拟制、设置拒绝酒精检测罪、回推计算等方案。我们认为,突破"醉驾"案件的司法证明难点,应以遵循刑法、刑事诉讼法、证据法基本原理、规则为前提。具体而言,可以从两个维度切入:在实体法方面,继续通过妨害公务罪来规制拒绝酒精检测的暴力、威胁行为;在证据法方面,采用回推计算和综合判断的方法认定"醉酒"状态。

首先,我国不宜借鉴英国、韩国的做法,单独设置"拒绝酒精检测罪"。在我国,"罪犯"标签给行为人带来的影响要远大于其他国家。一旦入刑,行为人将面临开除公职、吊销职业资格、影响个人征信等一系列的"社会惩罚",甚至会波及子女的成长发展,这也是"醉驾"入刑广受诟病的一点。所以说,我国刑法犯罪圈不宜再度扩大,将拒绝酒精检测行为再单设为罪。同理,有学者提出扩大妨害公务罪的调整范围,以消极不作为方式妨碍公务同样入罪。基于刑法谦抑性的要求,我们主张不宜将妨害公务罪发展为毫无底线的口袋罪名,只有在下车后以威胁、殴打执法人员等方式拒绝配合酒精检测,情节严重的,才能认定为妨害公务罪。其次,立法拟制、事实推定、证明标准降低等方案因违反刑事诉讼法、证据法基本原理和规则,不宜扩张适用。从常理分析,拒不配合酒精检测行为和"醉酒"驾驶之间的确存在一定联系,但此联系的紧密程度并不足以支持刑事证明标准所需,行为人也有想隐瞒患有某种血液疾病的可能。此外,法律推定来源于事实推定。英国、加拿大等国家直接将没有合理理由拒不配合酒精检测行为视为醉酒驾驶的犯罪行为,同样值得商榷。再看2011年江苏省公检法机关联合发布的《关于办理交通肇事刑事案件适用法律若干问题的意见(试行)》规定,行为人故意逃避酒精含量检测,但有其他相关证据证明行为人饮酒的,可以认定行为人构成酒后驾驶行为。表面上看似推定条款,但实质上只存在基础事实,并不存在推定事实。有证据证明行为人饮酒自然就能成立酒后驾驶。从该规定没有明确"可以认定行为人构成醉酒驾驶"中就可以看出,江苏省公检法机关对事实推定依然保持较为谨慎的态度。最后,可以运用体内酒精含量回推计算方法和证据综合判断方法来突破"醉驾"案件的司法证明难点。正因为目前血液酒精含量鉴定意见是认定行为人是否构成犯罪的唯一证据,所以犯罪嫌疑人、被告人才能想方设法阻碍该证据的收集,制造司法证明难点。据此,突破该证明难点的关键在于完善"醉驾"案件的证据体系,削弱血液酒精含量检测的唯一性地位,寻找其他可替代的认定手段。

(五)积极释放认罪认罚从宽制度效能

认罪认罚从宽制度充分体现了现代司法宽容精神,是我国宽严相济刑事政策的制度化,也是刑事诉讼程序的创新,更是司法环节"醉驾"犯罪诉源治理和程序优化的有效路径。一方面是因为"醉驾"案件本身属于典型的轻罪案件,犯罪嫌疑人、被告人的主观恶性不高,通常愿意认罪认罚;另一方面也是当下认罪认罚从宽制度的实践成效显著,适用比率也呈逐渐攀升态势。不同于一般刑事案件证据体系中口供占据重要地位,"醉驾"案件证据体系以客观的血液酒精含量鉴定意见为中心,因此认罪认罚从宽制度对"醉驾"案件而言不具有显著的证据意义,更重要的是扩大程序出罪、贯彻宽严相济刑事政策的意义。从完善的角度来看,应当重点关注以下几个方面。

首先,要完善司法制裁指引制度。当前,应提升司法权运作透明度,探索完善非刑罚化的司法指引,规范羁押场所管教模式努力形成制裁与指引并重的司法治理格局。一是构建以庭审、公开宣判为代表的法官宣告制度和以定罪量刑具结、不起诉为代表的检察官宣告制度。通过法律文书释法说理、庭审直播、不起诉公开宣告等增强司法制裁的仪式感加大对民众"醉驾"行为价值引导;二是探索以量刑具结为契机,在行为人自愿选择的基础上将"免罚"的范围适当扩大,引入非刑罚化的内容,作为行为人向司法机关作出的弥补损失、自愿认罪的自我悔改承诺;三是采取区别化、动态化的羁押管理教育模式可探索采取"醉驾"犯罪人员集中羁押、集中教育集中管理方式降低"交叉感染"概率。

其次,探索矛盾纠纷多元化解机制。一是保障"醉驾"案件被害人诉讼参与权,在量刑具结前征求被害人意见,并记录附卷;二是要利用刑事和解、检调对接、人民调解等路径,化解"醉驾"案件矛盾纠纷;三是考虑推行"醉驾"案件赔偿保证金制度,对有赔偿能力及意愿的行为人因矛盾尚未化解、赔偿尚未达成等未能履行赔偿的,可向司法机关、双方认可的第三方等提供预存平台按标准缴纳赔偿保证金,以便后续协商或判决后扣除划转,该情节可被作为认罪认罚制度、强制措施适用的重要考量因素。

最后,需要强化检察机关主导责任。认罪认罚从宽制度推行后,检察官的主导责任越发凸显。一方面,检察机关应充分履行法律监督职能,加强对"醉驾"案件侦查、审判的监督依托捕诉一体专业化背景提升诉讼监督水平,依法用好非法证据排除、不批准逮捕、不起诉、羁押必要性审查、提出抗诉等职能,不断延伸对"醉驾"型危险驾驶罪公安机关撤案处理的案件、刑事拘留适用等方面的监督工作。另一方面,检察机关也要严格落实司法责任制,规范内部监督办案流程,建立充分的权利义务告知机制、完备的听取意见机制、有效的值班律师参与机制、全面的证据开示制度等,以制度压实责任,以合作排除风险。

(六)切实发挥相对不起诉制度的分流功能

"醉驾"入刑引发的诉讼爆炸意味着我国亟须构建完备的轻罪治理体系。而轻罪治理体系的建立,首先应该切实发挥相对不起诉制度的分流功能,以此契合轻罪刑罚轻缓化之目的,从而实现较好的社会治理效果。前已述及,由于最高人民法院 2017 年颁布的《量刑指导意见(二)》

只是笼统地规定了醉酒驾驶机动车"犯罪情节轻微不需要判处刑罚的,可以免予刑事处罚",并无统一标准。导致各地办理"醉驾"案件所实施的不起诉、免予刑事处罚的标准存在较大差异,实践适用也存在严重失衡的现象。为了便于比较,在此将部分地区地方性文件中的不起诉、免予刑事处罚的规定汇总并制成表三。

表三　各地关于"醉驾"案件适用相对不起诉、免予刑事处罚的规定(醉酒驾驶汽车)

文件名称	公布/印发/施行时间	适用相对不起诉的条件规定
江苏省高级人民法院、省人民检察院、省公安厅《关于办理醉酒驾驶案件的座谈会纪要》	2013年12月5日发布	在农村人员稀少、偏僻道路上醉酒驾驶摩托车,行为人血液酒精含量未超过醉酒标准20%,且未发生事故,或者虽然发生交通事故但仅造成自伤后果或者财产损失在2000元以内的,可以认定为犯罪情节显著轻微,不作为犯罪处理。
湖北省高级人民法院《关于扩大量刑规范化罪名和刑种的量刑指导意见(试行)》	2016年6月29日公布	具有下列情形之一,犯罪情节轻微,认罪悔罪态度好,且不具有本罪规定增加刑罚量情形的,可以免予刑事处罚:(1)醉酒程度在100mg/100mL以下的初犯,未造成其他损害后果或者仅致本人受伤的;(2)醉酒程度较轻,因急病救人、短距离移动车位、非路检原因主动放弃驾驶、隔夜醒酒后开车,未造成其他损害后果或者仅致本人受伤的;(3)其他可以免予刑事处罚的情形。
天津市高级人民法院《关于扩大量刑规范化罪名和刑种的量刑指导意见(试行)》	2016年7月1日施行	醉酒程度在100mg/100mL以下且系初犯,认罪、悔罪,未造成其他损失或后果的,可以考虑免予刑事处罚。
浙江省高级人民法院、省人民检察院、省公安厅《关于办理"醉驾"案件的会议纪要》	2017年1月17日印发	酒精含量在140mg/100mL以下,且无上述从重情节的,可以不起诉或者免予刑事处罚。

续表

文件名称	通过时间	适用相对不起诉的条件规定
四川省高级人民法院《关于常见犯罪量刑指导意见实施细则（二）》	2017年3月1日施行	具备下列情形之一，犯罪情节轻微不需要判处刑罚的，可以免予刑事处罚： 1. 醉酒程度在130mg/100mL以下且不具有从重情节； 2. 醉酒程度在150mg/100mL以下且系初犯，具有急救病人、短距离挪动车位、非路检原因主动放弃醉驾、隔夜醒酒后开车等情形未造成其他损失或后果的。
东莞市中级人民法院、市人民检察院、市公安局《关于办理"醉驾型"危险驾驶案件的联席会议纪要》	2018年9月7日公布	对醉酒驾驶机动车犯罪情节轻微，犯罪嫌疑人血液酒精含量不超过120mg/100mL，认罪、悔罪且无从重处罚情节的，经综合考量办案的法律效果和社会效果，可以作不起诉处理。醉酒驾驶机动车犯罪情节轻微，犯罪嫌疑人血液酒精含量超过120mg/100mL，但不超过140mg/100mL的，原则上应提起公诉，但犯罪嫌疑人认罪、悔罪且无上款中的从重处罚情节，符合下列条件的，经人民检察院检察委员会讨论决定，可以作不起诉处理：(1)无犯罪记录的；(2)没有发生交通事故，未造成人员损伤及财产损失的；(3)未造成其他不良社会影响的。 酒精含量在140mg/100mL以下，且无上述第12条第一款中规定的从重处罚情节的，经综合考量办案的法律效果和社会效果，法院可以判处被告人免予刑事处罚。
重庆市检察院、市高级法院、市公安局《关于办理危险驾驶犯罪案件法律适用及证据规范问题的座谈会综述》	2018年9月12日公布	经检验，行为人血液中酒精含量在80—130mg/100mL之间(含130mg/100mL)，认罪、悔罪的，检察机关可以作微罪不起诉处理，已经提起公诉的，法院可以判处免予刑事处罚。但不得具有从重处罚情节。

续表

文件名称	通过时间	适用相对不起诉的条件规定
湖南省人民检察院《关于危险驾驶(醉驾)犯罪案件不起诉的参考标准(试行)》	2019年1月11日印发	醉酒驾驶机动车,血液酒精含量在150mg/100mL以下,且没有本参考标准第5条规定的从重处罚情节的,可以适用相对不起诉。醉酒驾驶机动车,血液酒精含量超过150mg/100mL但低于200mg/100mL,没有本参考标准第5条规定的从重处罚情节,具备以下情形的,可以适用相对不起诉: (一)驾驶车辆的目的并非在道路上行驶,而是为了挪车位,且未发生严重损害后果的; (二)因事发突然,情况紧急驾驶车辆,且未发生交通事故的; (三)驾驶车辆行驶一段距离后主动放弃驾驶,且未发生交通事故的;
安徽省高级人民法院《关于审理"醉驾"刑事案件量刑工作指引》	2019年6月10日印发	醉酒驾驶机动车,具有下列情形之一,且不具有本指引第3条规定的从重处罚情节的,可以依照刑法、刑事诉讼法的相关规定对被告人免予刑事处罚: (一)血液酒精含量未达到130mg/100mL的; (二)血液酒精含量达到130mg/100mL以上,尚未达到150mg/100mL,系短距离挪动车位、非因检查原因自动停止驾驶、隔夜醉驾等情形的。 对于具有紧急就医、见义勇为等特殊情形,或者有立功表现的,应当根据案件具体情况适当从宽把握,对于具有紧急就医、见义勇为等特殊情形,或者有立功表现的,应当根据案件具体情况适当从宽把握,对于犯罪情节轻微不需要判处刑罚的,可以根据刑法、刑事诉讼法的相关规定对被告人免予刑事处罚。

续表

文件名称	通过时间	适用相对不起诉的条件规定
浙江省高级人民法院、省人民检察院、省公安厅《关于办理"醉驾"案件若干问题的会议纪要》	2019年10月8日印发	酒精含量在170mg/100mL以下,认罪悔罪,且无上述8种从重情节,犯罪情节轻微的,可以不起诉或者免予刑事处罚。 酒精含量在100mg/100mL以下,且无上述8种从重情节,危害不大的,可以认为是情节显著轻微,不移送审查起诉。
辽宁省高级人民法院、省人民检察院、省公安厅《关于办理醉酒驾驶机动车犯罪案件刑罚适用若干问题的会议纪要》	2019年11月20日试行	醉酒驾驶机动车,认罪悔罪,具有下列情形之一的,属于适用刑法第37条之规定的"犯罪情节轻微"可以酌定不起诉或者免予刑事处罚; (1)血液酒精含量在130mg/100mL以下,且不具有第3条规定的从重处罚情节的; (2)血液酒精含量低于180mg/100mL,且具有无行驶目的的挪动车位、未遇检查主动放弃驾驶等情形的,未发生交通事故或造成严重损害后果,且不具有第3条规定的从重处罚情节的; (3)其他可以认定犯罪情节轻微的情形。
青岛市《关于办理醉酒驾驶机动车刑事案件的指导意见(试行)》	2020年5月19日印发	醉酒驾驶机动车,血液酒精含量不满150mg/100mL,未发生事故,或者发生轻微事故,被害人谅解的,且认罪认罚、真诚悔罪的,可以作不起诉或免予刑事处罚。但有本意见第7条规定的严重情节的除外。 符合上述条件,具有下列情形之一的,应当作不起诉处理:(一)因急救病人等紧急情况需要的;(二)隔夜醉酒驾驶的;(三)在行驶较近距离后主动放弃醉驾,靠边停车不再继续行驶的;(四)农村居民为生产生活在农村机耕路上短距离行驶的;(五)犯罪嫌疑人系未成年人、在校学生或75周岁以上老年人的。

从表三可以看出,第一,各地适用相对不起诉或免予刑事处罚均有除外原则,即具有发生交通事故、曾因酒驾受过处罚、抗拒检查等从重处罚情节时,原则上不应认定为醉驾情节轻微。另外,各地适用相对不起诉或免予刑事处罚均要求犯罪嫌疑人、被告人认罪认罚、真诚悔罪。第二,纵向来看,各地适用相对不起诉或免予刑事处罚的酒精含量标准有所放宽。如2013年江苏省规定的标准为96mg/100mL,2016年湖北省、天津市规定的标准为100mg/100mL,到2018年以后,各地规定的标准普遍在130—150mg/100mL之间。又如2017年浙江省规定的标准为140mg/100mL,到2019年该标准已上升至190mg/100mL。第三,各地适用相对不起诉或免予刑事处罚的酒精含量标准存在差异。如浙江省2019年规定酒精含量在170mg/100mL以下,认罪悔罪,且无从重情节,犯罪情节轻微的,可以不起诉或者免予刑事处罚。四川省、重庆市则是130mg/100mL以下,认罪悔罪的,无从重情节的,可以微罪不诉或免予刑事处罚。

为了具体了解各地办理"醉驾"案件时适用相对不起诉的情况,课题组在"小包公·法律AI"智能类案数据库中按地区检索出500份危险驾驶罪案件的不起诉决定书进行分析。经筛选,最终选取479份不起诉决定书作为研究样本,并进一步统计出各省份适用相对不起诉的"醉驾"案件的血液酒精含量均值和最高值,制成表四。

表四 各省份适用相对不起诉的"醉驾"案件的血液酒精含量均值和最高值

省份(含新疆生产建设兵团)	均值(mg/100mL)	最高值(mg/100mL)
湖北省	90.0425	92
江西省	96.2575	110.38
安徽省	97.661905	137
黑龙江省	98.485	107.55
山东省	99.206061	118

续表

省份(含新疆生产建设兵团)	均值(mg/100mL)	最高值(mg/100mL)
重庆市	99.316667	115.6
天津市	100.825	118.7
江苏省	104.28	148
河南省	105.067644	168.1
福建省	105.396	118.48
辽宁省	107.985625	150.02
广东省	108.378689	197.2
云南省	109.064444	149.6
四川省	109.5375	147.8
河北省	109.796452	147.32
山西省	111.951667	117.93
湖南省	112.109084	193
甘肃省	114.151613	176.97
新疆生产建设兵团	115.34	141
上海市	116	116
内蒙古自治区	116.61	116.61
海南省	117.333333	135
陕西省	117.51875	156.86
宁夏回族自治区	117.55	117.55
贵州省	121.026667	185.88
广西壮族自治区	130.903871	258.5
浙江省	131.236364	168
吉林省	142.76986	172.0693
总计	112.061482	258.5

虽然样本数量有限,不能完全展示整体情况,但能够在一定程度上反映实际效果。从表四中可以看出,除了广西以外,浙江省、吉林省对

"醉驾"案件的不起诉标准把握同样较为宽松。提升"醉驾"案件不起诉或者免予刑事处罚的酒精含量限制,能够扩展"醉驾"案件的无罪化处理空间,强化对"醉驾"案件的轻缓化处理效果,因而符合对轻微罪案件处理应当尽可能轻缓化的刑事政策要求。从各省份适用相对不起诉"醉驾"案件的酒精含量最高值来看,各省份实践把握对地方性规定会有所突破。如《湖南省人民检察院关于危险驾驶(醉驾)犯罪案件不起诉的参考标准(试行)》中规定相对不起诉的酒精含量标准为 150mg/100mL 以下,而实践中有对酒精含量为 193mg/100mL 的案件适用相对不起诉。[①] 又如《安徽省高级人民法院关于审理"醉驾"刑事案件量刑工作指引》中规定的免予刑事处罚的标准为 130mg/100mL 以下,而实践中检察机关有对酒精含量为 137mg/100mL 的案件适用相对不起诉。由此也可以看出各地对放宽"醉驾"案件相对不起诉标准存在实践上的不同需求。

但整体而言,检察机关对相对不起诉的适用比较谨慎,可能基于四个方面的原因。其一,相对不起诉作为免予起诉制度的"继任者",其适用范围和决定程序都会受到严格限制。检察机关会通过规定不起诉的适用比例、预警比例、实行不起诉听证、公开审查制度等方式防止不起诉权的滥用。[②] 所以,实践中对于可诉可不诉的案件都诉了。其二,行刑衔接不当,导致"醉驾"案件的相对不起诉人可能未受到行政拘留或罚款,实际违法成本反而低于酒后驾驶,法律后果失衡。其三,基于严打"醉驾"案件的刑事政策考量,若轻易作出不起诉决定,可能会受到社会媒体关注,抵制不住舆论压力,明哲保身心理作用下对"醉驾"案件适用不起诉格外谨慎。其四,部分地区规定"醉驾"案件适用相对不起诉需以被害人谅解为条件,这在实践中会异化为"和解赔偿 + 相对不起诉"模式,一

---

① 参见湘潭市岳塘区人民检察院不起诉决定书(潭岳检公诉刑不诉〔2019〕134号)。

② 参见蔡巍:《"醉驾"不起诉裁量权的适用及完善》,载《苏州大学学报》2019 年第 5 期。

定程度上限制了"醉驾"案件适用相对不起诉。

有鉴于此,我们认为要真正发挥相对不起诉制度的分流作用,需要从三个方面入手。其一,统一各地适用相对不起诉的标准。由最高人民法院、最高人民检察院、公安部统一制定量刑指导意见,划定适用相对不起诉的标准。该标准可适当拔高至180mg/100mL。其二,完善行刑衔接,落实相对不起诉后的行政处罚。对人民检察院做不起诉处理的行为人,公安机关应当作出行政处罚。检察机关应该主动提出检察建议,跟踪落实。其三,作出不起诉决定,也应综合考量酒精含量、有无驾驶资格、驾驶车辆种类、行驶道路情况、实际损害情况、自首坦白等情节。其四,改变"醉驾"案件中"和解赔偿＋相对不起诉"捆绑适用的模式。将和解赔偿捆绑在相对不起诉的适用条件中,就会使之演变为和解不起诉或附条件不起诉。应该按照相对不起诉制度本来含义,不再将和解赔偿作为"醉驾"案件相对不起诉的适用条件,为相对不起诉松绑。当然,在松绑相对不起诉的同时也要注意对检察机关出罪裁量权的监督。

二、完善行政执法程序的对策建议

行政治理是"醉驾"行为治理中尤为重要的内容,我们在本书的相关章节也反复论述其重要性。在此处,主要从完善行政执法程序的角度,针对衔接问题、执法监督以及考评机制等方面提出完善对策。

(一)"醉驾"行为治理中行政执法与刑事处理的衔接

"醉驾"行为治理中行政执法与刑事处理的衔接是本书着重关注的重点内容。一方面是因为我们的基本立场是秉持刑法的谦抑性理念,以"用好用尽"其他治理方式为刑事处理的前置条件,因此就需要加强和完善"醉驾"行为行政执法的程序处理;另一方面是因为司法实践中行政处理与刑事处理的衔接状况不够良好,存在诸多现实问题,迫切需要完善衔接机制。

在讨论治理衔接之前,需要先明确两对概念。即行刑衔接与刑行衔接。从文义解释的角度来看,行刑衔接是指行政治理在前、刑事治理在后的衔接,主要强调在未进入刑事处理之前,行政治理应当如何完善执法程序以及如何界分与刑事处理程序之间的界限。在"醉驾"治理领域,行刑衔接主要强调通过行政处罚措施对违法行为进行规制,从而避免将所有"醉驾"行为都纳入刑事司法程序,即先从行政违法入手进行治理,只有在突破行政治理的边界之后,才以刑事治理手段予以处理。刑行衔接是指,在刑事处理之后,行政处罚如何做好接续工作。主要强调的是要在部分作出罪处理的案件中实现行政处理的有效接续,避免产生无处罚的"真空"情况。在"醉驾"治理领域,刑行衔接主要强调的是对未予以刑事处罚后的"醉驾"案件,通过行政管控接续的方式,实现对酒后驾驶行为人的处罚。有观点认为,由"行到刑"的衔接旨在克服"以罚代刑"现象。"以罚代刑"并非指所有对构成犯罪但不予刑罚处罚的行为只作行政处罚的情形,而仅指那些情节严重应当给予刑罚处罚的犯罪行为但只作行政处罚的情形。对于没有达到刑事证明标准,以及犯罪情节轻微不需要科处刑罚的案件,应当允许代之以行政处罚。由"刑到行"的衔接旨在克服"以刑替罚"现象。① 我们并不完全认可此种论述,在"醉驾"治理层面,由行到刑反而更倾向于是改善"以刑替罚"的倾向,即强调侧重行政处理的前端,摒弃刑事绝对优先的观念与做法,而不应当将大量轻微的"醉驾"案件均交由刑事处理。而由"刑到行"则是实现轻微"醉驾"案件"以罚代刑"的有效路径。总的来说,行刑衔接与刑行衔接虽然各有侧重,但二者的价值追求均在于构建严密且完善的酒后驾驶治理法网,实现酒后驾驶惩处体系的科学化、严密化与规范化。

从执法维度上看,行刑衔接主要包括两个方面的内容。其一,行政

---

① 参见武晓雯:《行刑衔接机制的基本问题》,载《中外法学》2023年第3期。

执法机关在查处违法行为的过程中,发现应当由公安机关立案侦查的犯罪线索,应当及时通报并移送公安机关。其二,行政执法机关在查处违法行为的过程中,发现涉嫌职务犯罪的案件,应当移送监察机关或者检察机关。在"醉驾"治理中,显然与前者高度相关。但是在当前的规范体系下,即以血液酒精含量为唯一够罪标准的规范之下,行政执法似乎很难做到改善大量案件涌入刑事司法程序的局面。因此,"醉驾"案件中行刑衔接程序的完善需要以实体层面转变标准为要件,具体而言,可以从两个方面展开。一方面,结合前述关于建构综合的"醉酒"状态认定机制的论述,探讨在我国建构多元的"醉驾"入罪标准体系。从缩减入罪角度倒逼轻微"醉驾"案件适用行政执法程序。另一方面,增加关于"醉驾"案件情节方面的规范。诸如初犯、偶犯且无实际危害后果的案件,可通过行政手段予以处理,不必进入刑事司法程序。

"醉驾"治理层面的刑行衔接主要是在刑事追诉机关经侦查、审查、审理之后,发现因犯罪情节轻微不起诉、免予刑事处罚,或者犯罪情节显著轻微不作为犯罪处理时,应将案件移送有关机关或部门依法予以行政处理。具体来看,主要有三种情况。其一,公安机关自身移送。是指公安机关作为刑事追诉部门对不构成犯罪的"醉驾"案件,但需要由其他行政执法机关或者部门进行行政处理的,应当移送其他行政执法机关或部门。其二,由检察机关移送。这是指检察机关对于作出不起诉决定但需要由行政机关给予行政处罚的案件,应当移送给相关行政机关。其三,由人民法院移送是指人民法院审理后认为被告人的行为不构成犯罪,或者构成犯罪但不需要判处刑罚的,或者虽然应当判处刑罚但同时应给予行政处罚的,应当在结案后将案卷副本移送到相关行政机关,由行政机关依照人民法院提供的证据材料,按照行政处罚程序作出行政处罚。虽然移送主体存在差异,但基本要求是在移送案件时要附带相应的书面处理意见,以为行政机关作出行政处罚提供参考。因此,对于"醉驾"案件的刑行衔接,应当重点侧重于各先处理机关书面处理意见的提出与落实,这是实现行政处理接续的核心。

(二)"醉驾"行为治理中程序衔接的监督机制

2011年2月施行的中共中央办公厅、国务院办公厅转发国务院法制办等部门《关于加强行政执法与刑事司法衔接工作的意见》中对于"加强对衔接工作的监督"的主要内容作了详细、具体的规定。应当说,要使行政执法与刑事处理衔接的工作机制发挥应有的作用,就必须要有实质性监督。对程序衔接的监督本身,也是程序衔接机制的重要内容。在"醉驾"行为治理中,需要从外部监督和内部监督两个方面来开展。

首先,公安执法机关与提出书面处理意见的机关应当加强内部自我监督。在行刑衔接方面,尤为关键的公安执法机关要自我约束、严格规范执法。2016年中共中央办公厅、国务院办公厅印发的《关于深化公安执法规范化建设的意见》中就要求实现执法队伍专业化、执法行为标准化、执法管理系统化、执法流程信息化,增强执法主体依法履职能力,树立执法为民理念,严格执法监督,解决执法突出问题,努力让人民群众在每一项执法活动、每一起案件办理中都能感受到社会的公平正义。在酒后驾驶的行政执法活动中,应当实现执法过程采集的信息化,严格坚持执法活动录音录像要求。一方面能够防止执法人员放纵、包庇违法犯罪行为。另一方面,也能规范公安执法人员执法行为,避免暴力、恶意执法等行为,实现严格规范执法的自我约束。在刑行衔接方面,在显著轻微不作为犯罪处理、免予处罚、不起诉之后,各机关应当依据相关规定提出书面处理意见,比如检察机关要提出检察意见,人民法院要提出司法建议。在"醉驾"案件的司法实践中,行政执法未能在刑事程序之后及时接续的缘由之一,正是因为司法机关未在作出司法处理时附加处理意见。因此,在刑事司法程序作不起诉、免予处罚或无罪处理时,司法机关应当严格依照规范提出行政处理意见,确保违法行为受到行政制裁。此外,公安执法机关在收到处理意见之后,也应当及时贯彻和落实意见内容,对行为人作出行政处罚决定,不能虚置司法机关的行政处理意见,放纵违法犯罪行为。

其次,检察机关作为国家法律监督机关,应当在"醉驾"案件的程序衔接中发挥有效的监督职能。但在司法实践中,监督体系不完备却导致程序衔接紊乱的现象比较严重。其中,尤为关键的是检察机关对于公安行政执法活动的检察监督工作力有不逮。根本原因在于法律规范对此并无确定性表达。根据《人民检察院组织法》,检察机关在司法活动中的法律监督职能,主要表现在对公安司法机关实施的侦查、审判、刑罚执行等司法活动的合法性监督,对于行政执法活动如何监督,并没有明文规定。虽然如《行政执法机关移送涉嫌犯罪案件的规定》等规范性文件中涉及了一些检察监督的问题,但这些文件因其法律位阶较低,不具有普遍的约束力。因缺乏一定的外部监督机制,在"醉驾"行为治理的实践中,主要表现为行政机关有案不移、以罚代刑现象,以及过度依赖刑事司法,以刑事手段解决所有"醉驾"案件的现象。"醉驾"案件中也存在相当一部分的保护主义倾向,部分地区公职人员存在对公安行政执法人员的渗透,公安行政执法机关会存在不将案件移送给公安侦查机关处理的情况,"以罚代刑"时有发生。另一种极端即是不考虑酒后驾驶行为性质,一律移送至刑事程序处理。此外,在刑行衔接中,也存在行政执法机关未落实司法机关行政处理意见之问题,在此方面检察机关的检察监督也相对匮乏。

因此,应当健全"醉驾"案件程序衔接中的检察监督制度。一方面,对于行刑衔接中公安行政执法机关未及时移送的问题,可考虑创建信息网络共享平台的方式,要求通过共享平台公布其处理的所有酒后驾驶的行政处罚案件的详细信息,确保公安行政执法过程透明化、可视化。另一方面,公安行政执法监督没有受到应有的重视。当前,可考虑对检察机关侦查监督部门的职权范围进行相应的调整,赋予侦查监督部门行政执法监督权。经过职权调整后,检察机关侦查监督部门的职权就涵盖了两大块:一块负责对公安机关的立案侦查监督,另一块负责对行政机关的执法监督。如此,能够有效地解决"醉驾"行为治理中程序衔接中的检察监督缺位之问题。

(三)"醉驾"行为治理中绩效考核机制的完善

在当下关于"醉驾"行为治理的研究中,鲜有论及绩效考评机制的内容,二绩效考核不仅是影响着公安行政执法与刑事执法治理理念的重要因素,同时也可能是当前"醉驾"案件高居不下的重要缘由之一。目前,法、检、公系统内部普遍建立了绩效考核制度,运用规定的绩效指标来衡量各部门及个人具体工作成绩和工作努力程度,并以此作为强化管理、改进工作和进行奖惩的依据。希望通过量化的绩效考核指标来不断提高执法能力,增强法官、检察官、公安干警的综合素质和工作能力。

应当说,在"酒驾"行政案件与"醉驾"刑事案件时原本应是统一的,但从当下酒后驾驶行为治理的实践来看,办案人员却更倾向于办理"醉驾"案件。从绩效考核角度来看,主要有以下两方面原因。首先,相较于其他刑事案件,"醉驾"案件办理的成本相对较低。实践中,"醉驾"案件的诉讼流程往往相对简便,无论是侦查、追诉、审判阶段,所需要的司法资源投入相较于其他刑事案件都是较低的。这就会使得公安刑事执法人员更容易在其他刑事案件与"醉驾"之间产生相应的执法倾向,因为从绩效考评机制来看,都是办理一件案件,自然会选择流程简便、投入较少、见效更快的案件。而且对于"醉驾"案件而言,侦破过程相对简单,大多以公安行政执法为前置程序,基本不需要付出额外的精力,更不会陷入"久侦不破"的风险当中。其次,相较于其他刑事案件,"醉驾"案件证明难度较小,证据体系较为固定,诉讼周期短、办案效率高。[①] 自然,办案人员的绩效考核结果好,执法、司法人员办案积极性高。"醉驾"入刑以

---

① 参见梁根林:《刑事政策与刑法教义学交互审视下的危险驾驶罪》,载《中国法律评论》2022年第4期。

来,显著提升了刑事案件破获率、刑事案件结案率等指标。虽然当下绩效考核机制对于评价法、检、公三机关业务工作实绩、规范办案程序、提高办案质量与效率、防止司法权力滥用等具有重要效益。但长期以来,理论界普遍认为,量化的刑事司法业务考评带有"前现代""行政化"色彩,使审判机关及人员长期处在"双重结构化"的角色紧张中,有违审判独立等司法规律。[①] 而且在"醉驾"治理实践中,更有个别地方的交警执法单纯为追求刑事案件办案数量,追求罚款收入、办案业绩与考核效果,有意无意地在"醉驾"发生后再进行查验,坐等执法收网。

由此可见,在"醉驾"行为治理现代化背景下,确有必要改善当下的绩效考核机制。一个较为核心的思路即是,在酒后驾驶治理中,转变办案人员侧重于办理"醉驾"刑事案件而轻视"酒驾"行政案件的思维。为达致此种转变,我们认为,今后应当建立酒后驾驶案件绩效的综合考核机制,逐步将绩效考核机制向处置酒后驾驶的前端,即"酒驾"的行政处理方向倾斜,淡化酒后驾驶后端,即"醉驾"刑事处理的绩效认定。如此方式并非否定"醉驾"刑事案件的办理质效,而是在充分肯定刑事案件办理质效的基础上,进一步优化绩效考核结构,以肯定"酒驾"行政案件办理质效为手段倒逼办案人员侧重行政执法,改善大量轻微酒后驾驶案件进入刑事治理范畴,真正实现"用好用尽"行政治理手段之目的,进而推动"醉驾"行为治理现代化的实现。另外,简单地以血液中酒精含量作为"醉驾"的定罪根据虽然不可取,但其对强化"酒后不开车、开车不喝酒",严格管控酒后驾驶,确实有积极意义。基于酒后开车对社会的危害性确实应高度重视和对"醉驾"型犯罪预防应重于惩罚的需要,全面、有效管控酒后驾驶而不论其是否构成"醉驾"犯罪,其积极意义因此就应高度重视。由此可见,对行政管控酒后驾驶的绩效考评与办理"醉驾"刑事案件的绩效考评,应有机统一,解决其人为分裂的状态,刻不容缓。

[①] 参见印波:《刑事结案效率考评指标的嬗进及其反思》,载《法学》2020年第8期。

后　记

完整的书,理应有个后记,以便就此收尾。在此,就本课题研究中的一些情况,作点简要的补充说明,聊作后记。

本书缘起是在完成"'醉驾'行为的司法对策研究"(中央政法委2021年度习近平法治思想研究课题)之后,我认为该课题的研究需要进一步拓展和深入,使课题结项报告中的未尽之意得到更加充分地展现,并因此可以吸收相关的新信息、新研究,以推进该项研究更加深入、系统、完整。

我将这个想法与陶加培博士商量之后,得到了积极响应,本书的撰写由此开启。在确定了整体架构和各章节的主要内容之后,由陶加培博士执笔撰写。撰写期间,我们曾多次讨论,不断对书中的内容进行补充、修改和调整。本书在坚持了课题结项报告的基本观点的同时,也吸收了结项报告中的部分内容。因此,为该课题结项报告撰写相关内容的课题组成员,包括徐万龙、王志坚、陈煜、朱佳蔚等,当然也是本书的作者。

本书与结项报告比较,基本观点虽然并无根本的变化,但在诸多方面作了进一步拓展和深化,主要集中在以下几个方面。

第一,虽然对以往"醉驾"治理模式所取得的成效应予以肯定,尤其是其促进了在全社会范围内形成"喝酒不开车,开车不喝酒"的理念,并且对于抑制和打击严重的"醉驾"行为确有成效,然而,以往的"醉驾"治理模式并不能适配当下中国社会轻罪治理之需求。因此,一方面,我们的研究并非站在以往"醉驾"治理的对立面,而是为了在以往"醉驾"治理之基础上,更好地实现有效治理"醉驾"的目标;另一方面,应当认识到以往的"醉驾"行为治理所产生的问题,且这样的问题正趋于严重,亟待寻求"醉驾"行为治理的新方法、新途径,探索新时代背景下"醉驾"行为治理的现代化转型,促使对"醉驾"这个第一大罪的治理,能够达到现代法治理想的效果。

第二,"醉驾"治理现代化转型应当先从更新观念开始,贯彻现代法治的基本理念,包括轻罪治理理念和刑事一体化理念以及行刑衔接等理念,尤其应坚持在"醉驾"治理中的刑法谦抑的理念。借助新的理念,从诉源治理的角度,充分调动行政管控在酒后驾驶治理中的作用,在轻微且无危害后果的"醉驾"案件中,贯彻以行政处罚作为刑事处罚前置的治理思维。同时,要以社会现代化治理的需求为目标,从刑事实体维度和刑事程序维度全面完善"醉驾"治理体系。一方面,应当改变"唯血液中酒精含量"为"醉驾"的标准,充分发挥刑法中的"但书"以及免予刑事处罚等规定在轻罪治理中的作用。另一方面,需要积极发挥刑事诉讼中的起诉便宜的作用,使相对不起诉等制度在"醉驾"这样的轻罪中能够产生有效的作用。此外,还应以刑事一体化为指引,释放宽严相济的刑事政策、认罪认罚从宽制度以及少捕慎诉慎押刑事司法政策的效能,使"醉驾"治理实现高效与高水平的统一。

第三,我们主张应将酒后驾驶的治理与"醉驾"犯罪的治理一体化,强调"醉驾"治理中的"行刑衔接"与"刑行衔接"的重要价值。鉴于以往"醉驾"治理模式过于倚重刑事治理的问题,只能在初期取得一定的治理成效,之后就会面临边际效应递减的困境,而且越来越多的"醉驾"行为人被贴上犯罪者标签,承受与严重犯罪者相同的犯罪随附后果,不断增加社会治理的副作用。因此,应充分"用好用尽"行政管控手段,让行政处置成为酒后驾驶与"醉驾"治理的前置方式,将刑事处理作为最后手段。另外,对于已经进入刑事诉讼程序但因符合法定条件而"脱罪"的"醉驾"行为,应当无缝衔接地对其行政处置,绝不能使其逃脱法网。由此可知,通过对"醉驾"治理由刑事的严厉转化为法网的严密,更好地实现对"醉驾"的治理。

当然,虽然这是我们在课题结项之后试图在本书中进一步阐述的三个方面,但可能并未实现这个目标。另外,还有一些对完善"醉驾"具有重要价值的问题,还需要进一步论述。例如,一些省、市虽然意识到了以往的"醉驾"治理所存在的问题,试图通过提高血液中的酒精含量作为改变追诉"醉驾"犯罪的根据,其积极意义应予以肯定,但这却是"治标不治本"的方法,且存在执法标准不统一等问题。因此,需要更明确论述,对"醉驾"犯罪这种(只是抽象危险犯)轻罪设定具有正当且有效的、统一的定罪标准与免刑标准,刻不容缓。又如,为实现行政管控与刑事手段在"醉驾"中的协调统一,就应充分调动行政执法人员参与"醉驾"治理的积极性,为此,除强化监督以实现统一执法之外,应当重点改革和完善绩效考评机制,使治理酒后驾驶、"醉驾"的违法犯罪行为,真正实现有机统一。这个问题,本书只是提了个话头,并未展开深入论述。

最后,也是"后记"最重要的部分,那就是应当表达的谢意:感谢浙江大学光华法学院参与"醉驾"治理研究课题组的各位老师和同学,尤其应感谢胡铭院长的支持;感谢为本项课题研究提供重要帮助的浙江省人民检察院等部门,尤其应感谢温州市人民检察院;感谢当代中国出版社的鼎力支持,尤其应感谢法治分社第六编辑部的靳振国主任!

王敏远